Coupe du Digesteur pour le Décruement des Soies selon le
procédé de M. l'Abbé Collomb.

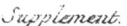

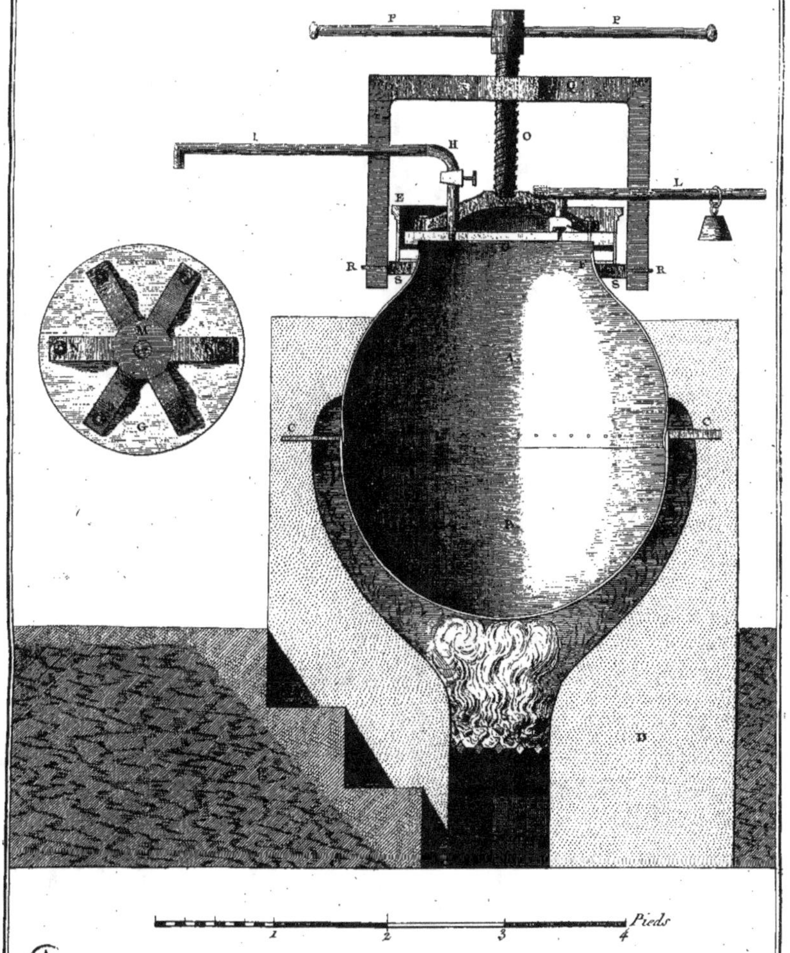

*Soierie.*

Benard Direxit.

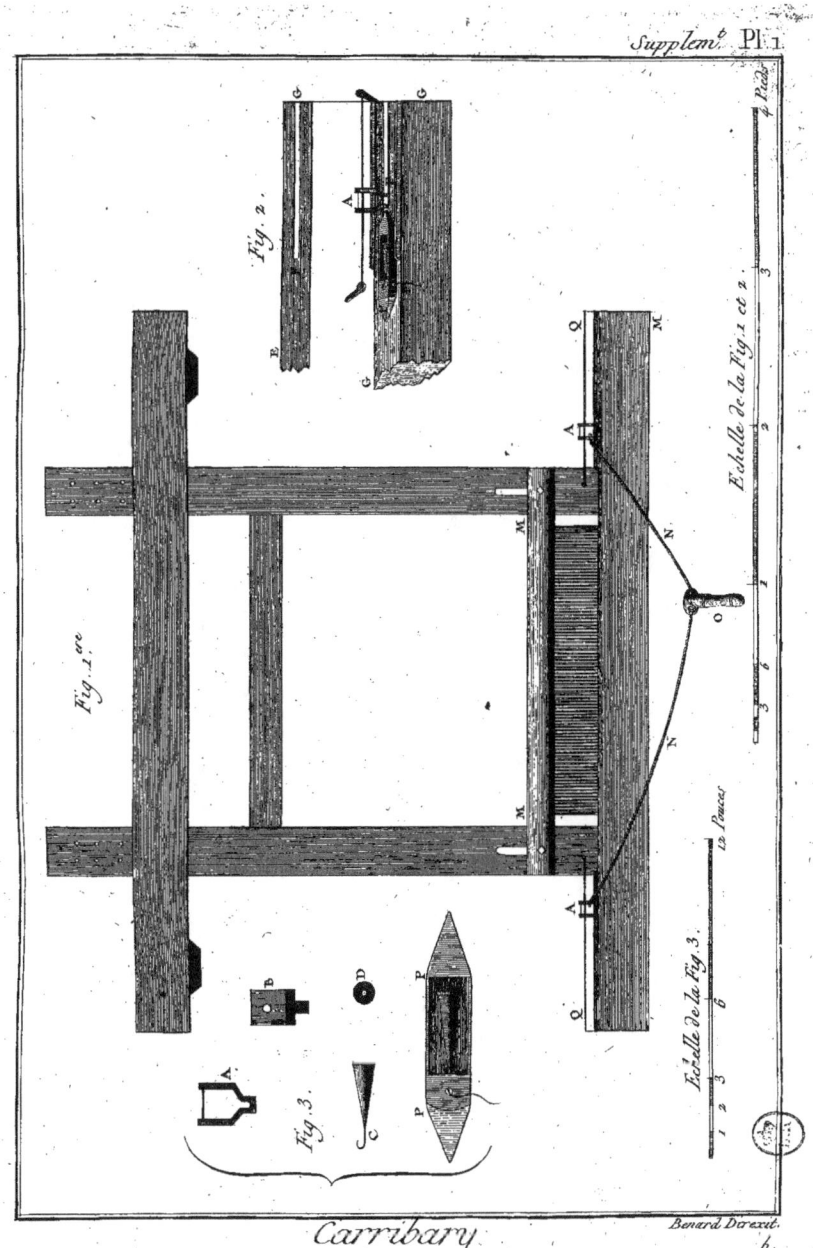

Fig. 2.

Fig. 1.<sup>re</sup>

Fig. 3.

Echelle de la Fig. 1. et 2.

Echelle de la Fig. 3.

Carribary

Benard Direxit.

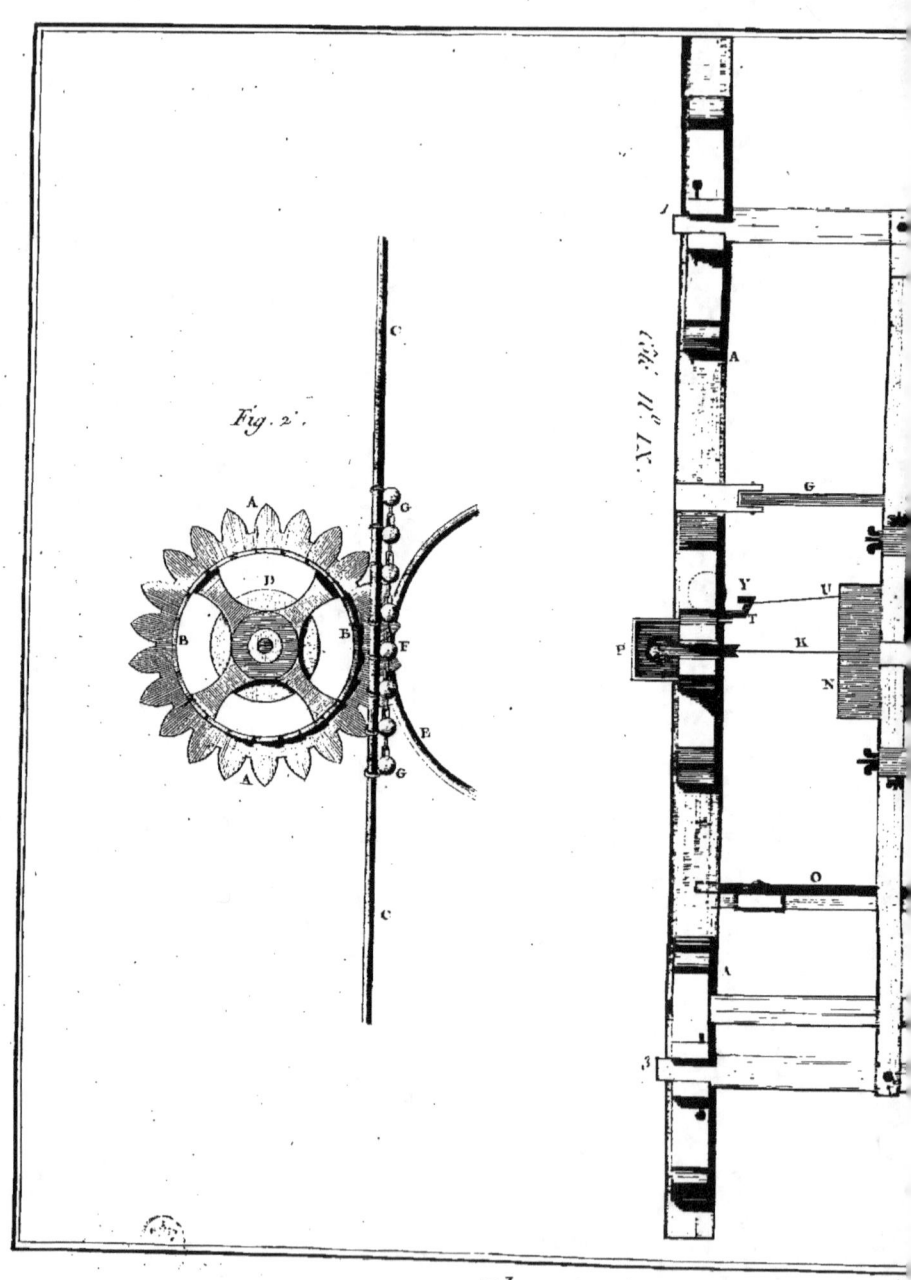

Fig. 2.

Plan de la Machine pour e...

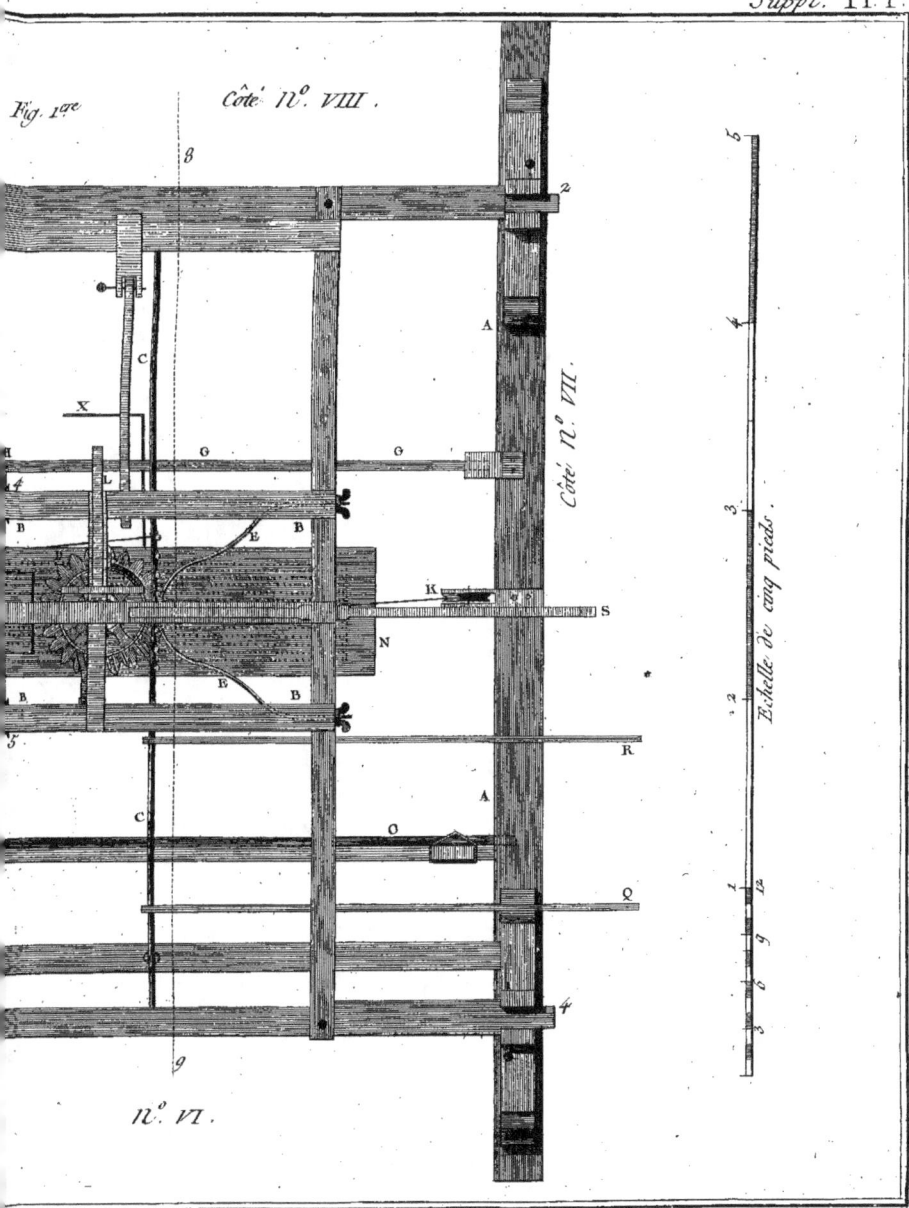

Fig. 1.re          Côté n°. VIII.

Côté n.° VII.

n.° VI.

Echelle de cinq pieds.

Dispenser d'un Tireur de Lacs.

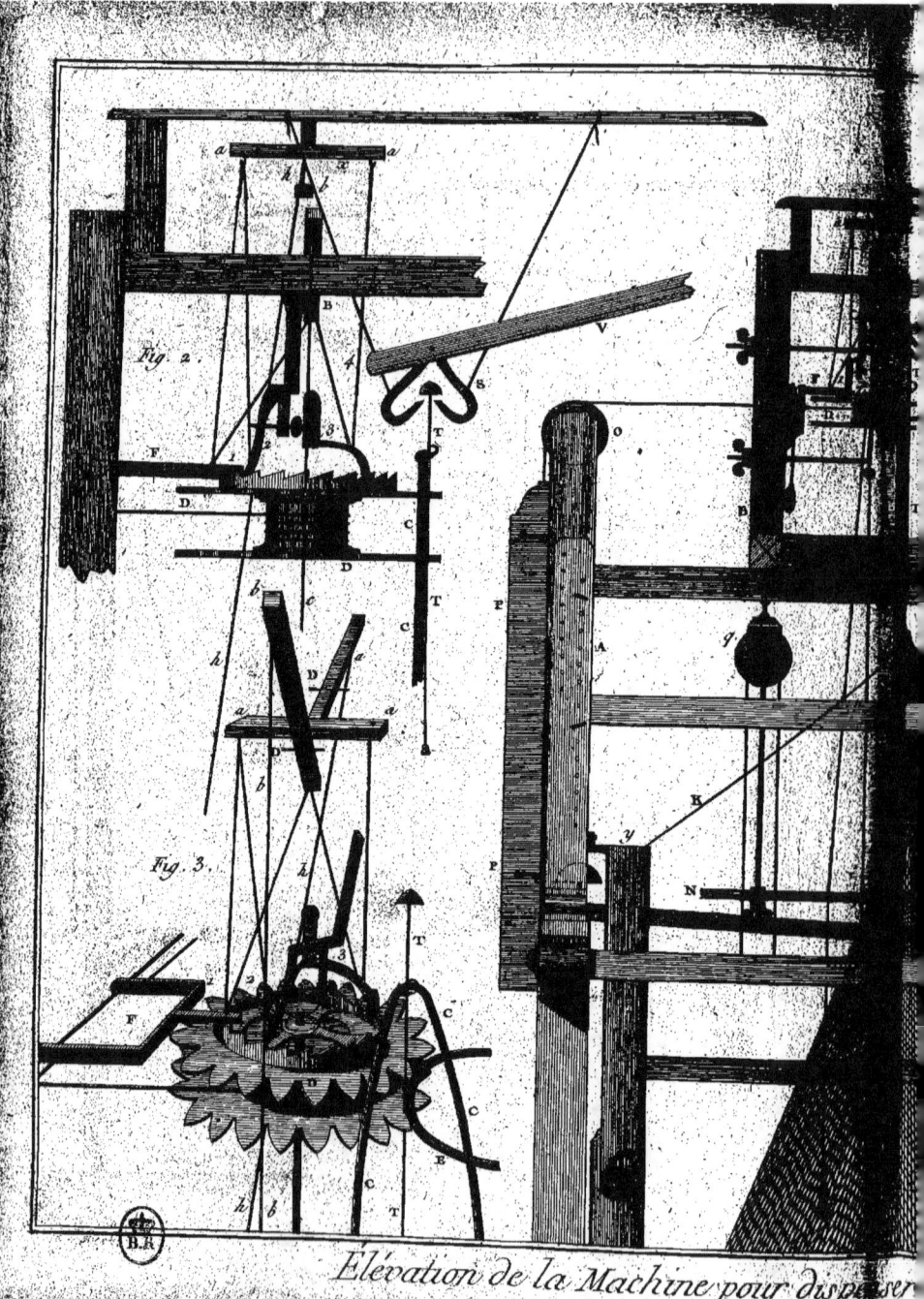

Fig. 2

Fig. 3

*Élévation de la Machine pour dispenser*

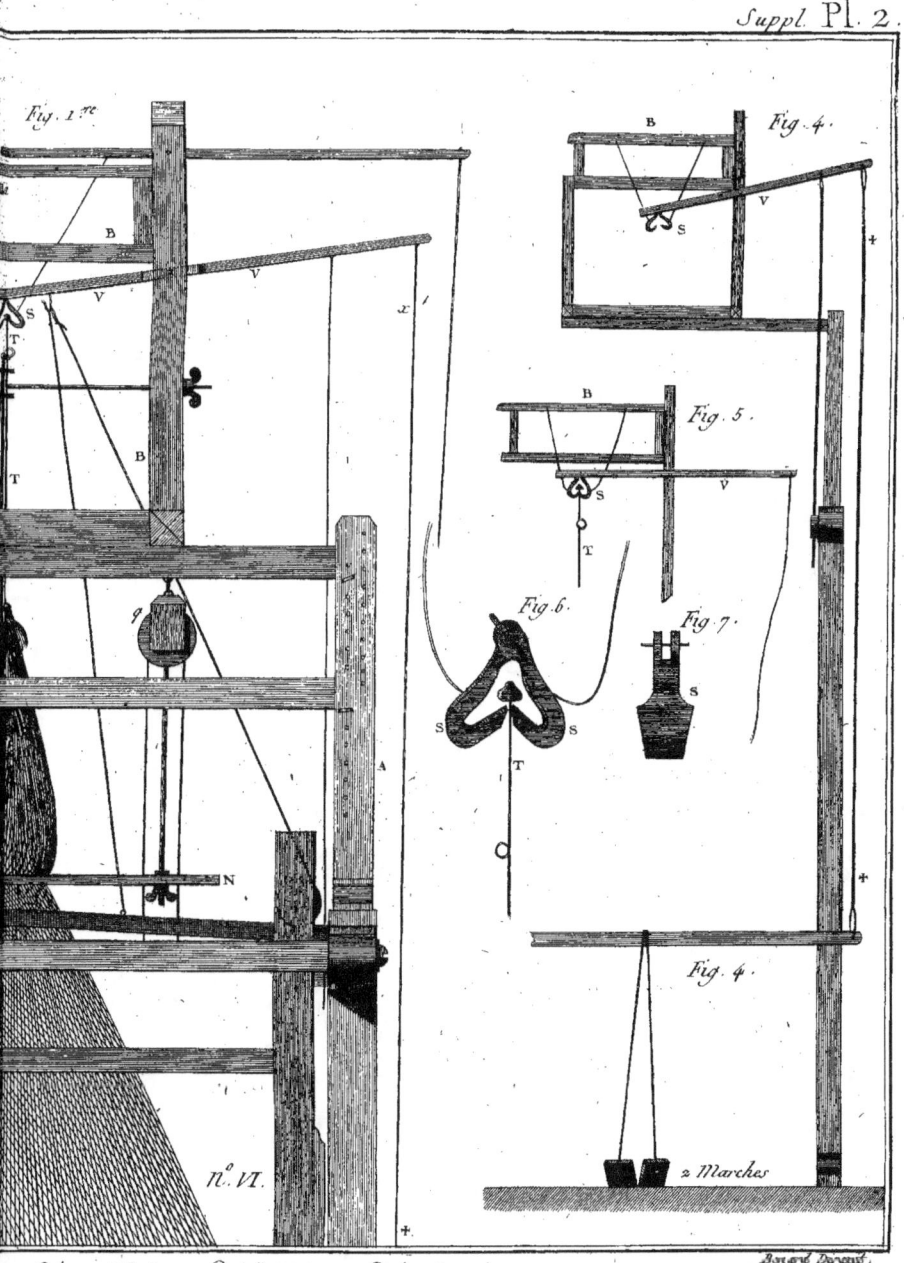

Fig. 1.<sup>re</sup>

Fig. 4.

Fig. 5.

Fig. 6.

Fig. 7.

Fig. 4.

2 Marches

n.° VI.

Benard Direxit.

r d'un Tireur de Lacs et développemens.

d

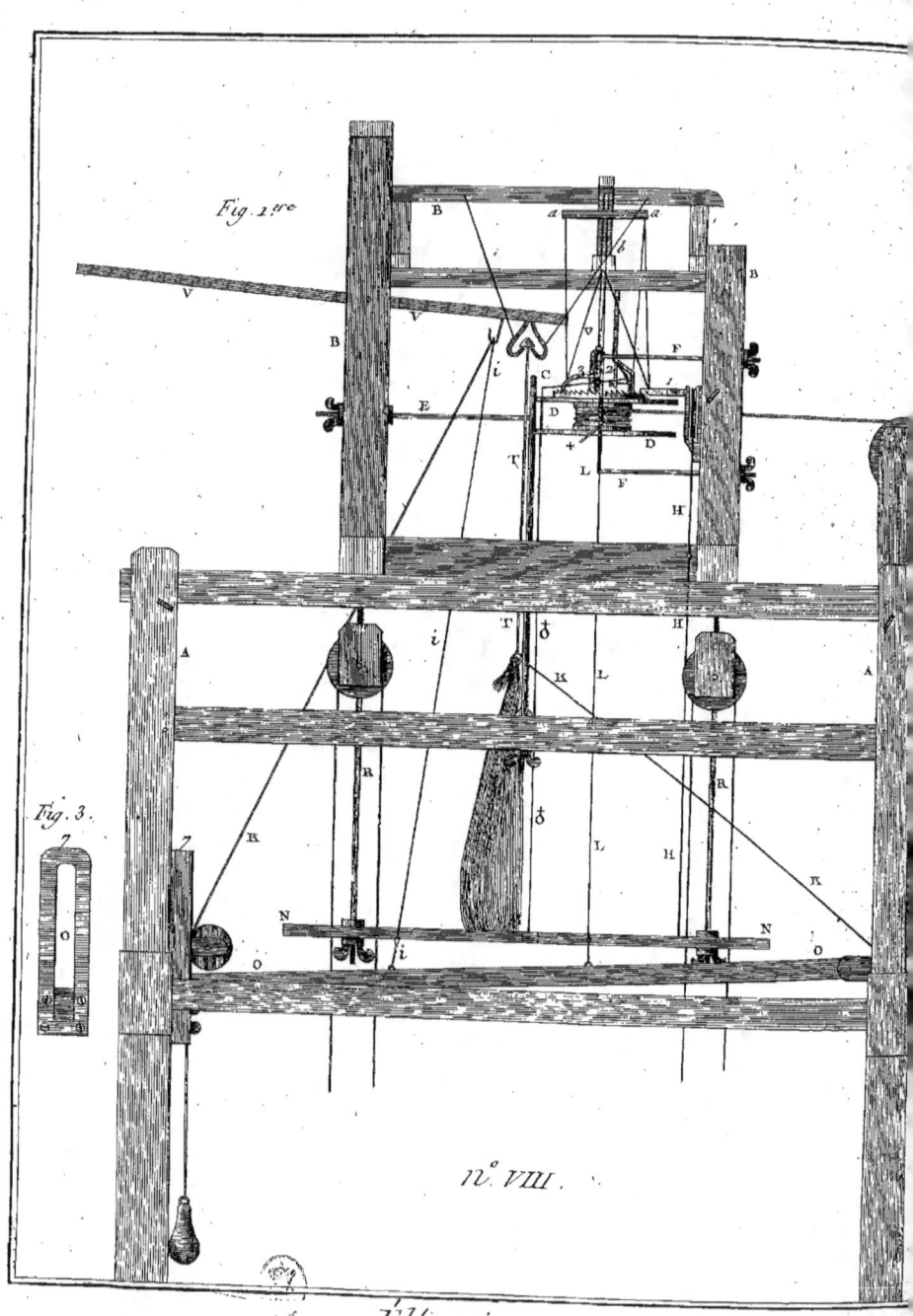

Fig. 1.ʳᵉ

Fig. 3.

n.° VIII.

Élévation et Coupe de la Machine

*Fig. 2.*

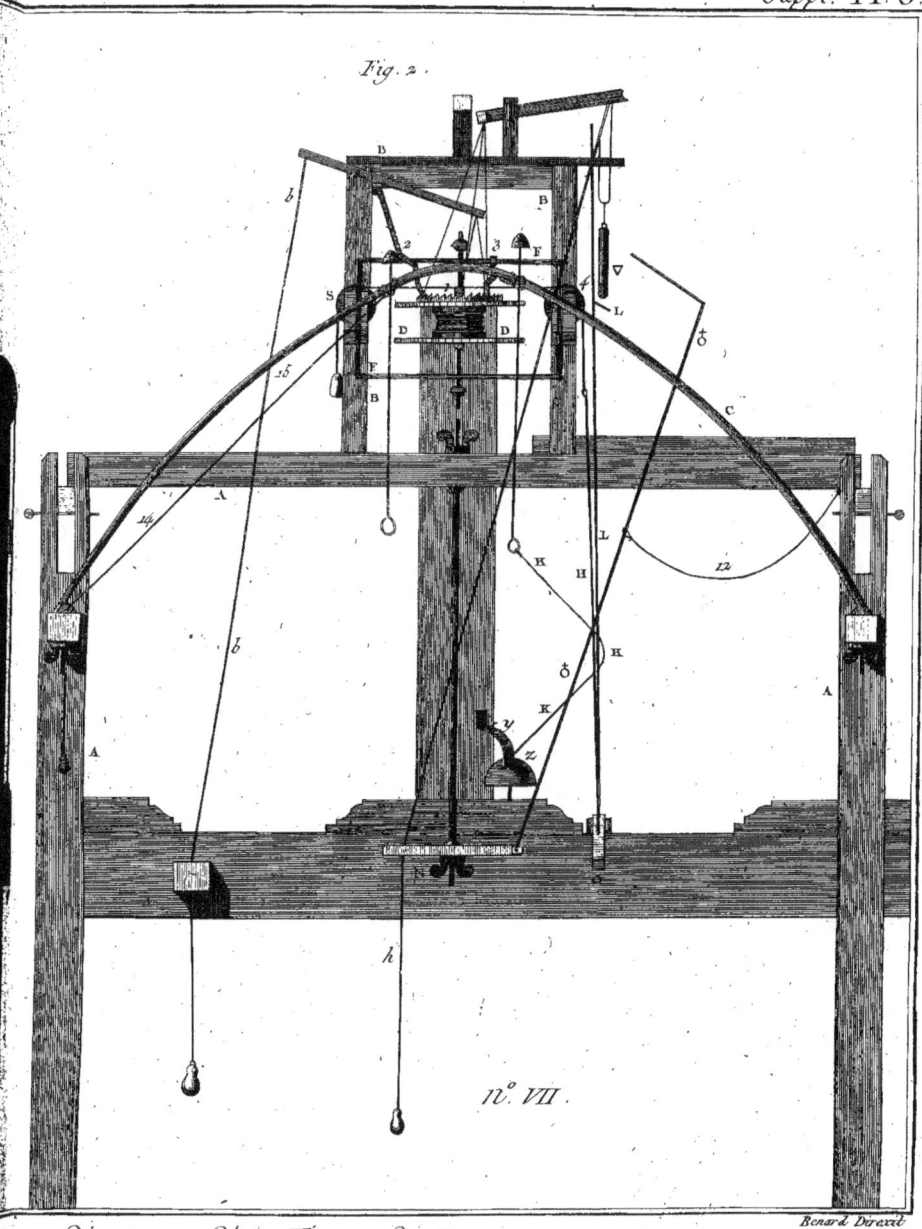

n.° VII.

*Benard Direxit.*

*...our dispenser d'un Tireur de Lacs.*

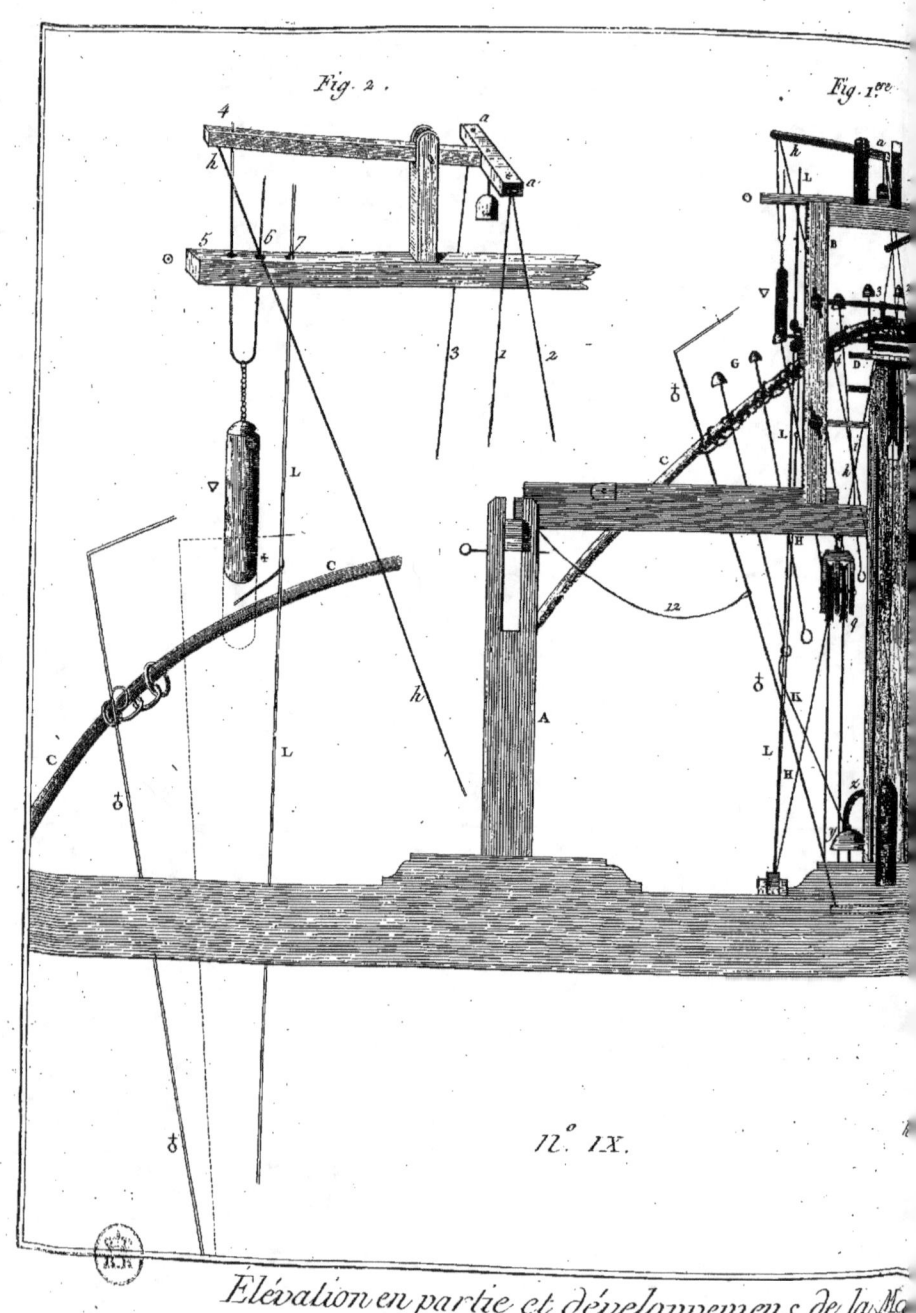

Fig. 2.

Fig. 1ᵉʳᵉ

nᵒ IX.

Élévation en partie et développemens de la Ma

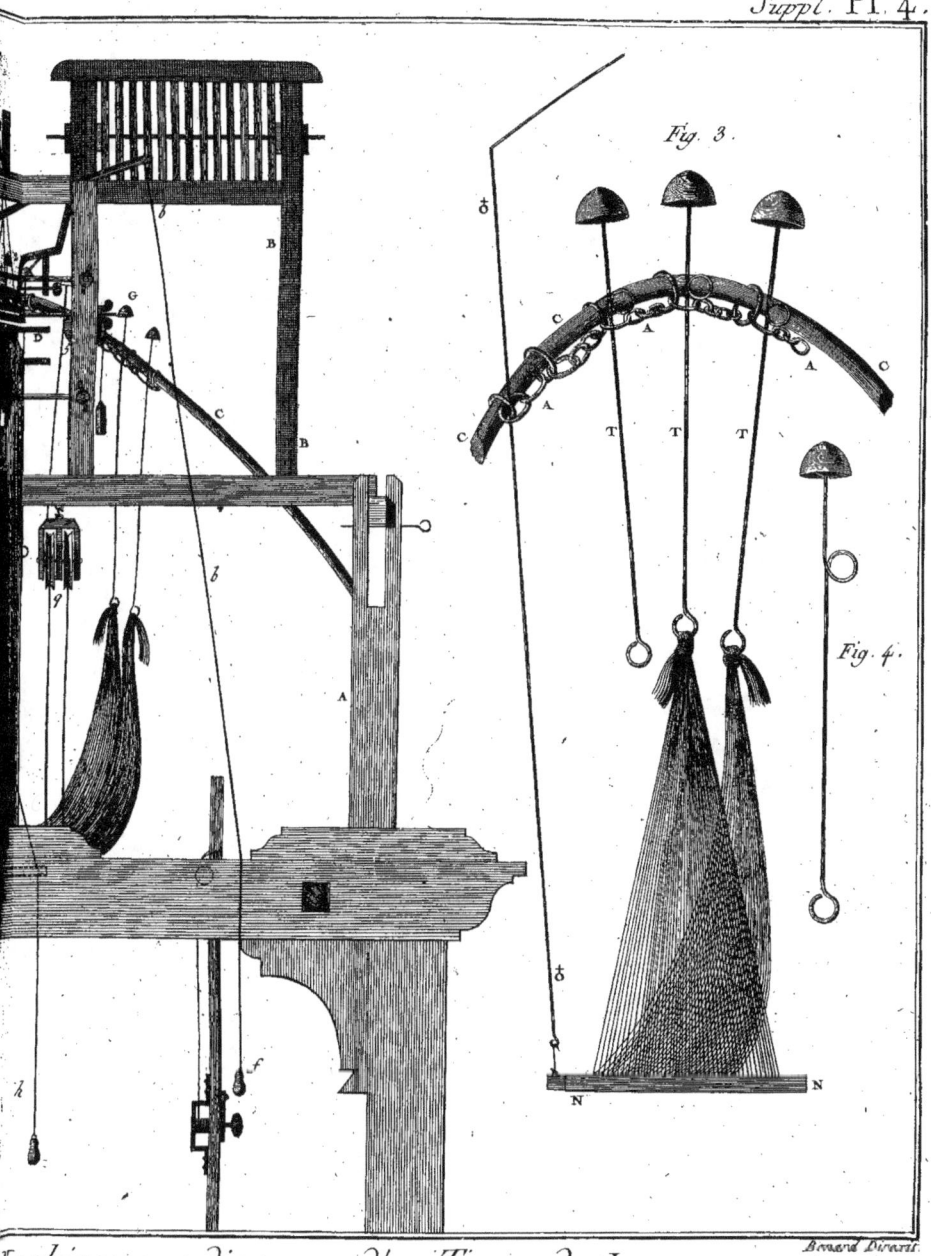

*Fig. 3.*

*Fig. 4.*

*Machine pour dispenser d'un Tireur de Lacs.*

Benard Direxit.

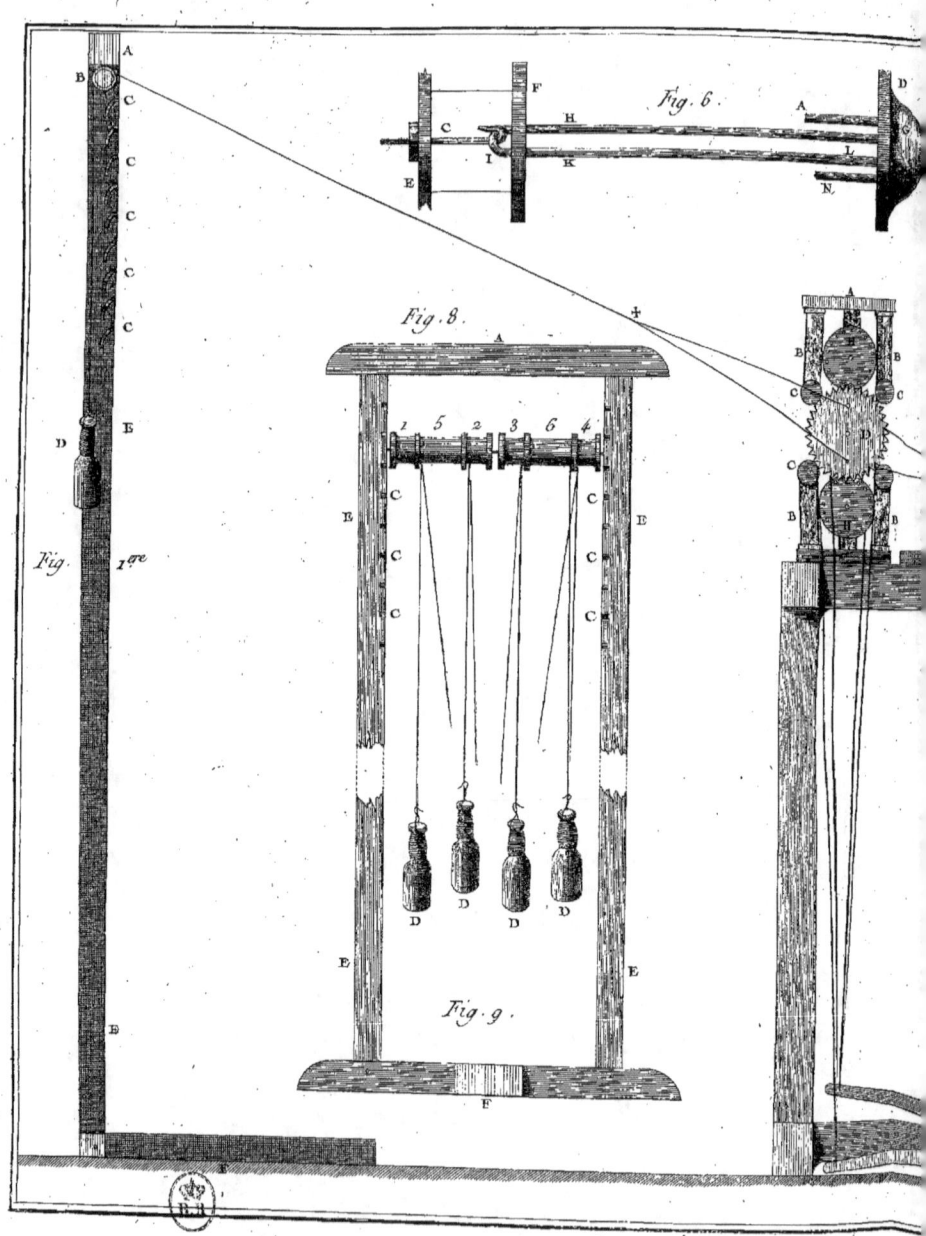

Fig. 6.

Fig. 8.

Fig. 1ere

Fig. 9.

Machine nommée la Ratiere

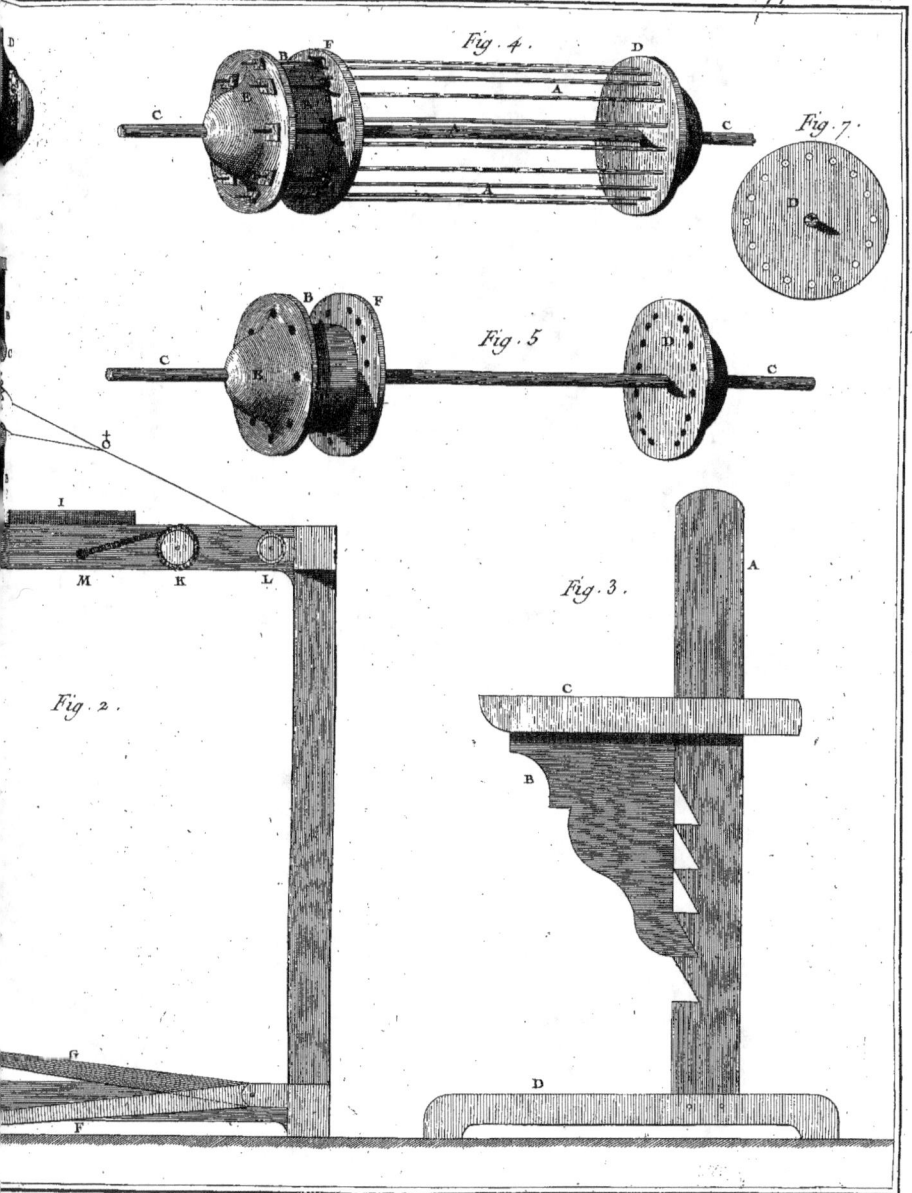

Fig. 4.

Fig. 7.

Fig. 5.

Fig. 3.

Fig. 2.

*ierre, et Développemens.*

Benard Direxit.

9

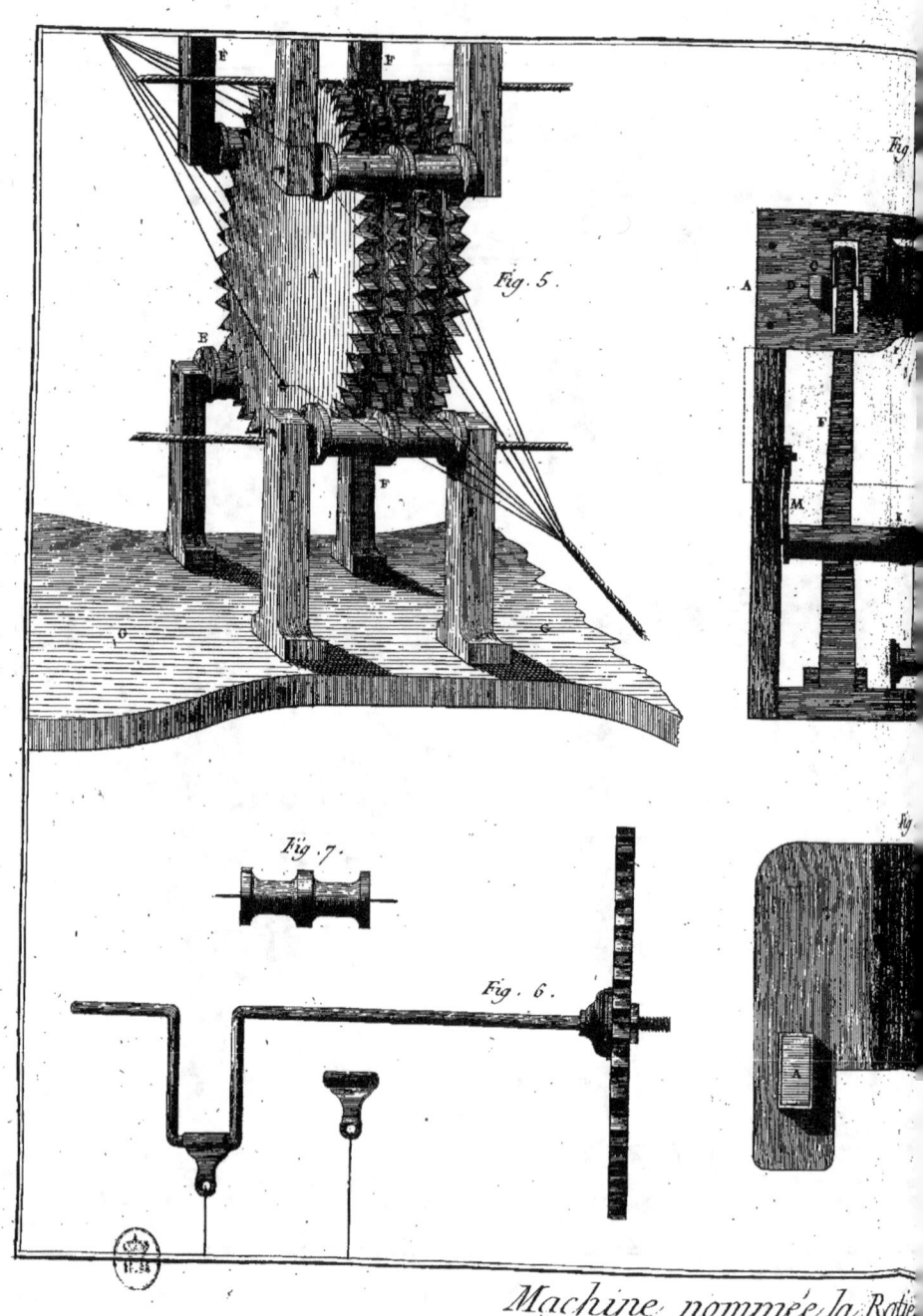

Fig. 5.

Fig. 7.

Fig. 6.

*Machine nommée la Ratie*

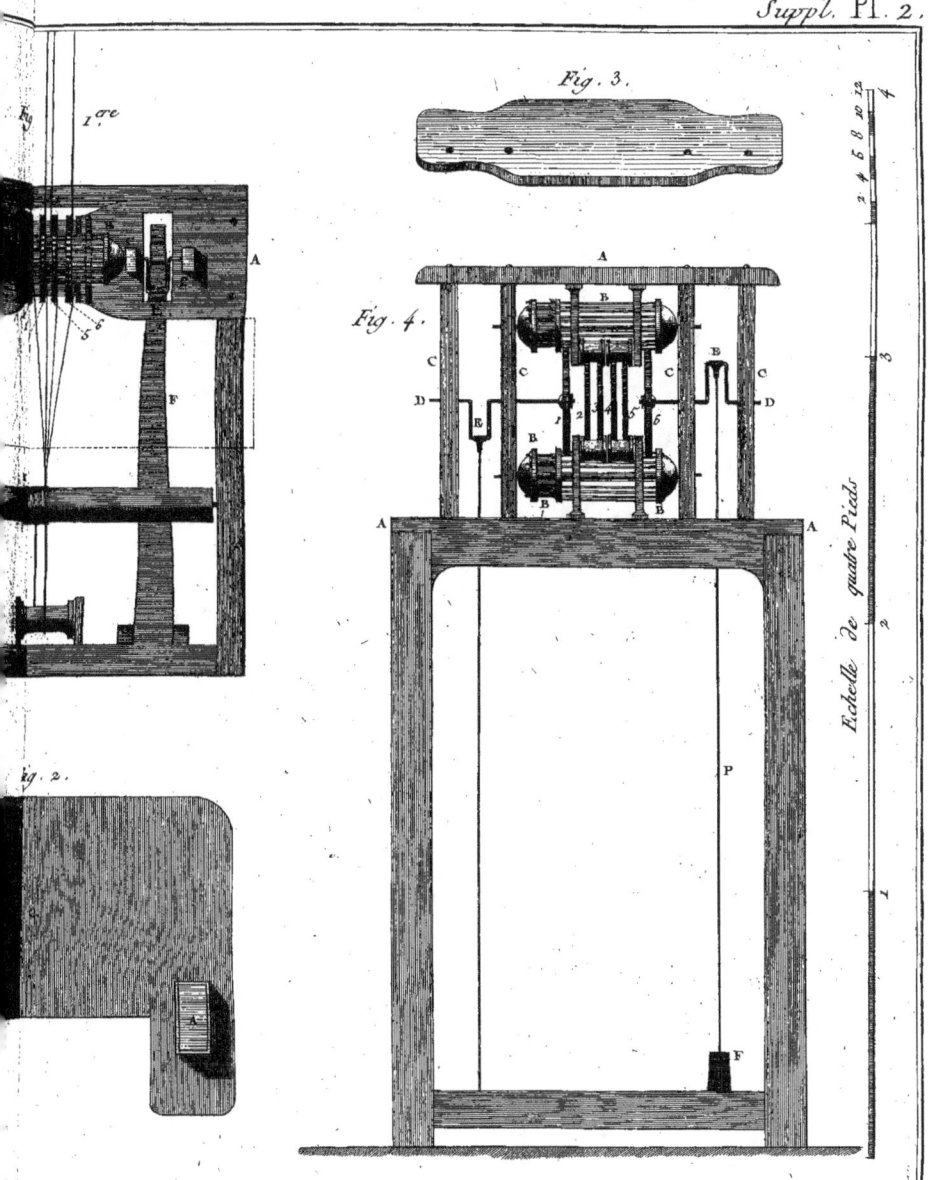

*Fig.* 1.<sup>re</sup>

*Fig.* 3.

A

*Fig.* 4.

Echelle de quatre Pieds

*ig.* 2.

Benard Direxit.

tiere et développemens

h.

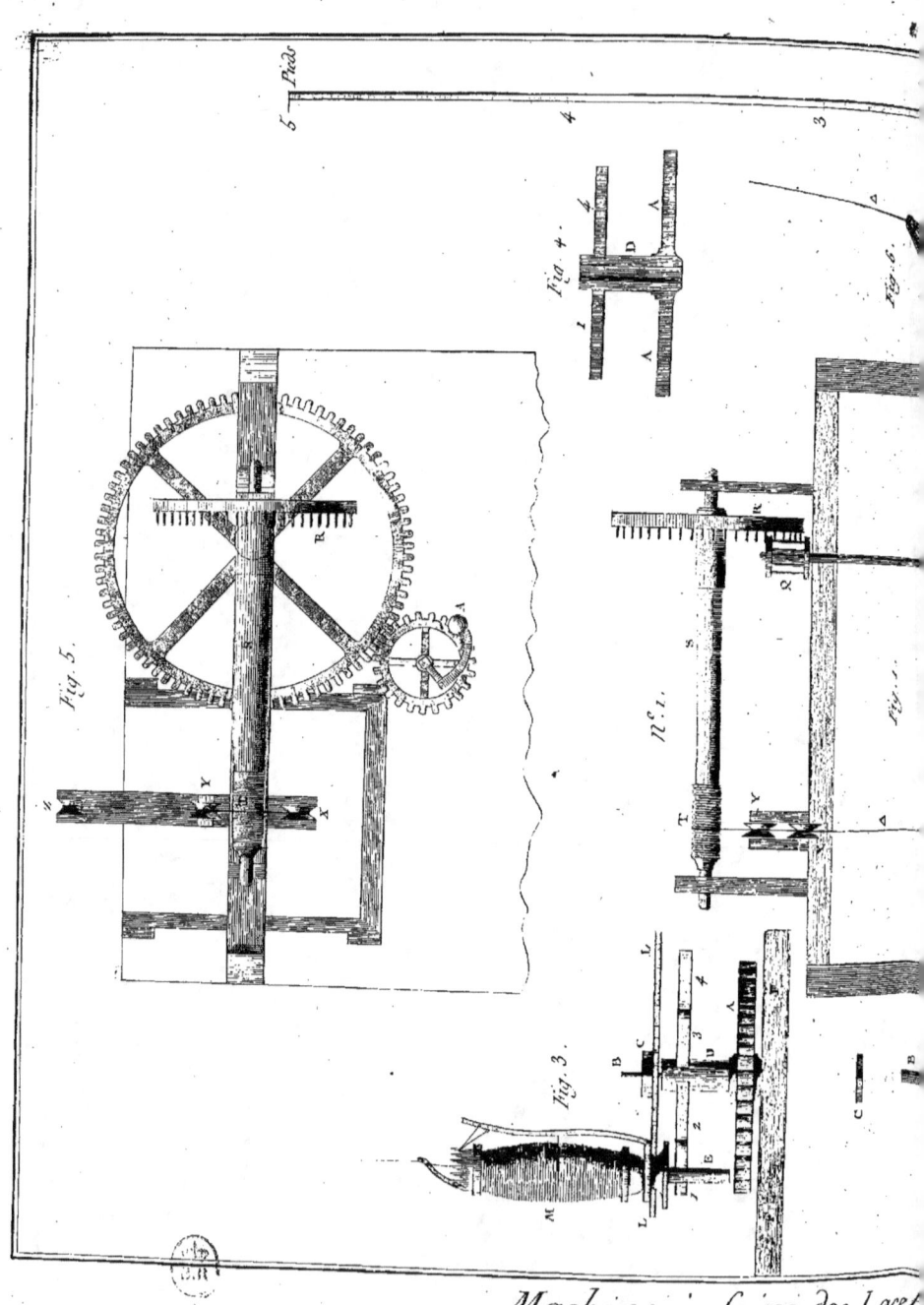

5 Pieds

Fig. 4.

Fig. 6.

Fig. 5.

N.º 1.

Fig. 1.

Fig. 3.

Machine à faire des Lacet

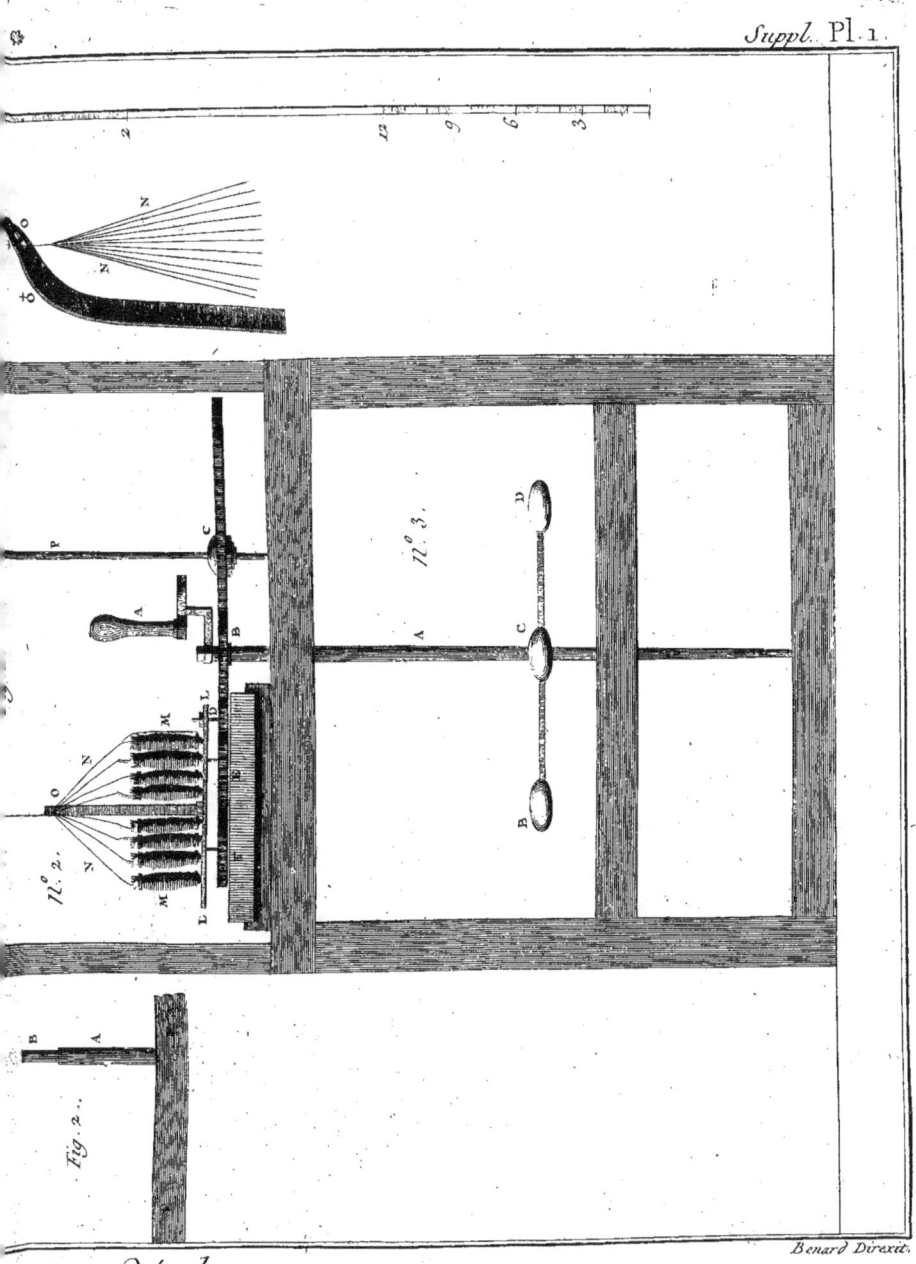

*Fig. 2.*

No. 2.

No. 3.

*nets et développemens.*

Benard Direxit.

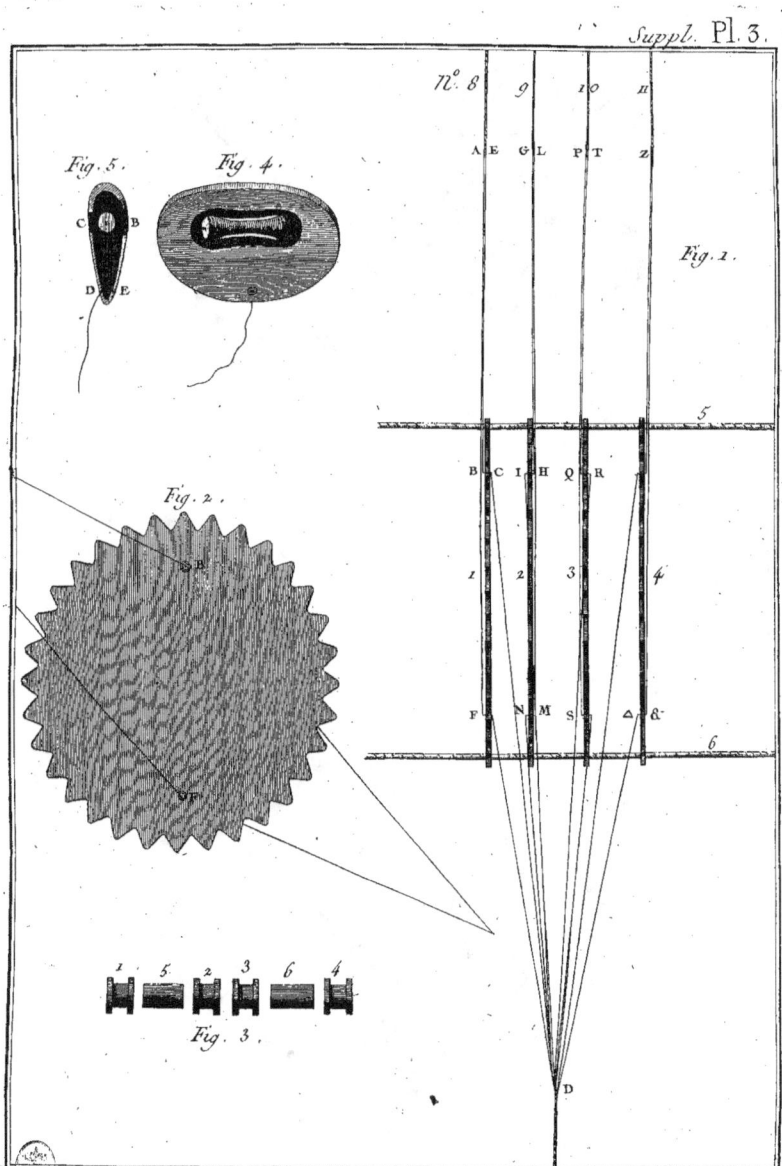

Développemens de la Machine nommée la Ratiere.

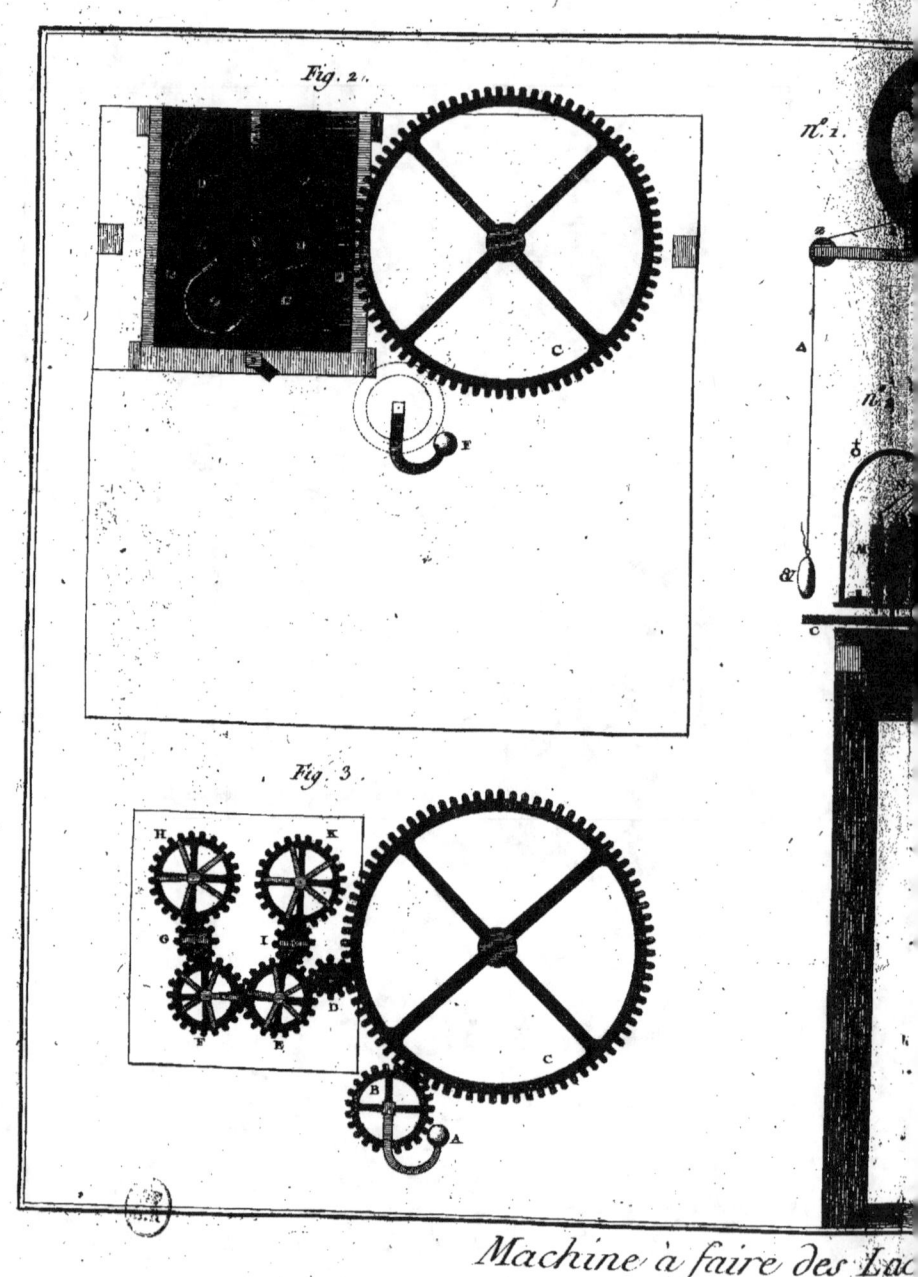

Fig. 2.

n.º 1.

n.º 2.

Fig. 3.

Machine à faire des Lac

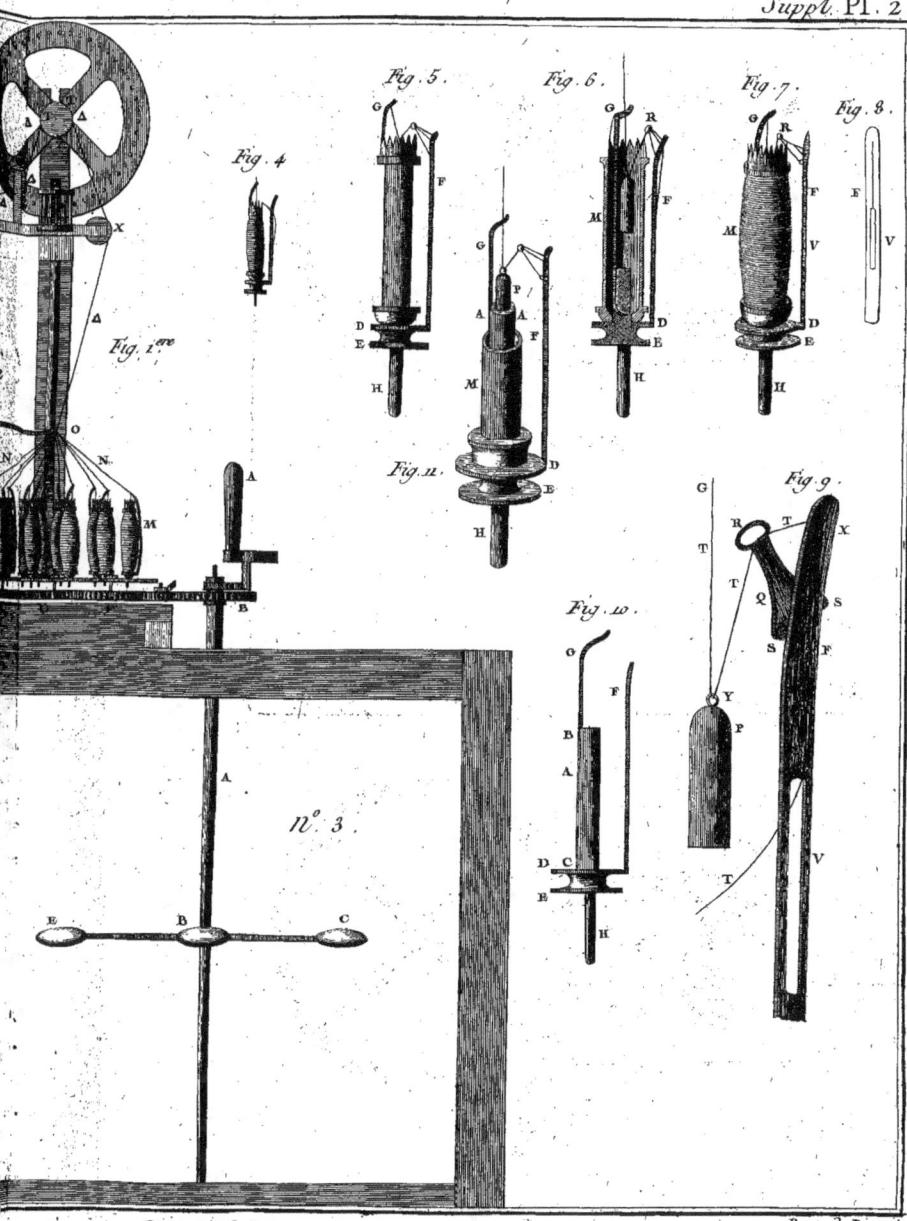

Fig. 4.

Fig. 5.

Fig. 6.

Fig. 7.

Fig. 8.

Fig. 1.<sup>ere</sup>

Fig. 11.

Fig. 9.

Fig. 10.

n.º 3.

*cets, et développemens.*

Benard Direxit.

k.

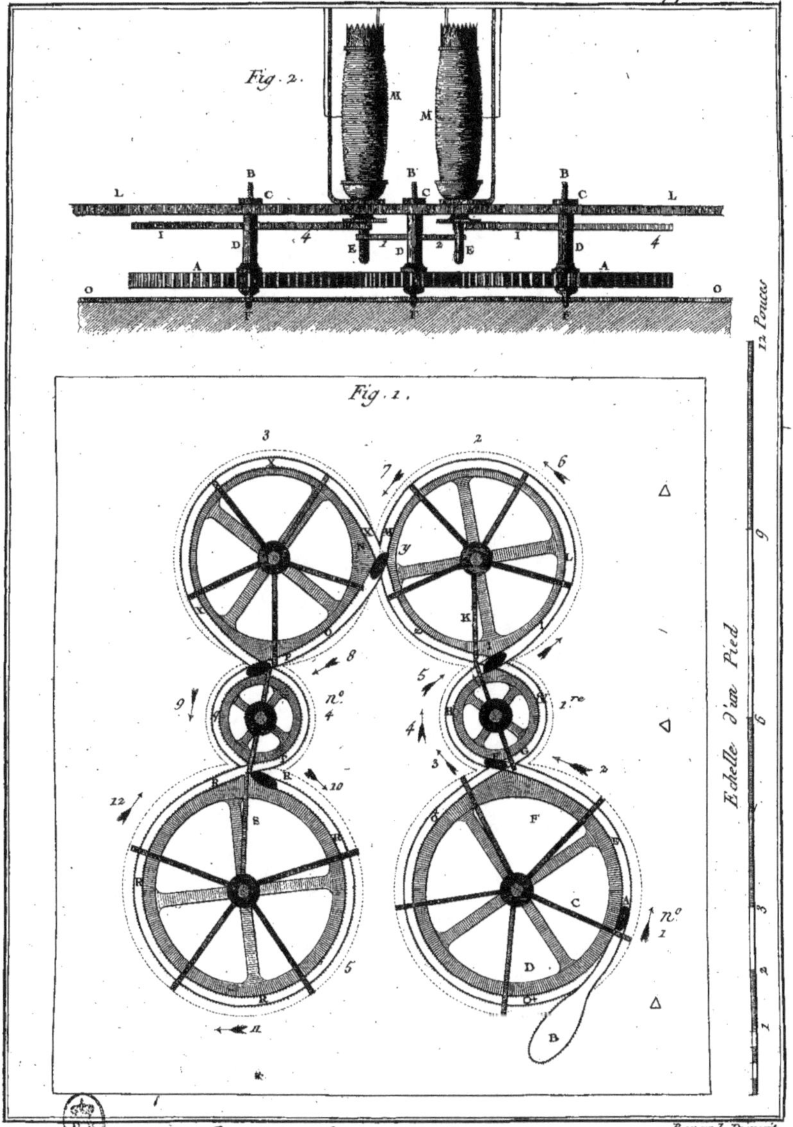

*Fig. 2.*

*Fig. 1.*

*Machine à faire les Lacets.*

*l.*

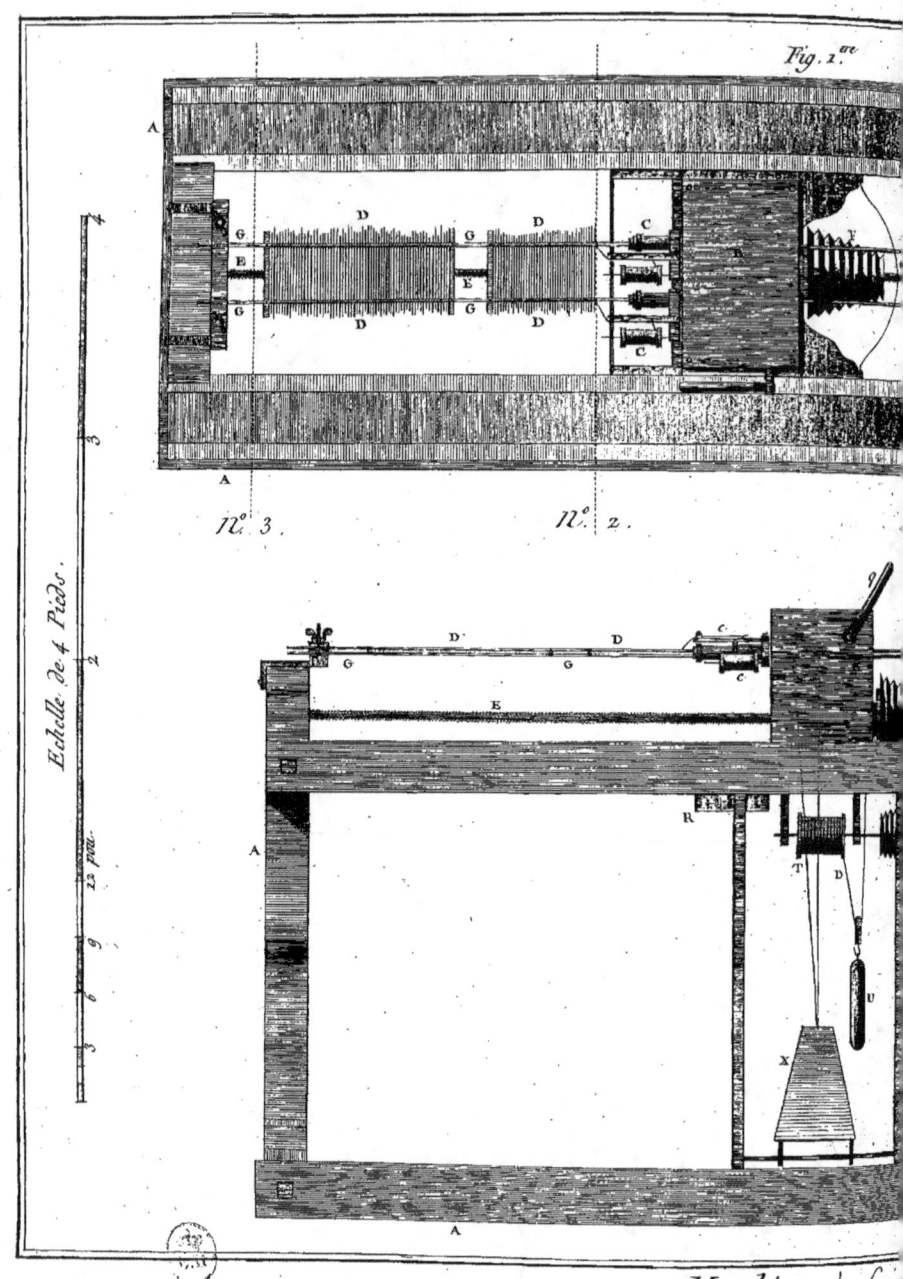

Fig. 1<sup>re</sup>.

N.º 3.   N.º 2.

Echelle de 4 Pieds.

Machine à fair

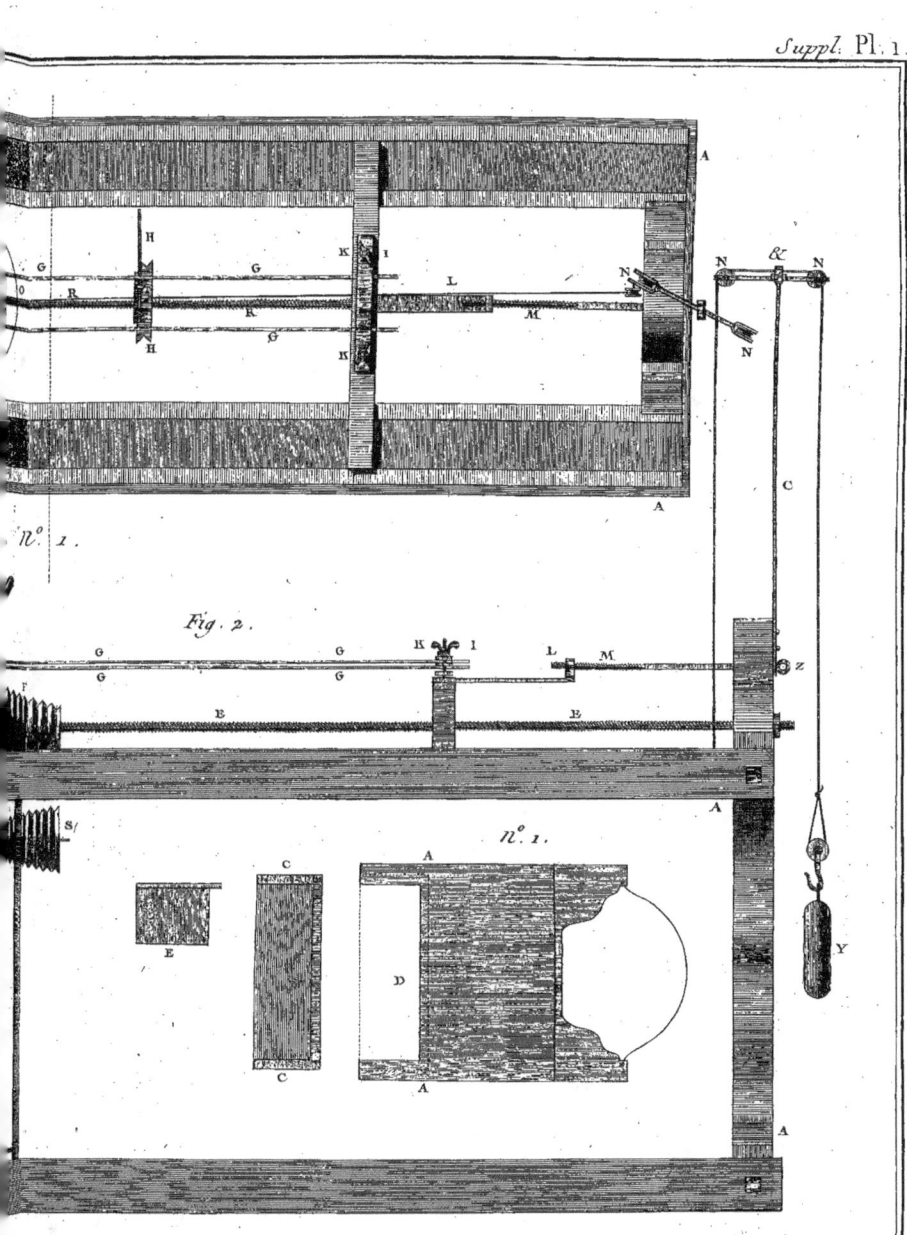

$n^o$. 1.

*Fig.* 2.

$n^o$. 1.

*Benard Direxit.*

*m.*

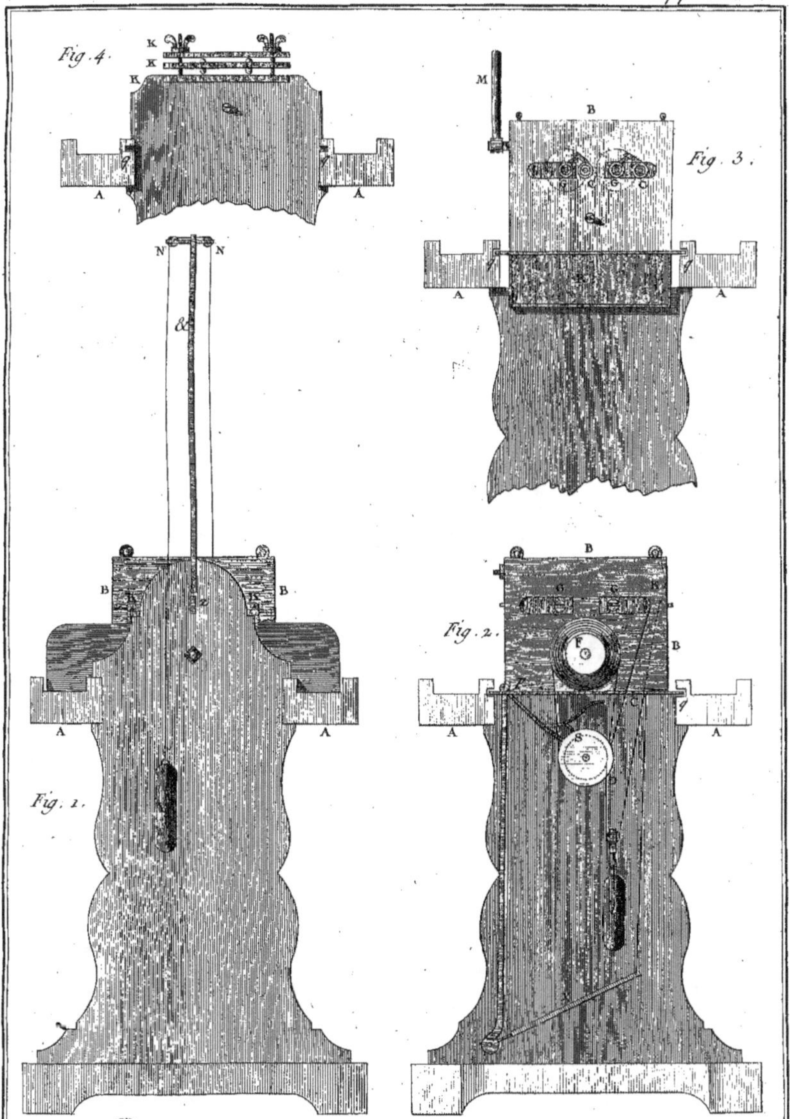

Fig. 4.

Fig. 3.

Fig. 2.

Fig. 1.

*Machine à faire des Peignes.*

Benard Direxit.

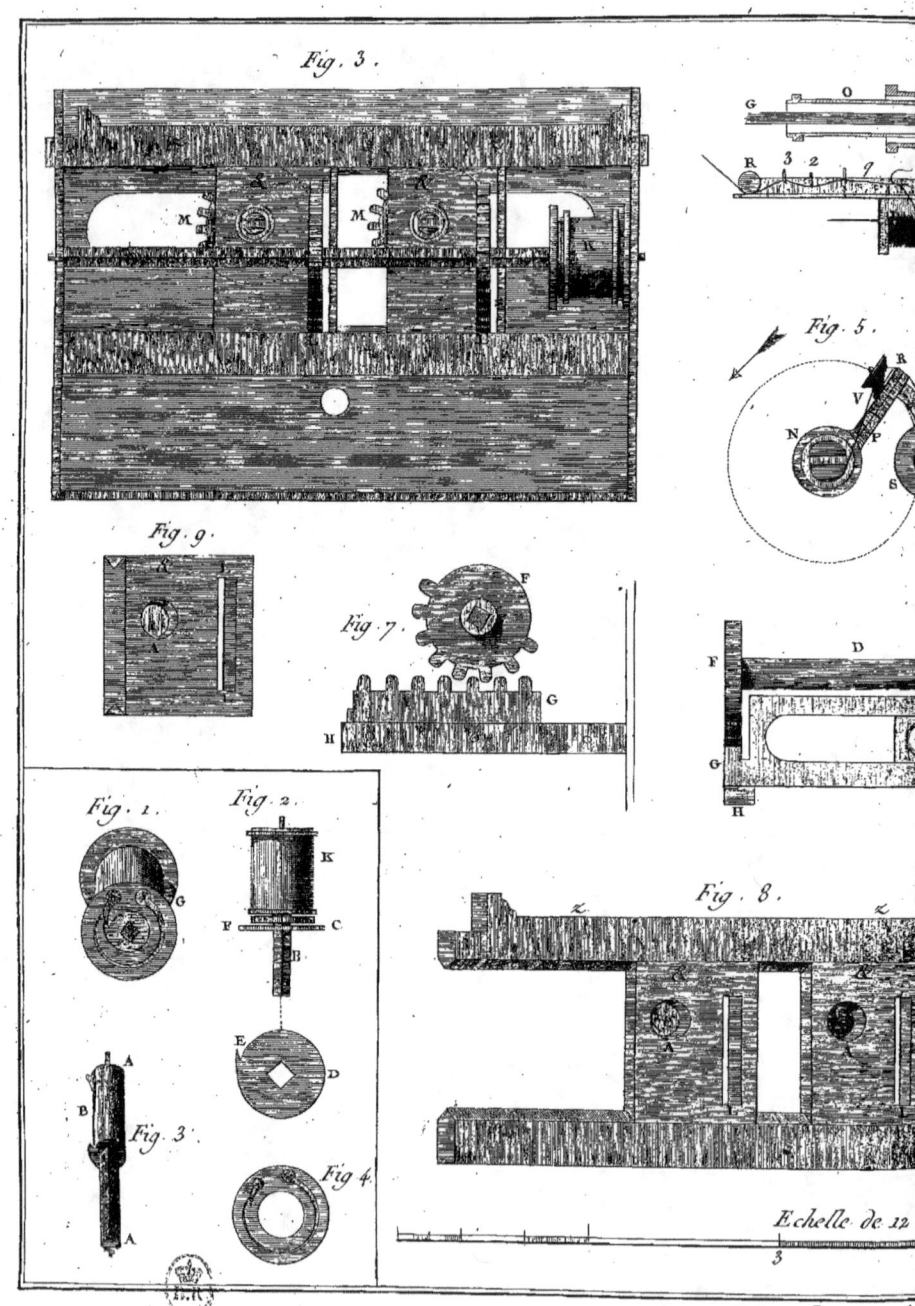

Fig. 3.

Fig. 5.

Fig. 9.

Fig. 7.

Fig. 1.

Fig. 2.

Fig. 3.

Fig. 4.

Fig. 8.

Echelle de 12.

Machine à

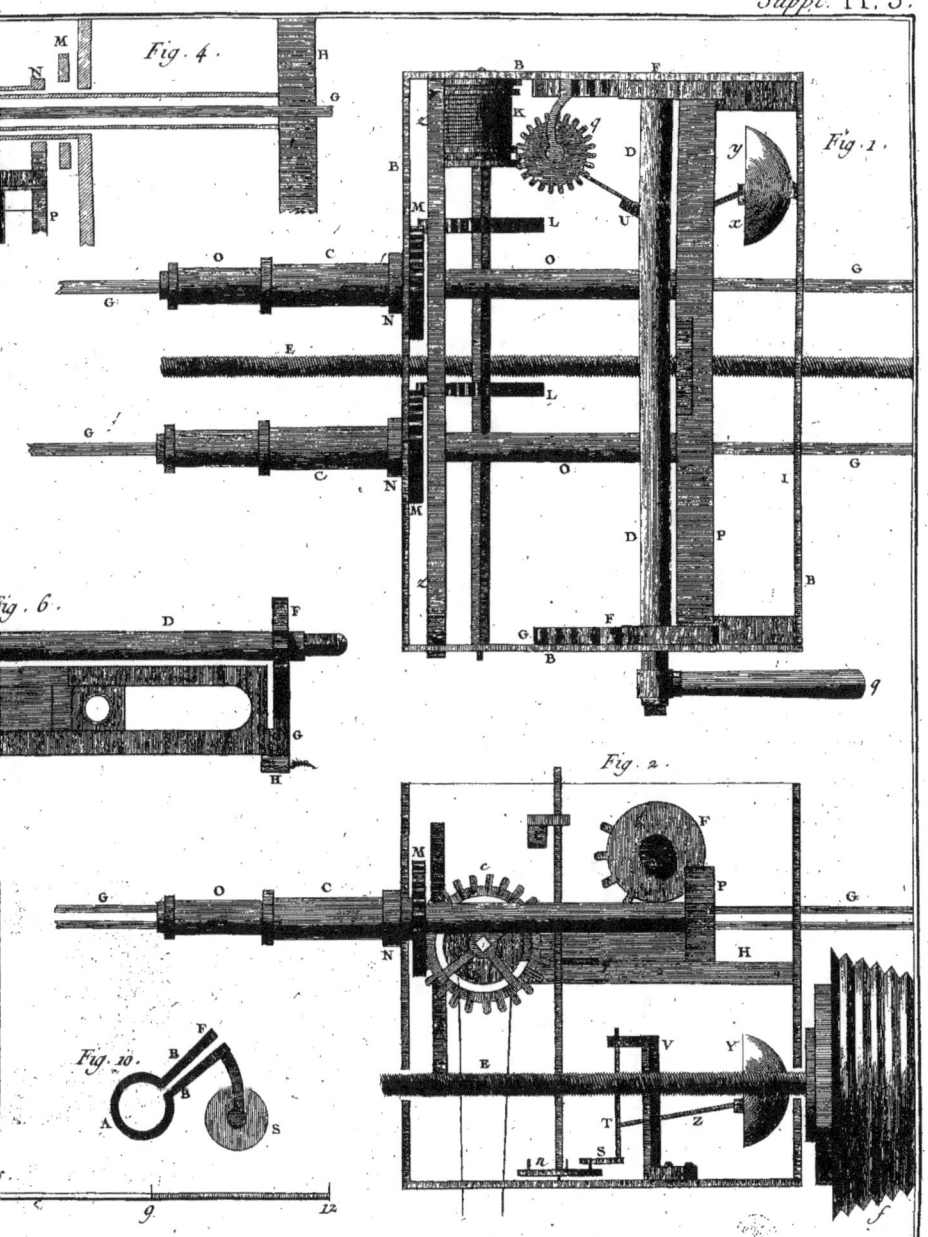

Fig. 4.

Fig. 1.

Fig. 6.

Fig. 2.

Fig. 10.

*Bénard Direxit.*

ire des Peignes.

*n.*

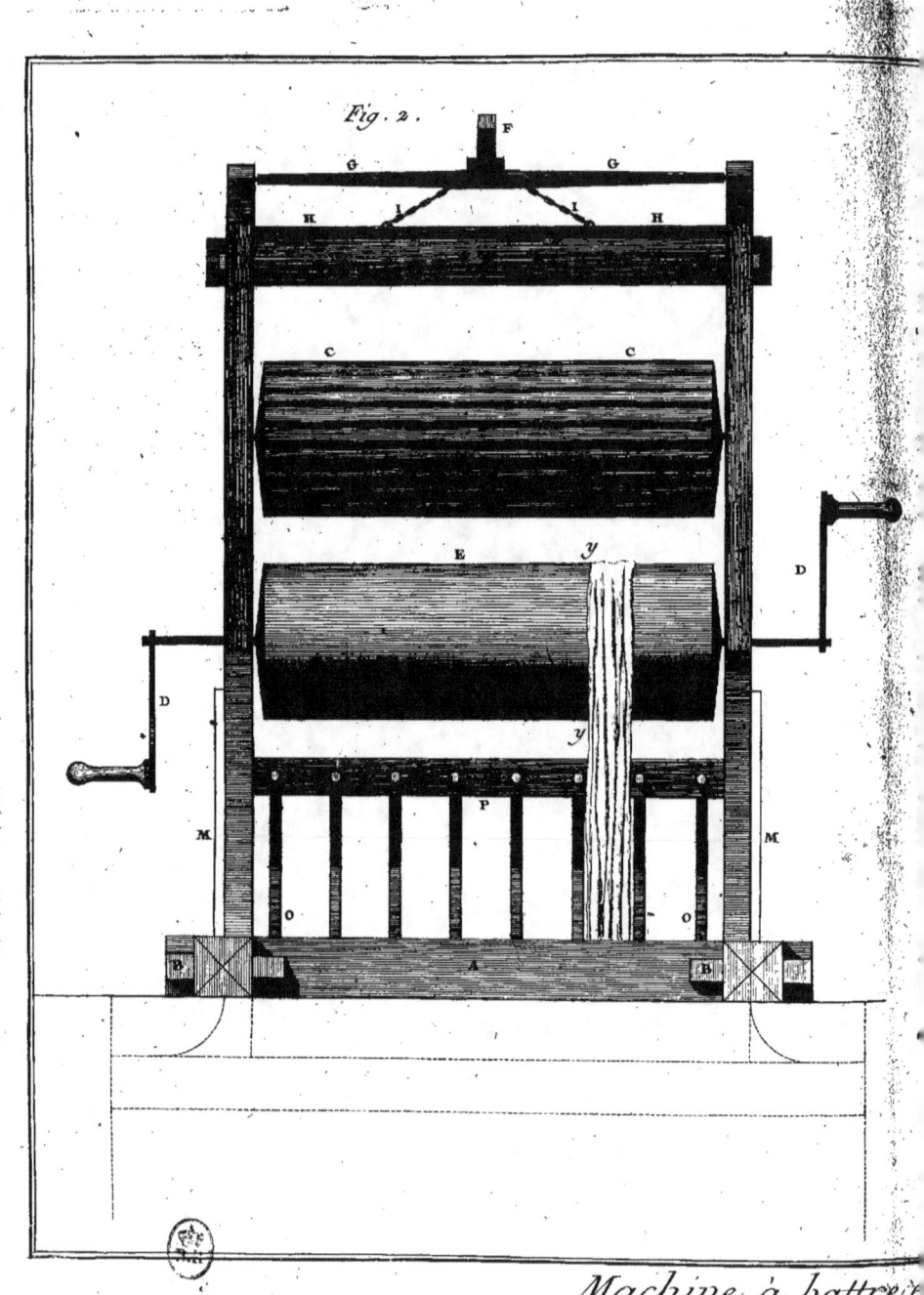

*Fig. 2.*

*Machine à battre*

*Fig. 1.*

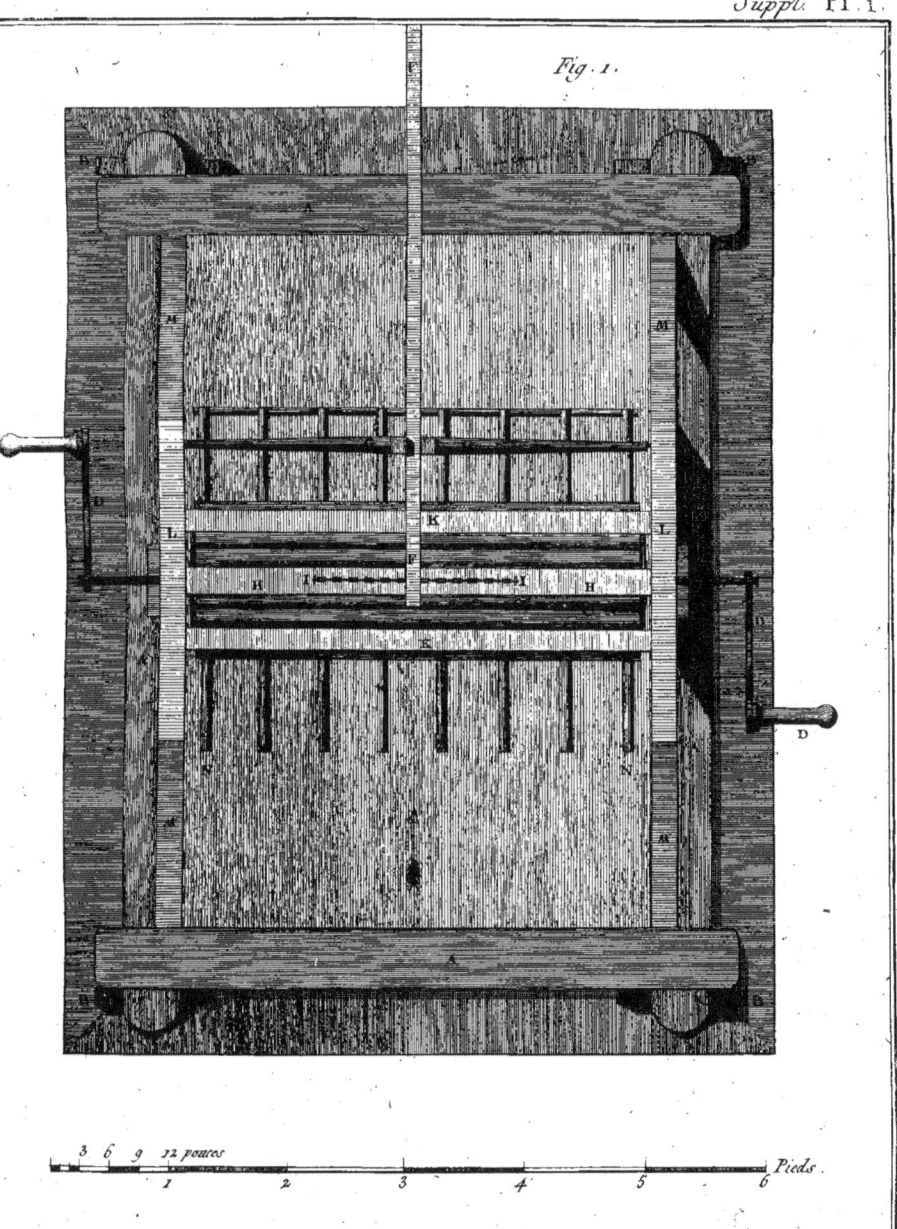

3  6  9  *12 pouces*

1        2        3        4        5        6  *Pieds.*

*Benard Direxit.*

*t laver les Toiles.*

*0.*

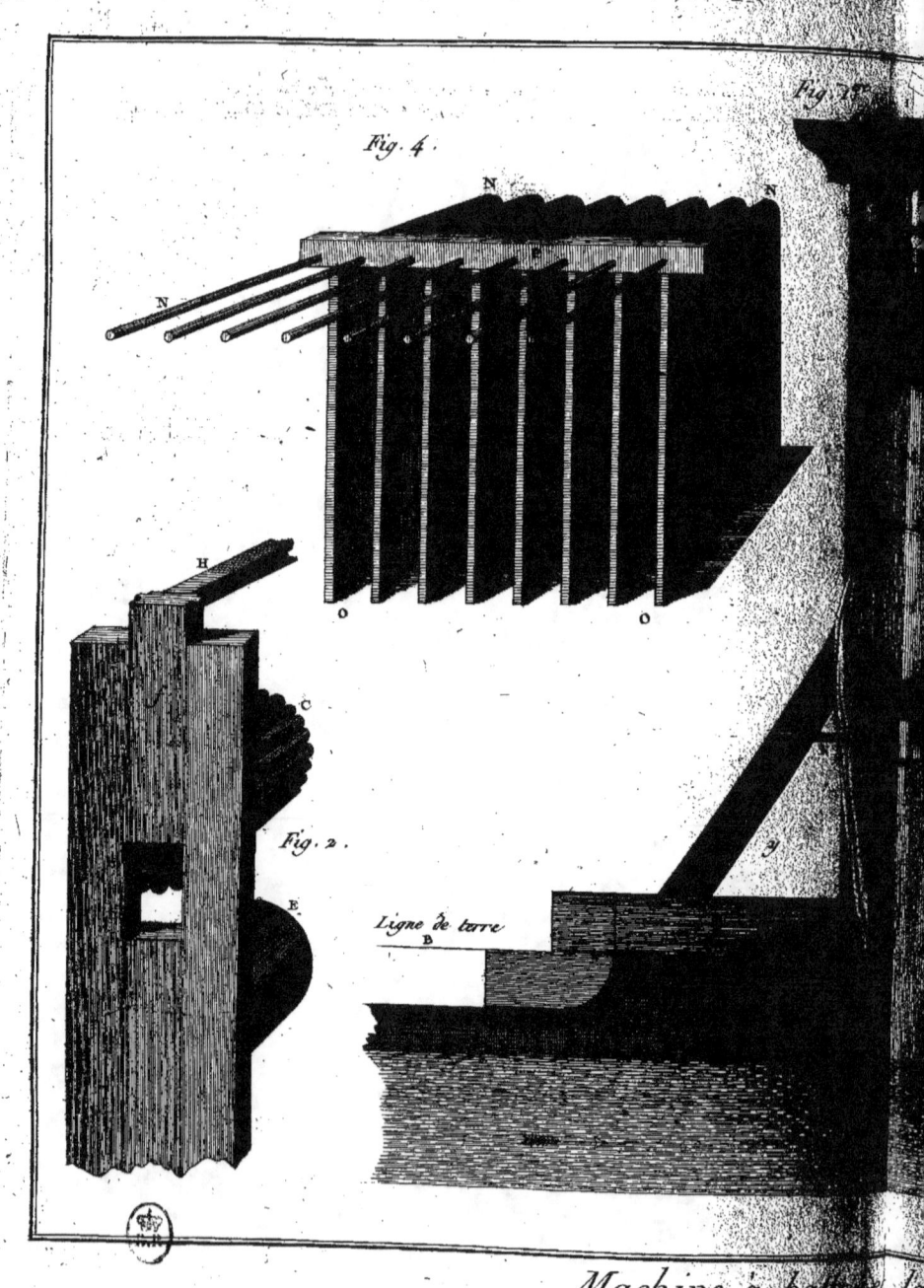

Fig. 4.

Fig. 2.

Ligne de terre

Machine à batt. la

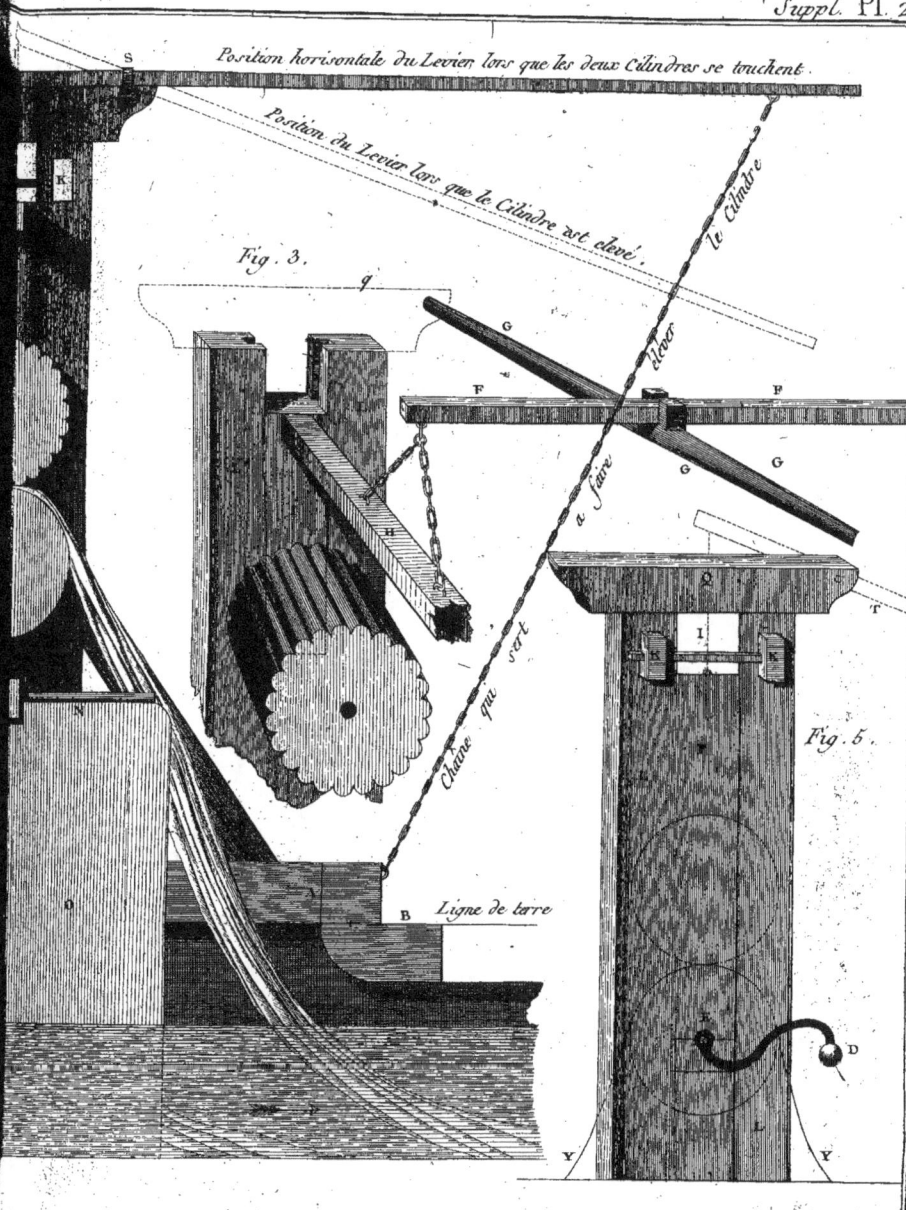

Suppl. Pl. 2.

Position horisontale du Levier, lors que les deux Cilindres se touchent.

Position du Levier lors que le Cilindre est elevé.

Le Cilindre

Levier

Fig. 3.

q

G

F

F

G

a faire

H

Chaine qui sert

Q

T

I

K

K

Fig. 5.

B

Ligne de terre

D

L

Y

Y

laver les Toiles.

Benard Direxit

P.

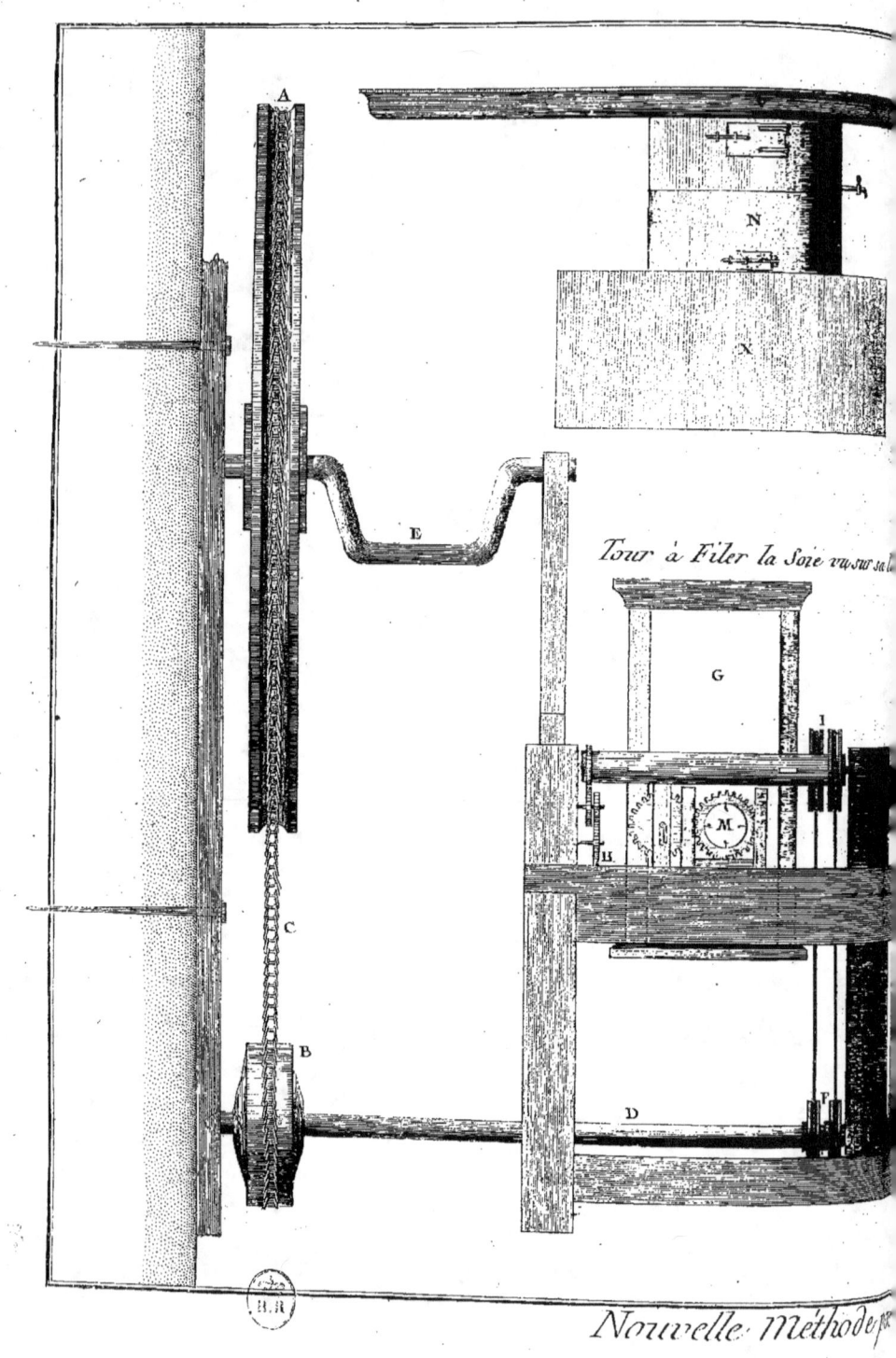

Tour à Filer la Soie vu sur le

Nouvelle Méthode p

O   O

geur.

G

I

M

H

T   T

T   T

Echelle de la Matrice.

1          2          3 Pouces

Echelle du Tour.

1          2          3          4   Pied

ur le Tirage des Soies.

Benard Direxit.

9

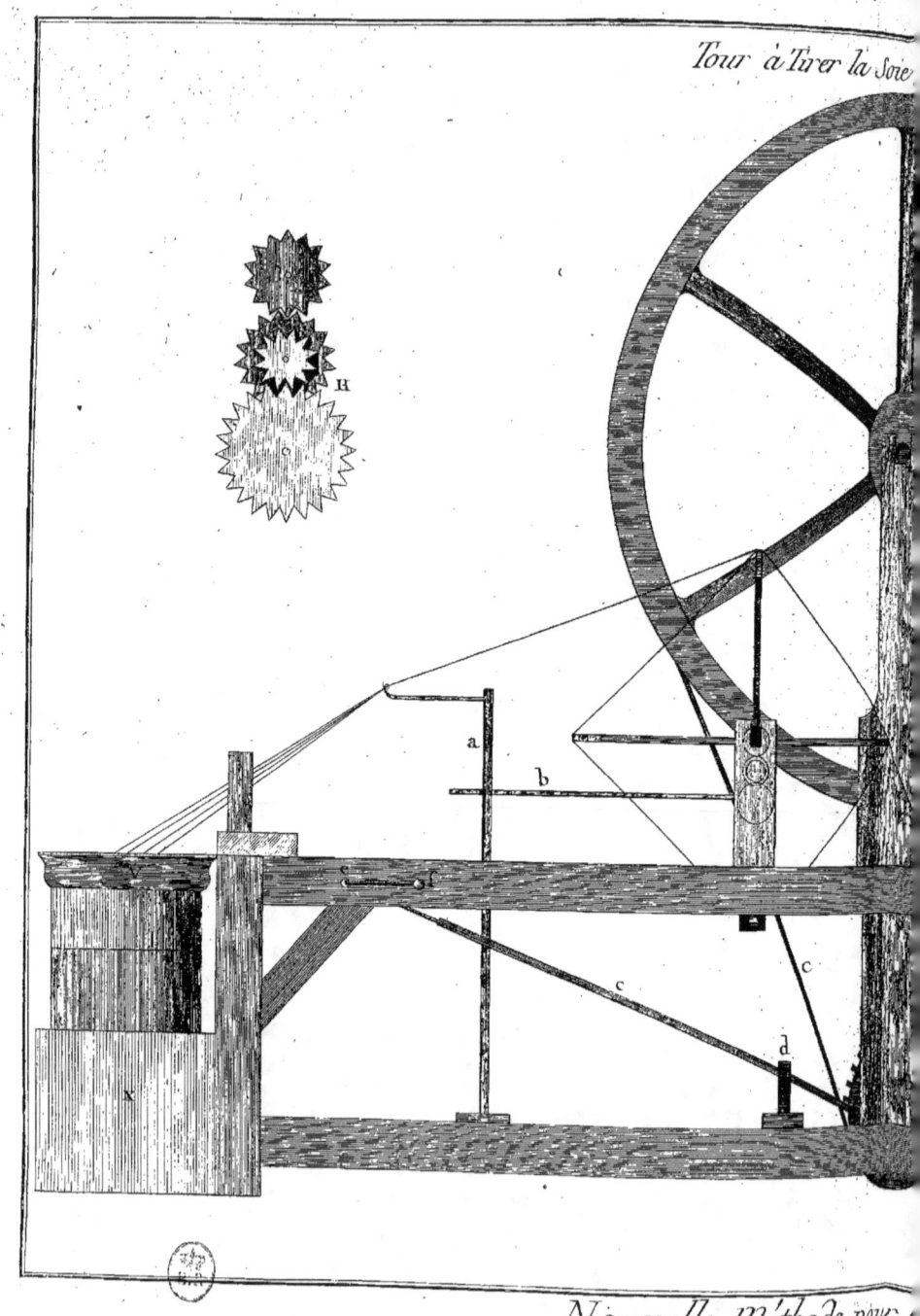

*e, vu sur sa longueur .*

A

1 2 3  6      12 *pouces*
1            2            3            4 *R.*

a

b

c

c

d

B

d

x

*r le Tirage des Soies .*

Benard Direxit.

r.

Benard Direxit.

Plan de la Charpente qui porte les Tours à tirer la Soie.

Echelle de 4 Pieds.

3 6 pon. 1    2    3    4

Nouvelle Méthode pour le tirage des Soies.

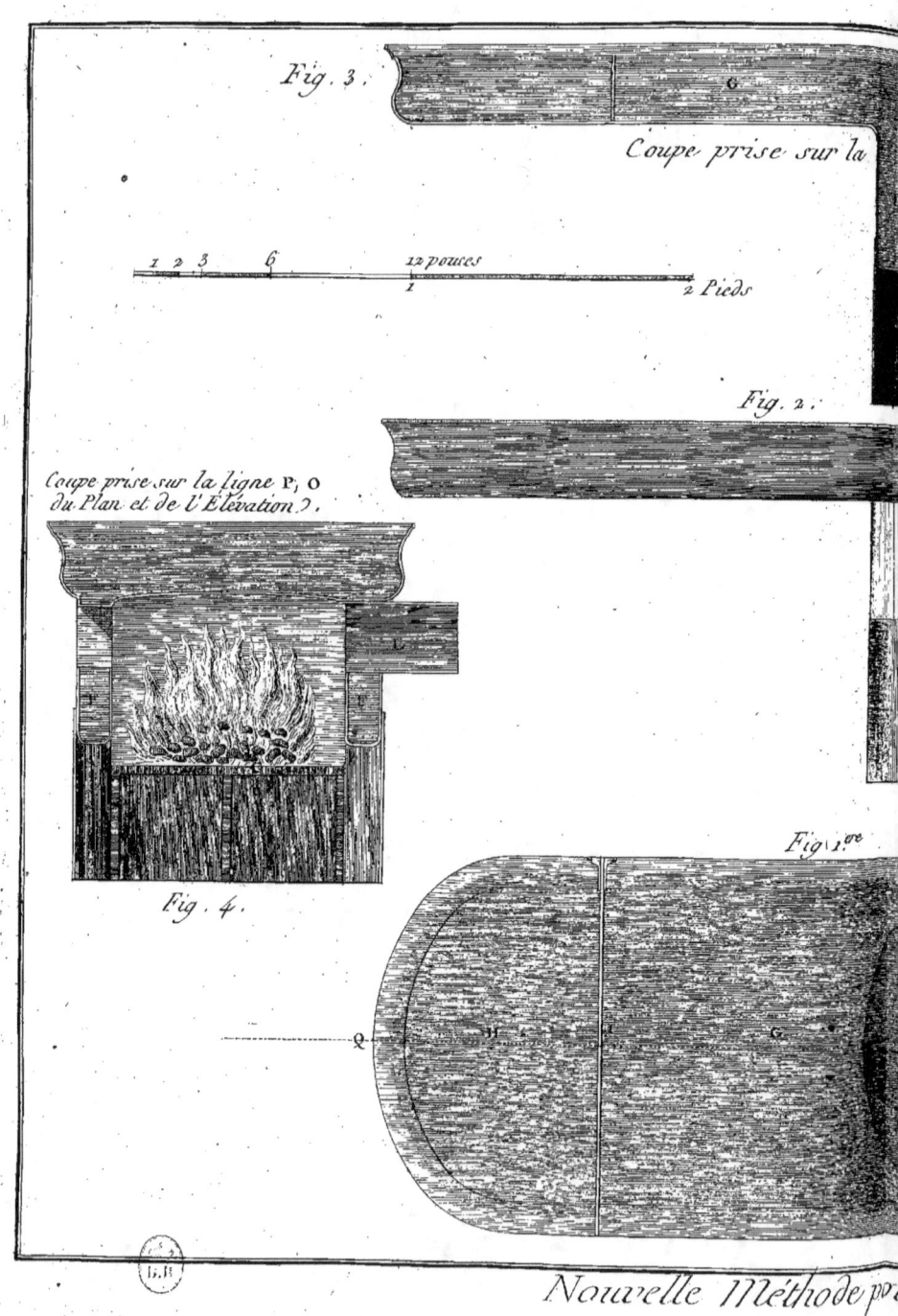

Fig. 3.

Coupe prise sur la

1 2 3    6       12 pouces                       2 Pieds
                             1

Fig. 2.

Coupe prise sur la ligne P, O
du Plan et de l'Elevation ?.

Fig. 4.

Fig. 1.re

Nouvelle Méthode p.

ligne Q, R du Plan.

K

Élévation.

O

K

D   B

A

S

I

L   c   G   I   H   P

P

ur le Tirage des Soies.

S

Pl. 1.

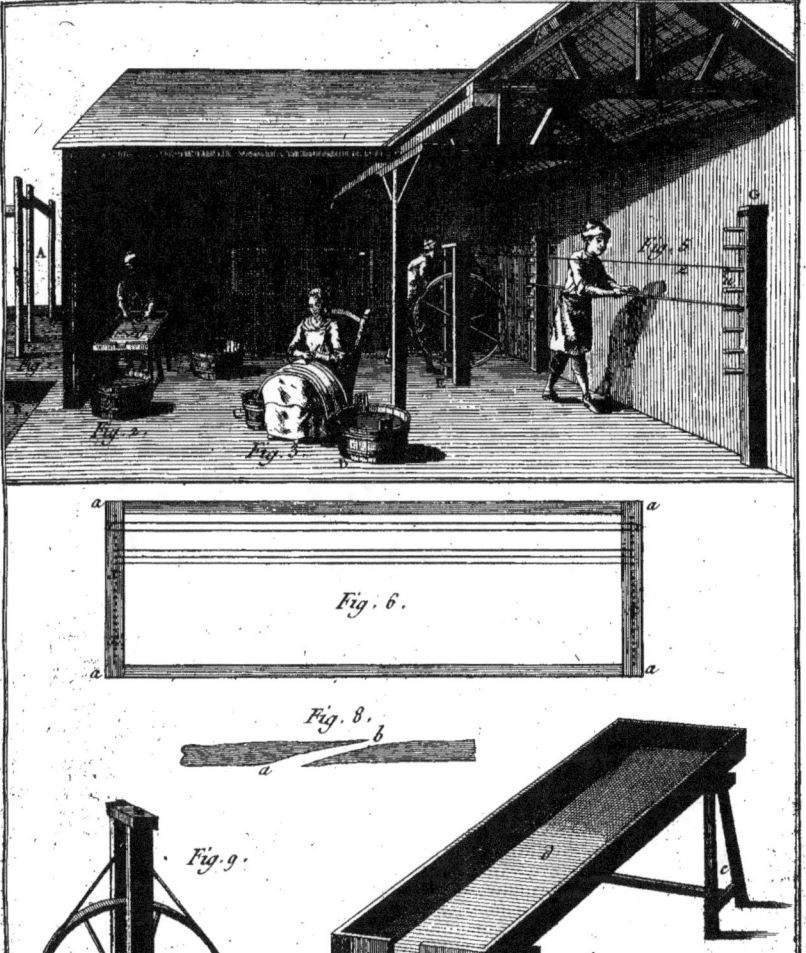

Fig. 6.

Fig. 8.

Fig. 9.

Fig. 7.

Boyaudier.

1.

Pl.1.

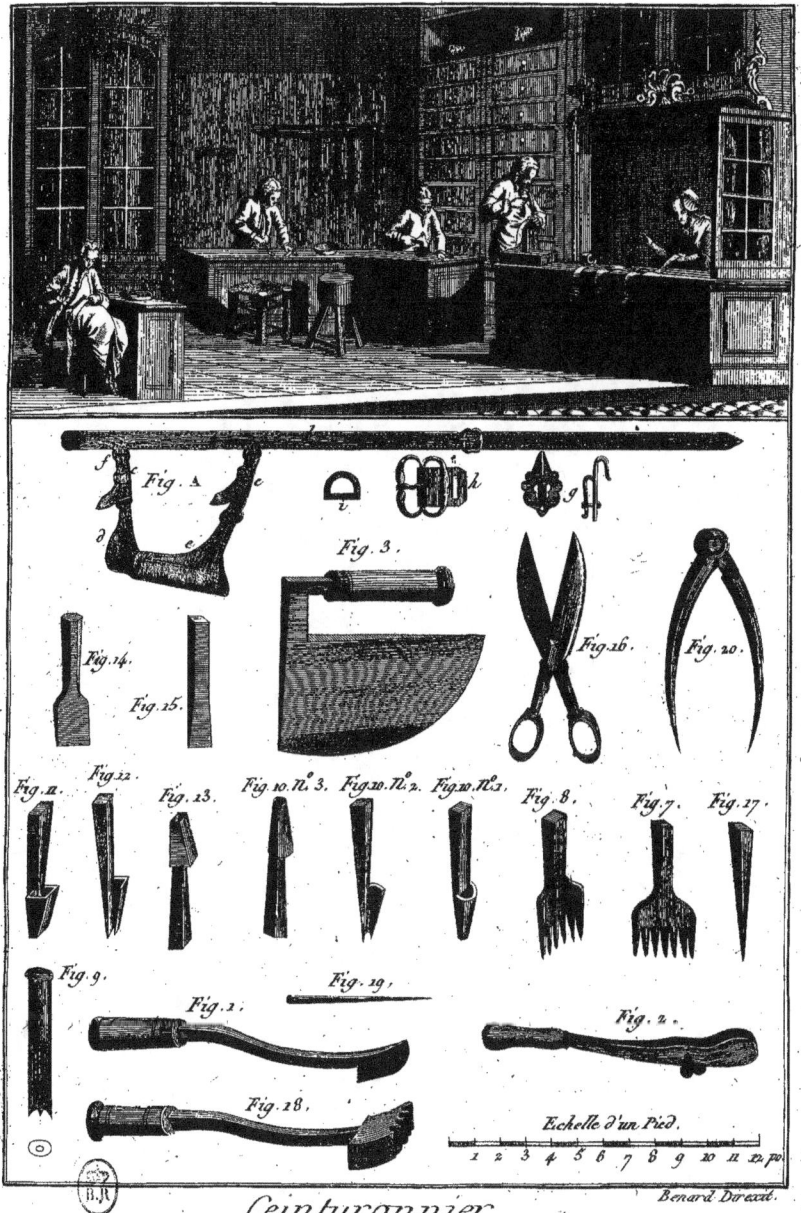

Fig. A.
Fig. 3.
Fig. 16.
Fig. 20.
Fig. 14.
Fig. 15.
Fig. 11. Fig. 22. Fig. 13. Fig. 10. N.° 3. Fig. 10. N.° 2. Fig. 10. N.° 1. Fig. 8. Fig. 7. Fig. 17.
Fig. 9.
Fig. 1.
Fig. 19.
Fig. 2.
Fig. 18.
Echelle d'un Pied.
1 2 3 4 5 6 7 8 9 10 11 12 po

*Ceinturonnier.*

Benard Direxit.

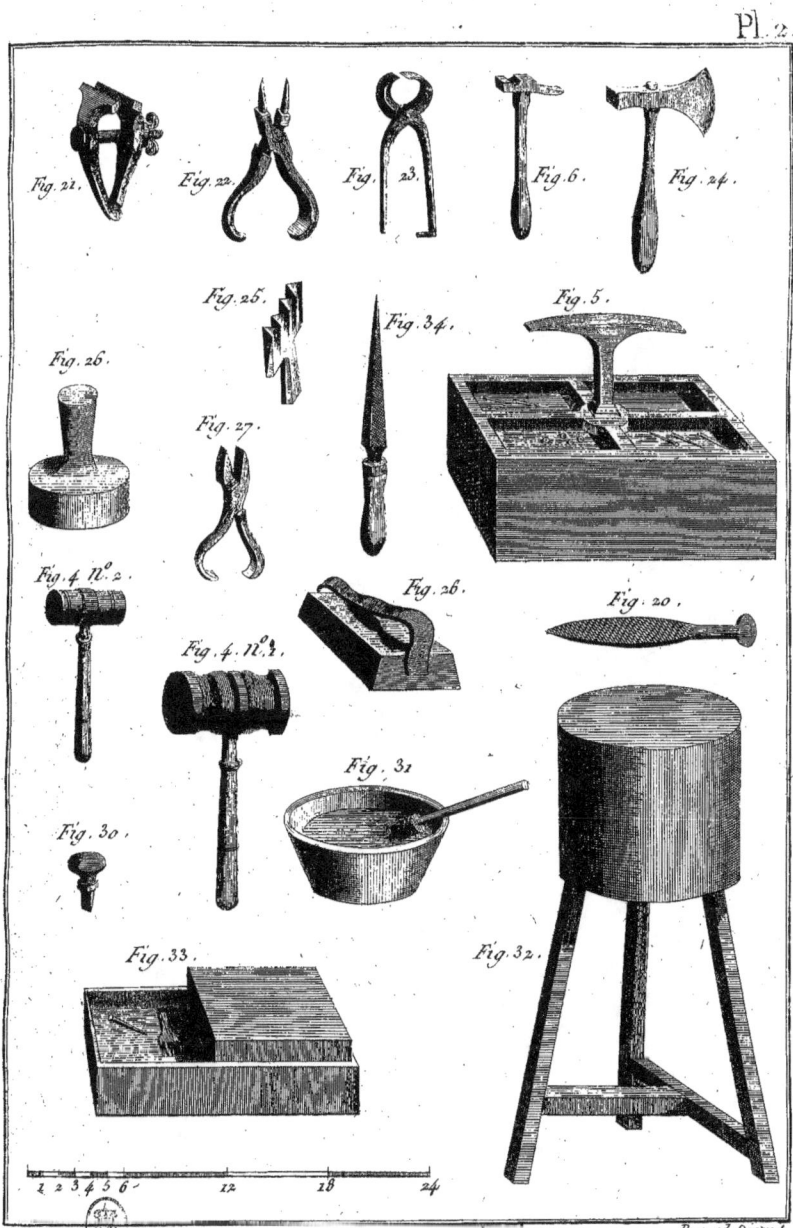

Pl. 2

Fig. 21. Fig. 22. Fig. 23. Fig. 6. Fig. 24.

Fig. 25. Fig. 34. Fig. 5.

Fig. 26.

Fig. 27.

Fig. 4. N.º 2. Fig. 26. Fig. 20.

Fig. 4. N.º 1.

Fig. 31.

Fig. 30.

Fig. 33. Fig. 32.

1 2 3 4 5 6 12 18 24

*Ceinturonnier.*

Benard Direxit

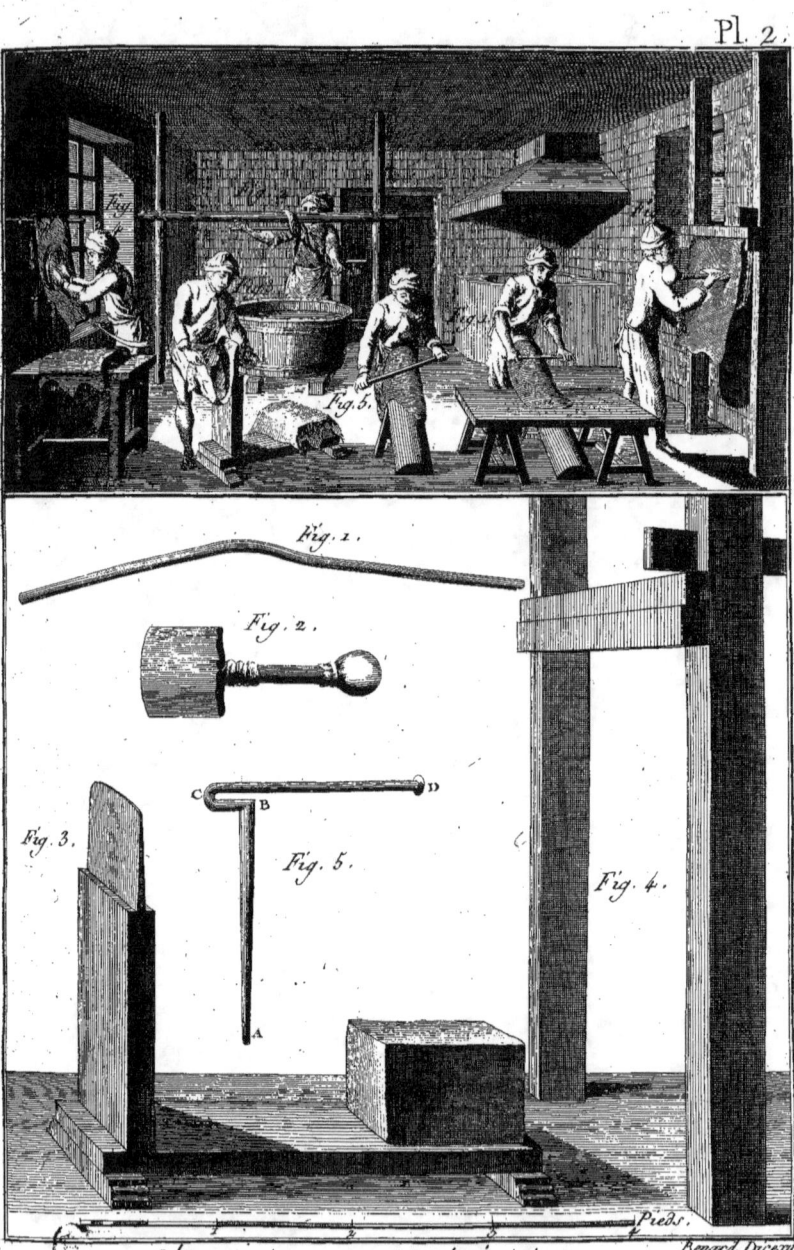

Pl. 2.

*Fig. 1.*

*Fig. 2.*

*Fig. 3.*

*Fig. 5.*

C B D

*Fig. 5.*

A

*Fig. 4.*

*Pieds.*

Benard Du exit

*Chamoiseur et Mégissier.*

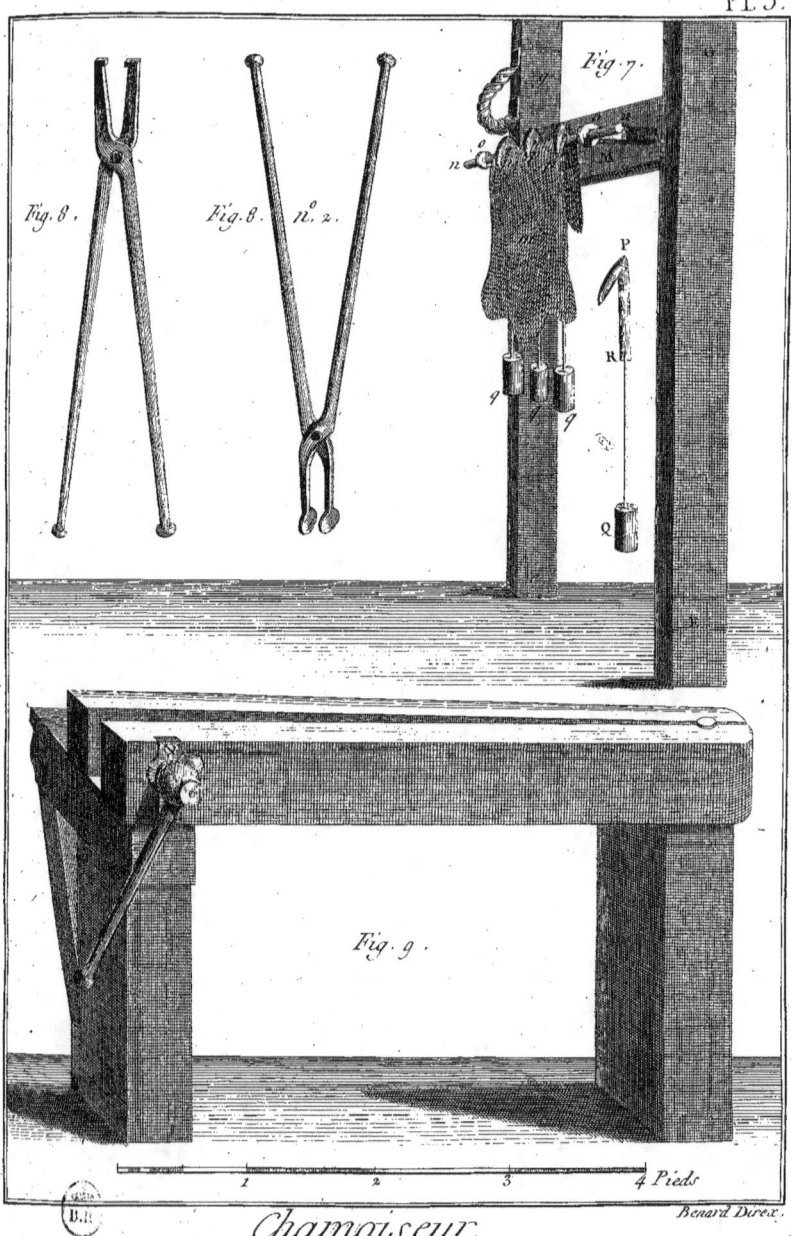

Pl. 3.

Fig. 7.

Fig. 8.

Fig. 8. n. 2.

P

R

Q

q   q

n

Fig. 9.

1        2        3        4 Pieds

*Chamoiseur.*

4

Pl. 4.

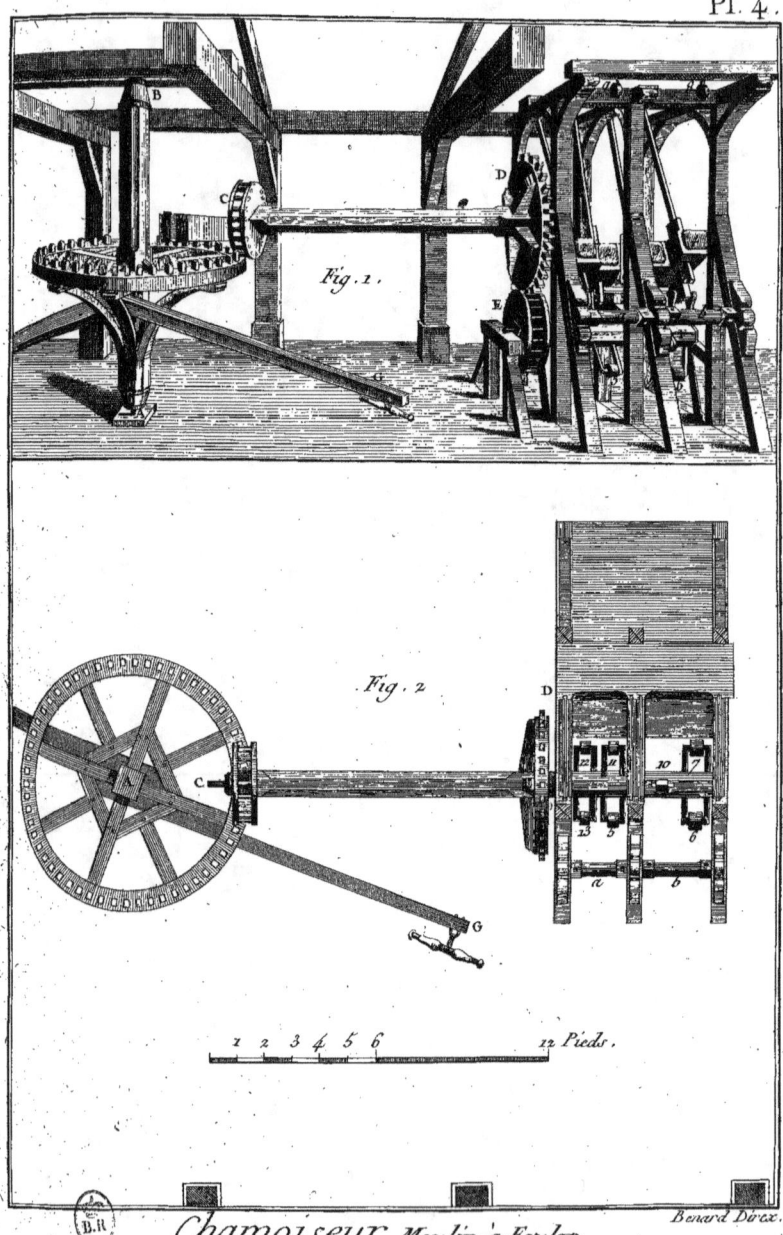

Fig. 1.

Fig. 2.

1 2 3 4 5 6     12 Pieds.

Benard Direx.

*Chamoiseur, Moulin à Foulon.*

Pl. 5

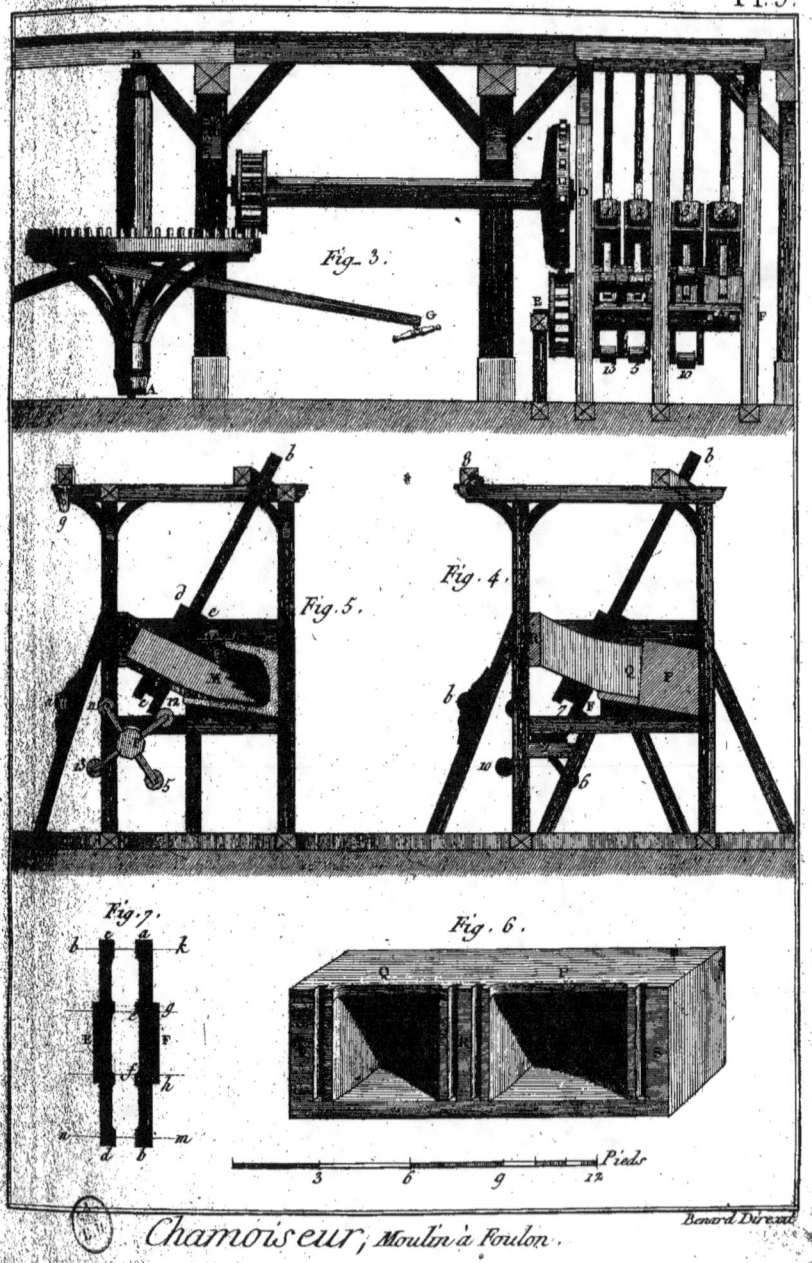

Fig. 3.

Fig. 5.

Fig. 4.

Fig. 7.

Fig. 6.

Pieds

Chamoiseur, Moulin à Foulon.

Benard Direxit

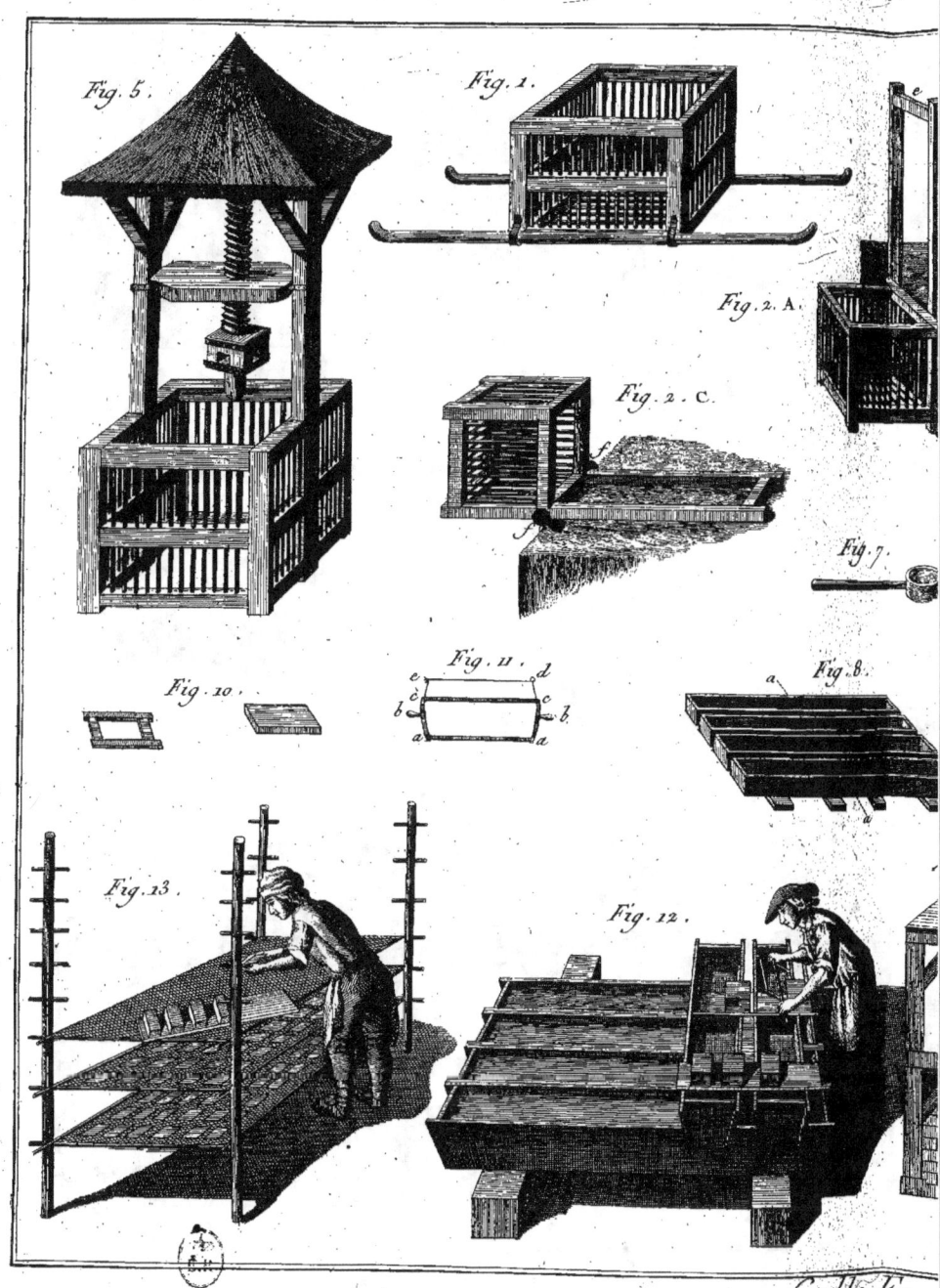

Fig. 5.

Fig. 1.

Fig. 2. A.

Fig. 2. C.

Fig. 7.

Fig. 10.

Fig. 11.

Fig. 8.

Fig. 13.

Fig. 12.

Colle l'or.

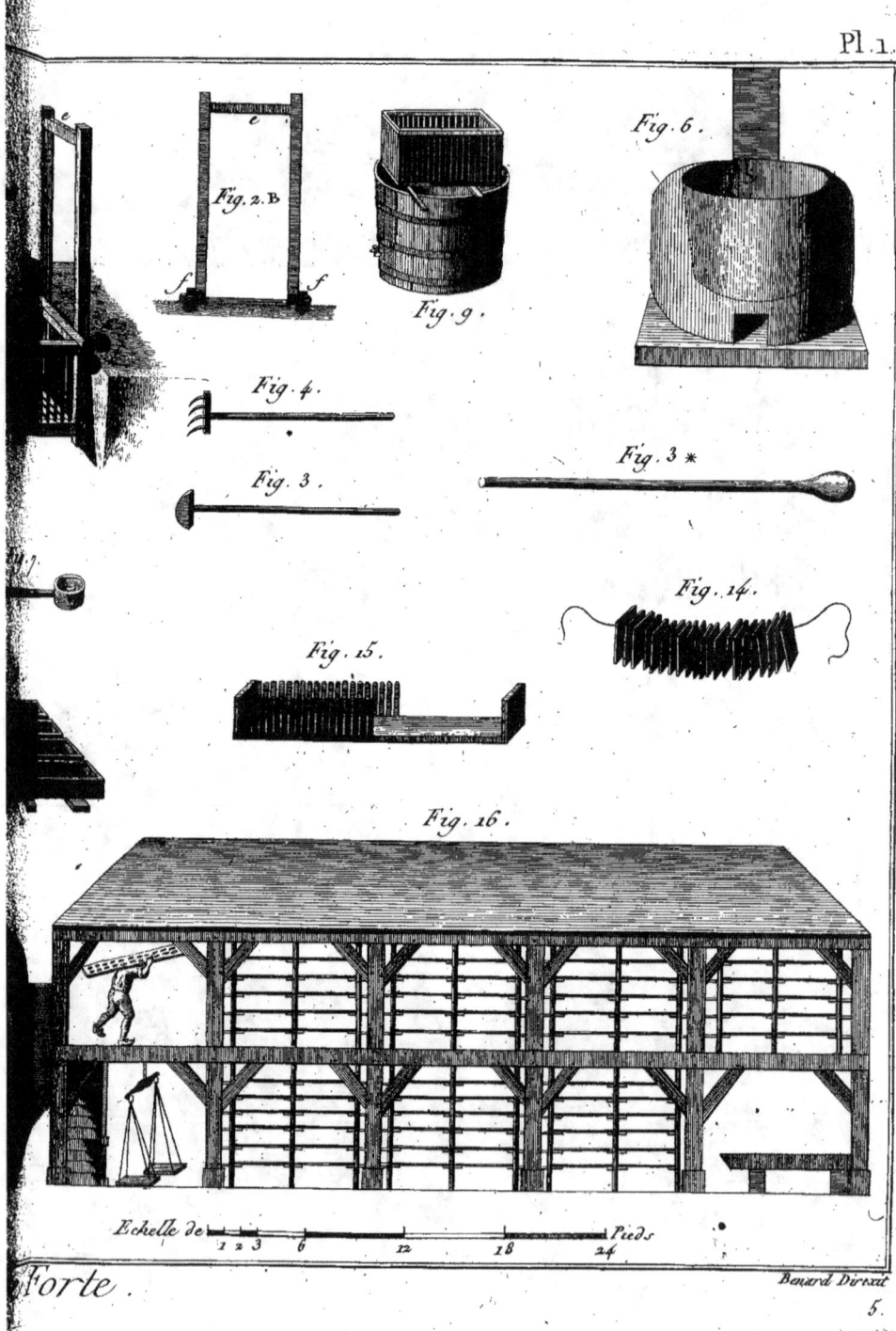

Pl. 1

*Fig. 2. B*

e

f          f

*Fig. 9.*

*Fig. 6.*

*Fig. 4.*

*Fig. 3.*

*Fig. 3* \*

*Fig. 14.*

*Fig. 15.*

*Fig. 16.*

*Echelle de* 1 2 3   6        12        18        *Pieds* 24

Forte.

Benard Direxit

Pl. 1.

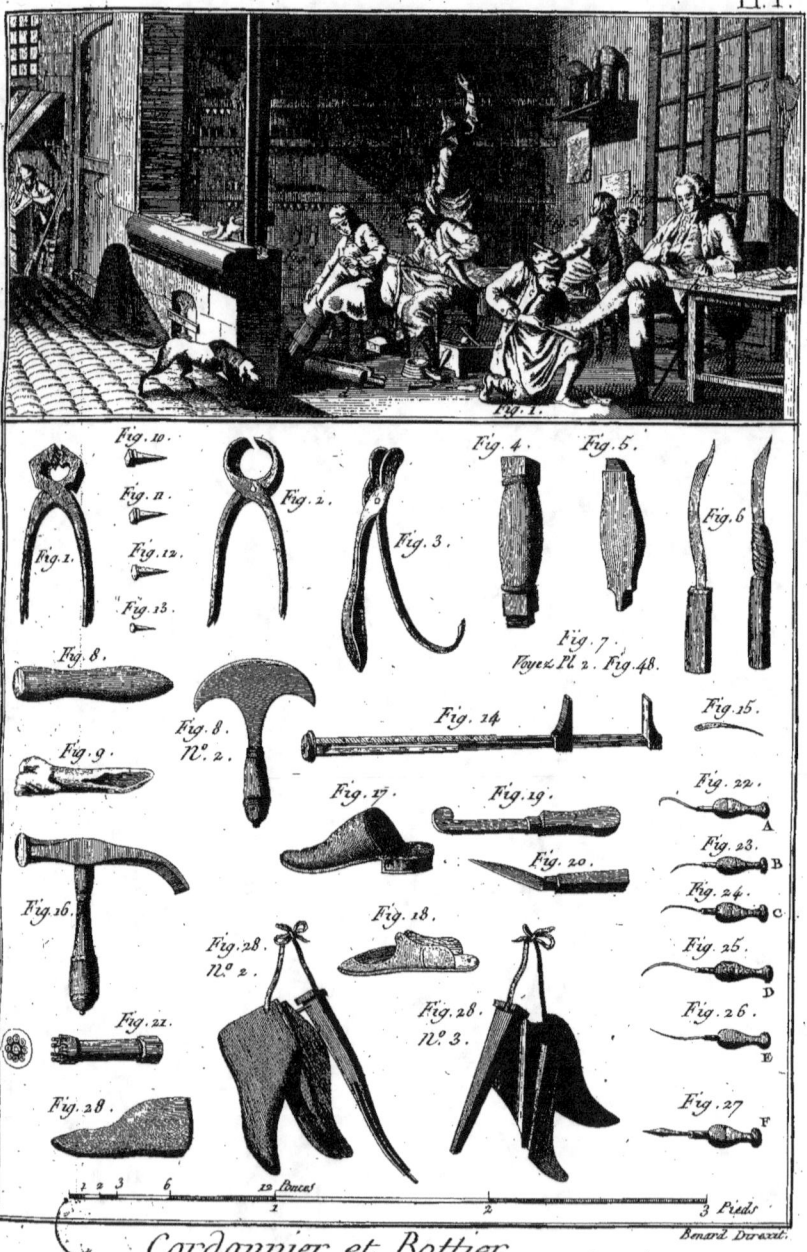

Fig. 1.

Fig. 10.
Fig. 11.
Fig. 12.
Fig. 13.
Fig. 1.
Fig. 2.
Fig. 3.
Fig. 4.
Fig. 5.
Fig. 6.
Fig. 7.
Voyez Pl. 2. Fig. 48.
Fig. 8.
Fig. 8. N° 2.
Fig. 9.
Fig. 14.
Fig. 15.
Fig. 17.
Fig. 19.
Fig. 22. A
Fig. 20.
Fig. 23. B
Fig. 16.
Fig. 18.
Fig. 24. C
Fig. 28. N° 2.
Fig. 25. D
Fig. 28. N° 3.
Fig. 26. E
Fig. 21.
Fig. 27. F
Fig. 28.

1 2 3    6         12 Onces
1                    2              3 Pieds

Benard Direxit.

Cordonnier et Bottier.

6.

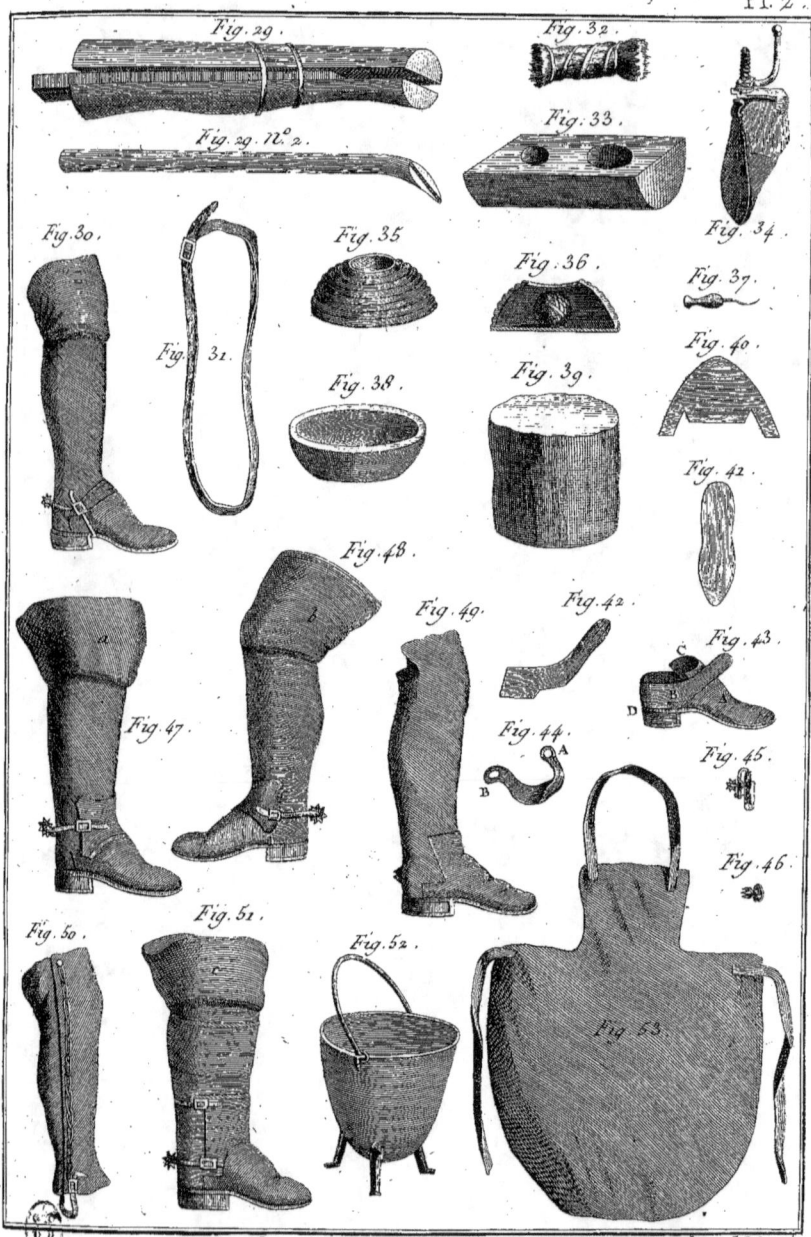

Pl. 2

Fig. 29.

Fig. 32.

Fig. 29. Nº 2.

Fig. 33.

Fig. 34.

Fig. 30.

Fig. 35.

Fig. 36.

Fig. 37.

Fig. 31.

Fig. 40.

Fig. 38.

Fig. 39.

Fig. 41.

Fig. 48.

Fig. 49.

Fig. 42.

Fig. 43.

Fig. 47.

Fig. 44.

Fig. 45.

Fig. 46.

Fig. 50.

Fig. 51.

Fig. 52.

Fig. 53.

*Cordonnier et Botier*

Benard Direxit.

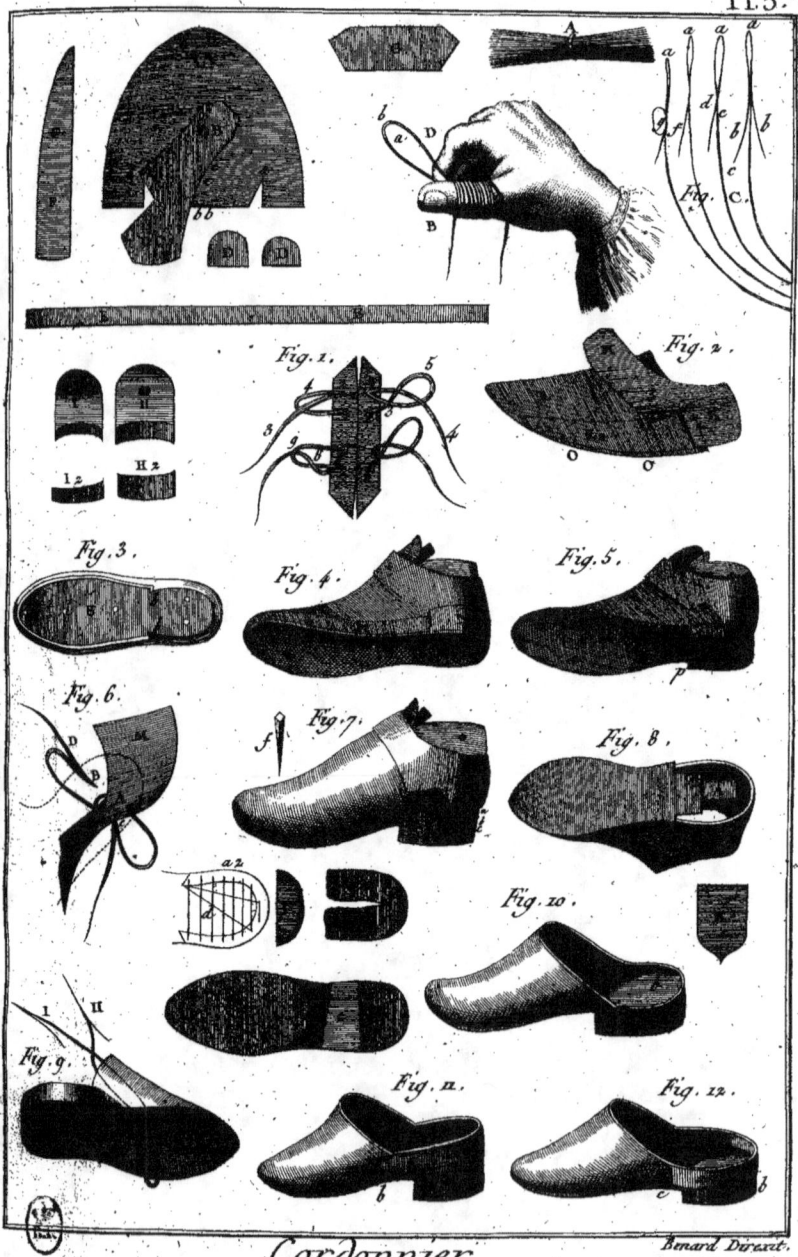

*Cordonnier.*

Pl. 3.

Benard Direxit.

7.

Pl. 4.

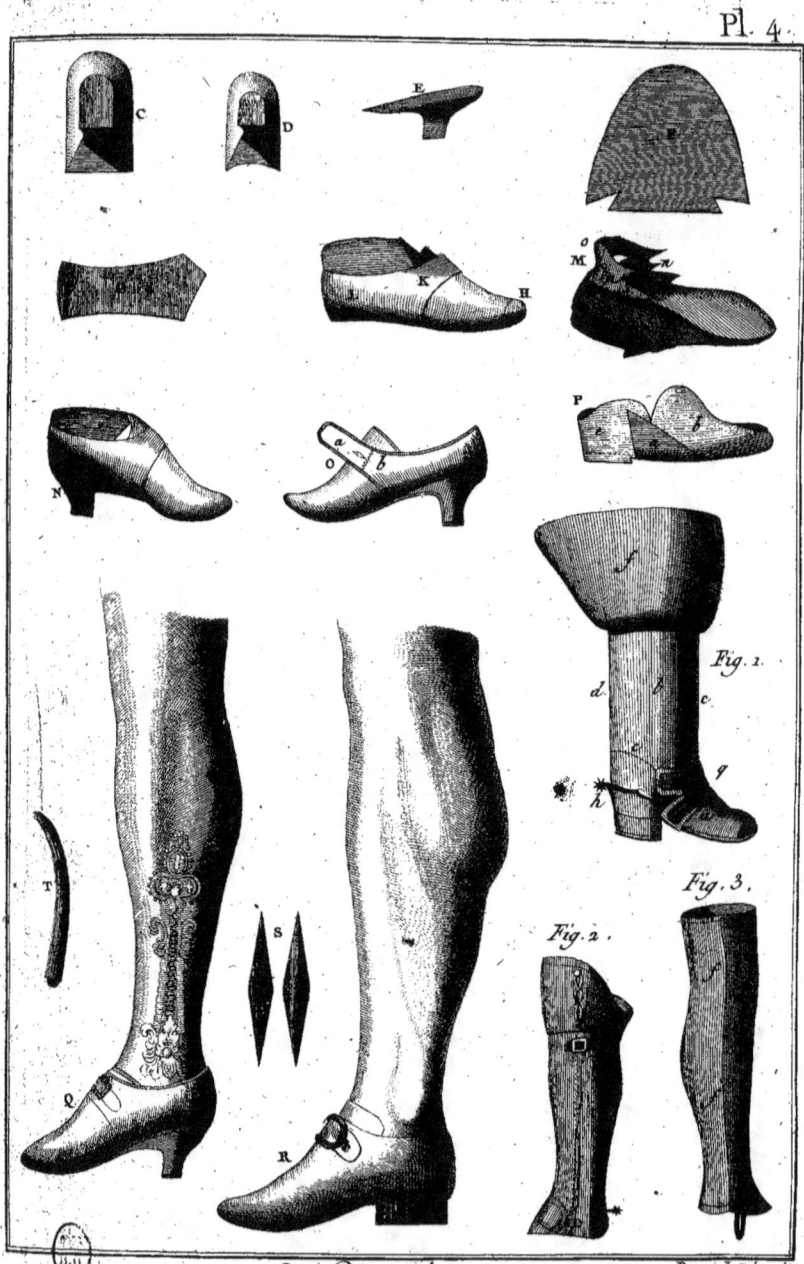

*Cordonnier.*

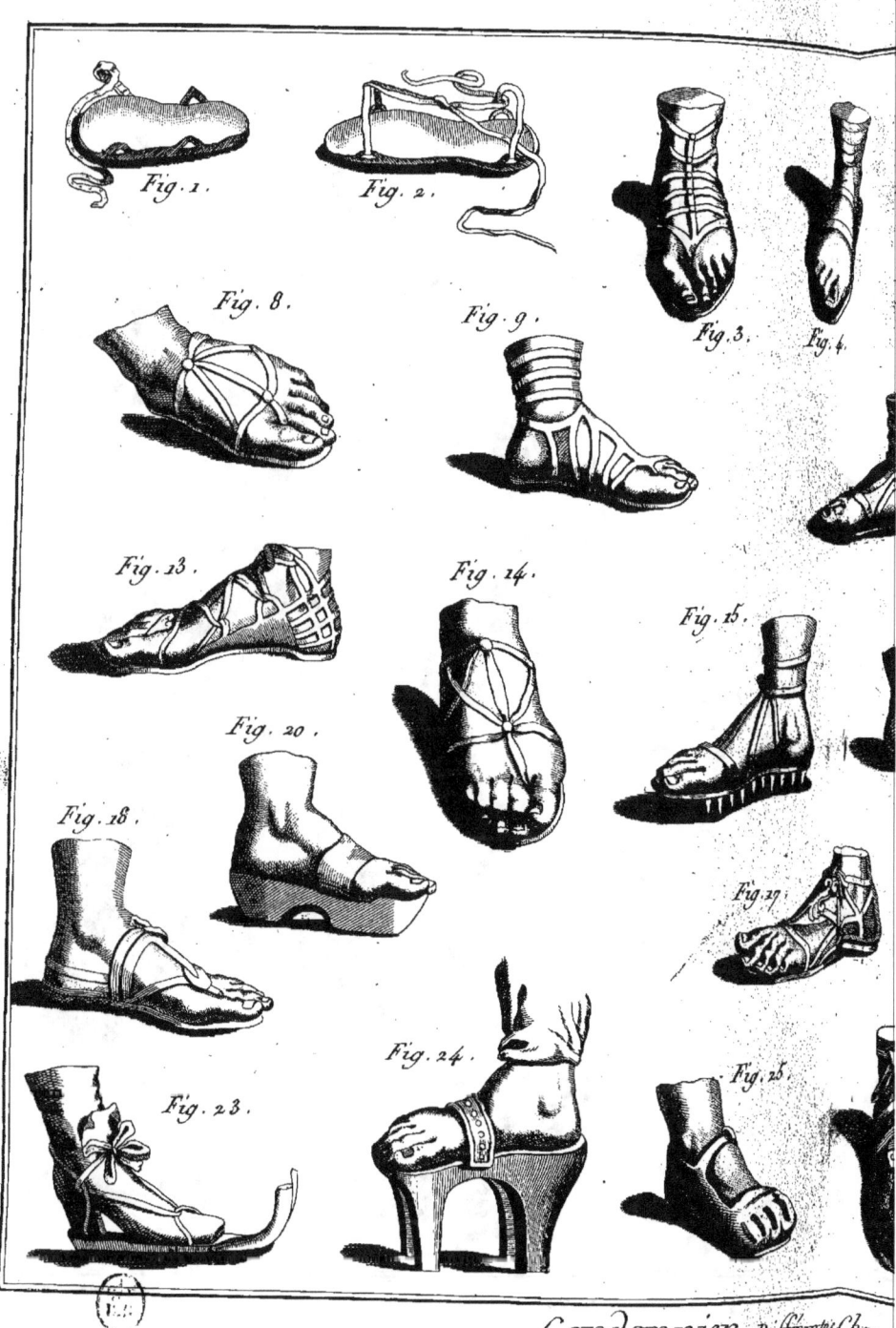

Fig. 1.

Fig. 2.

Fig. 3.

Fig. 4.

Fig. 8.

Fig. 9.

Fig. 13.

Fig. 14.

Fig. 15.

Fig. 20.

Fig. 18.

Fig. 19.

Fig. 23.

Fig. 24.

Fig. 26.

*Cordonnier,* Différentes Chauss.

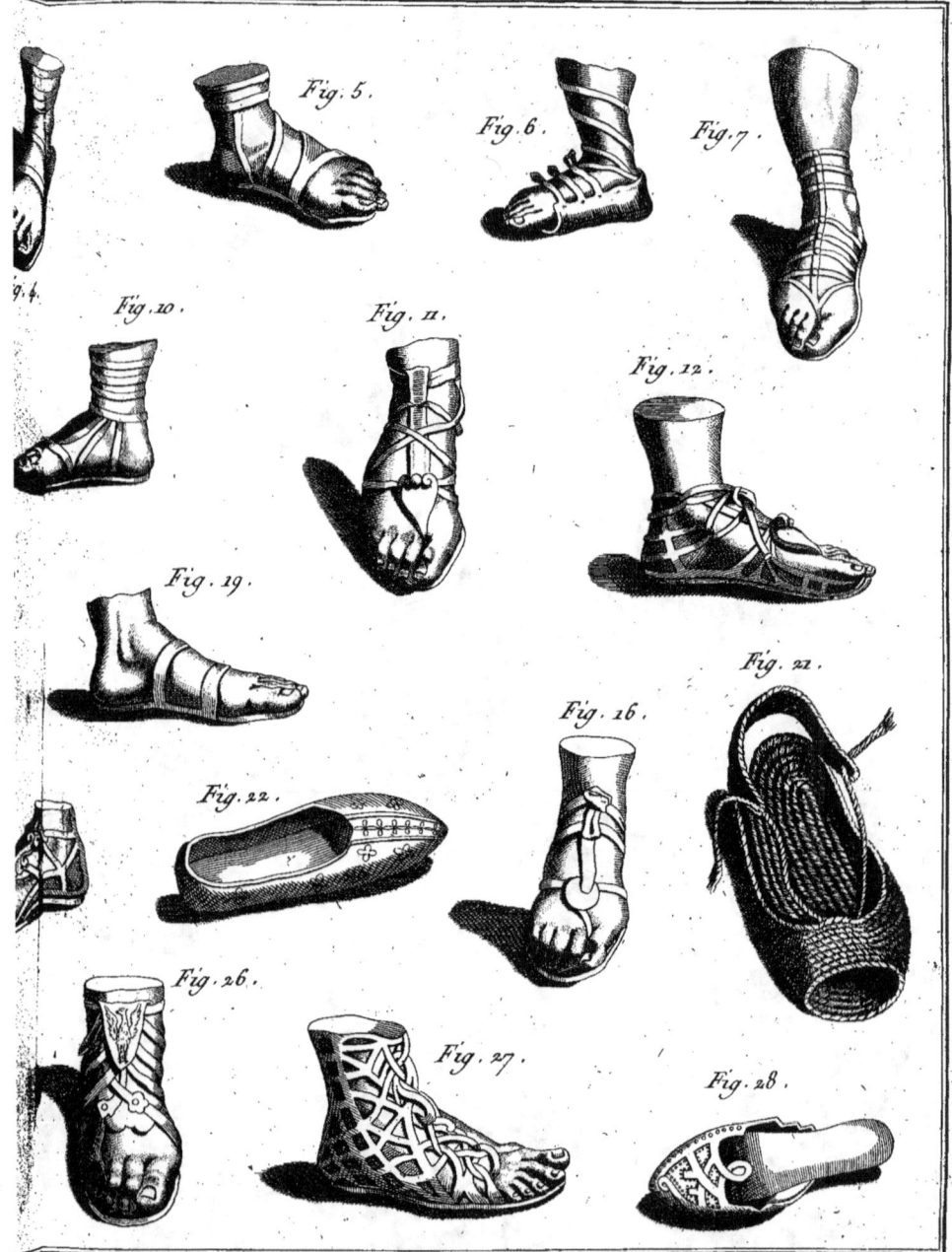

Pl. 5.

Fig. 5.

Fig. 6.

Fig. 7.

Fig. 4.

Fig. 10.

Fig. 11.

Fig. 12.

Fig. 19.

Fig. 21.

Fig. 16.

Fig. 22.

Fig. 26.

Fig. 27.

Fig. 28.

Benard Direxit.

Chaussures et Laçures Antiques.

8.

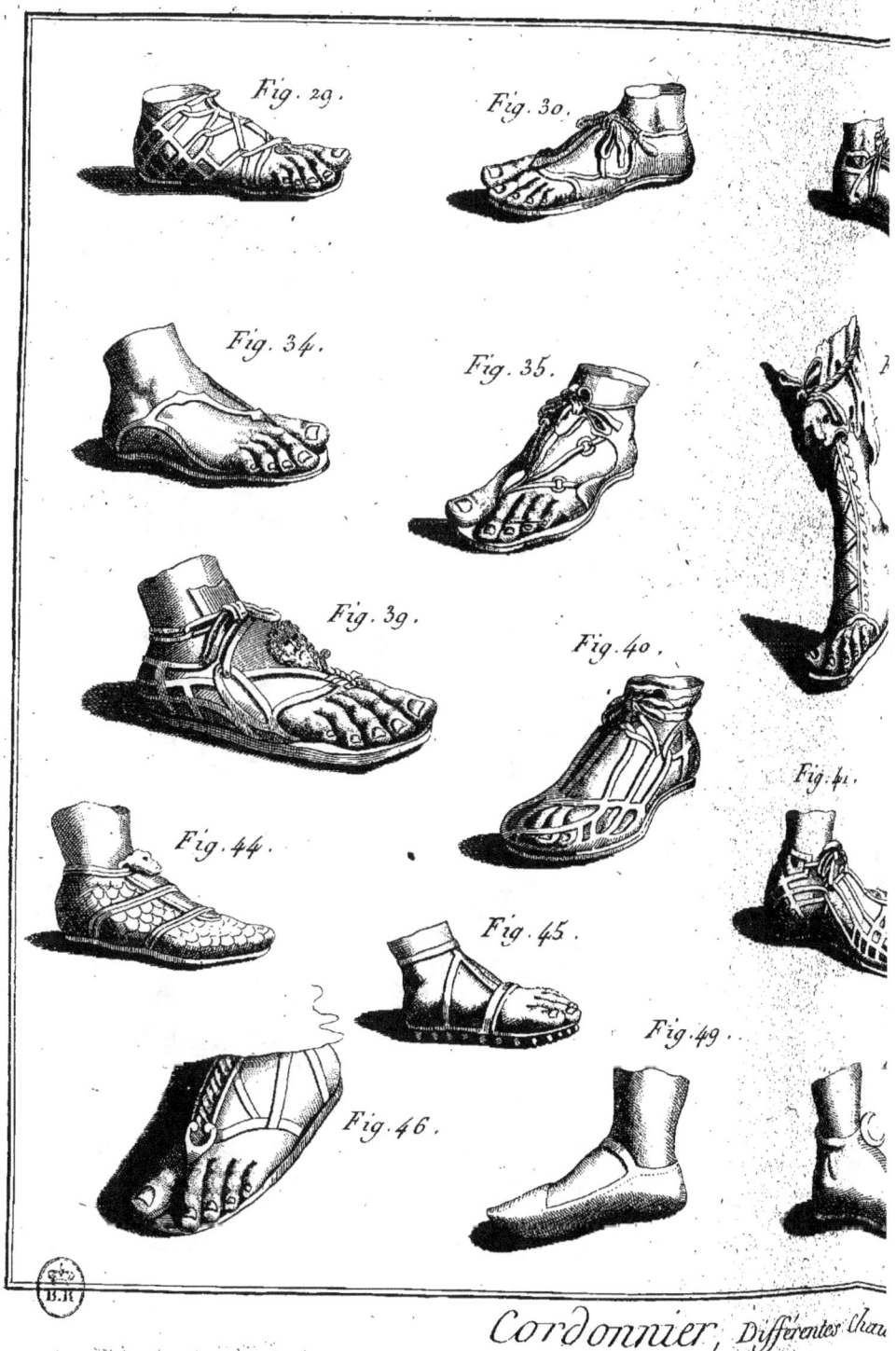

Fig. 29. Fig. 30. Fig. 34. Fig. 35. Fig. 39. Fig. 40. Fig. 41. Fig. 44. Fig. 45. Fig. 46. Fig. 49.

*Cordonnier, Differentes chau...*

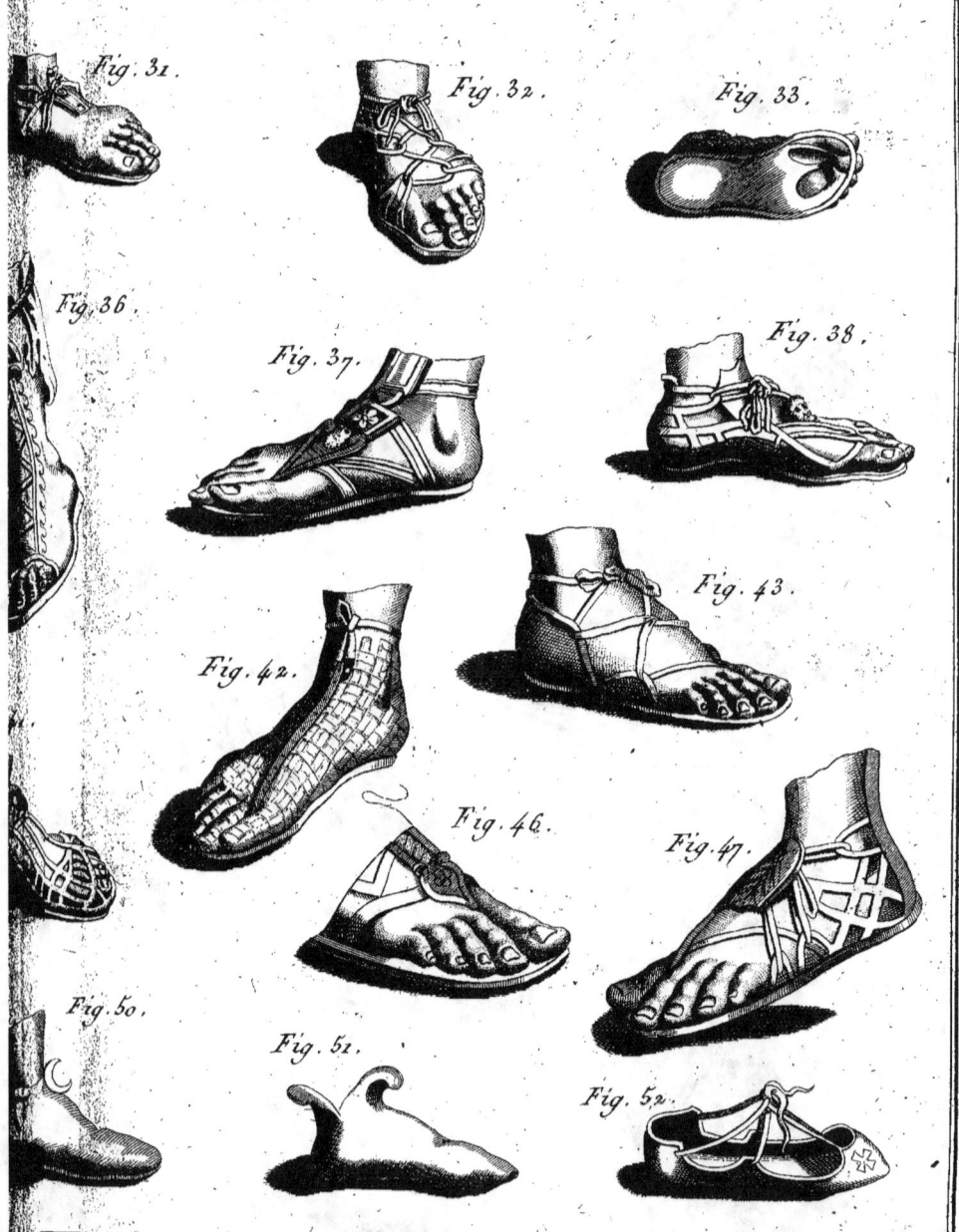

Pl. 6.

Fig. 31.

Fig. 32.

Fig. 33.

Fig. 36.

Fig. 37.

Fig. 38.

Fig. 42.

Fig. 43.

Fig. 46.

Fig. 47.

Fig. 50.

Fig. 51.

Fig. 52.

Benard Direxit.

Chaussures et Laçures antiques.

Pl. 1.<sup>ere</sup>

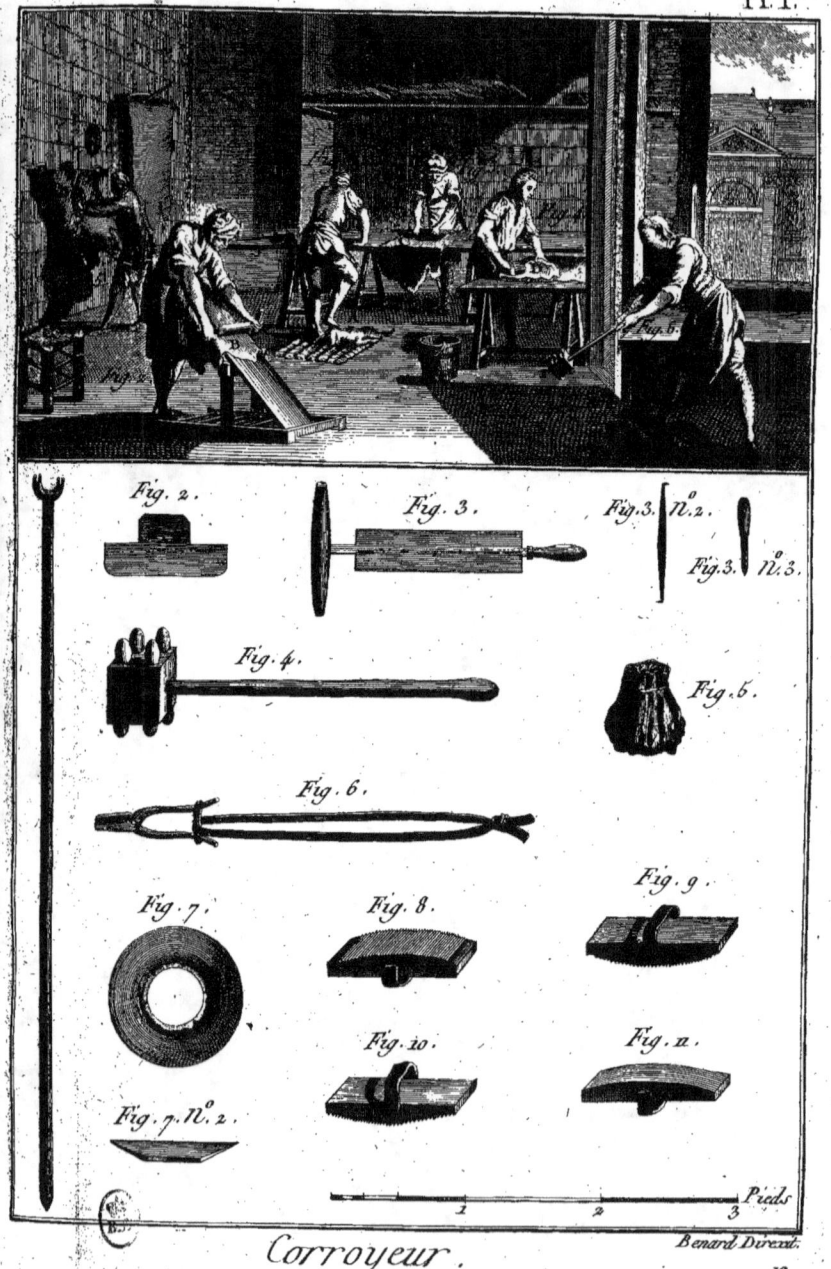

Fig. 2. Fig. 3. Fig. 3. n.º 2.

Fig. 3. n.º 3.

Fig. 4. Fig. 5.

Fig. 6.

Fig. 7. Fig. 8. Fig. 9.

Fig. 10. Fig. 11.

Fig. 7. n.º 2.

Pieds

1 2 3

*Corroyeur.*

Benard Direxit.

10.

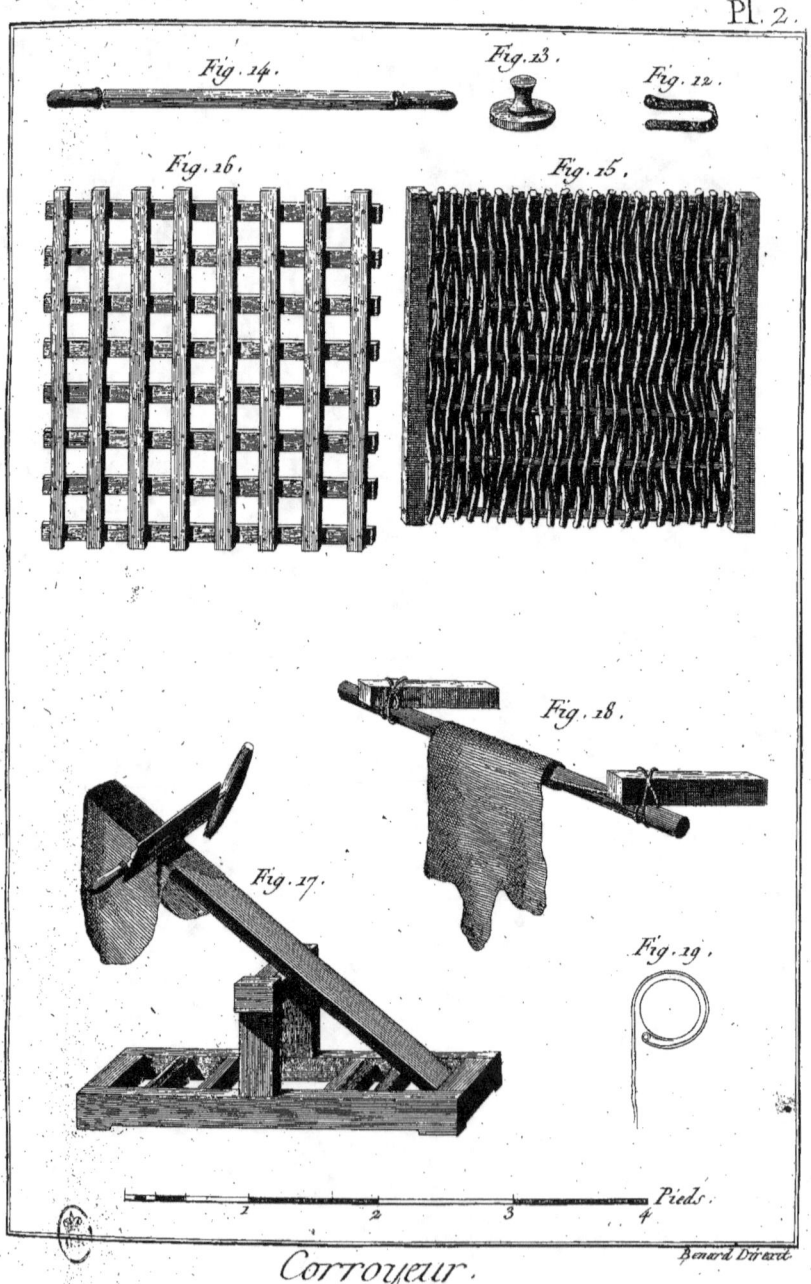

Pl. 2.

Fig. 14.　Fig. 13.　Fig. 12.

Fig. 16.　Fig. 15.

Fig. 18.

Fig. 17.

Fig. 19.

Pieds.

1　2　3　4

Corroyeur.

Benard Direxit

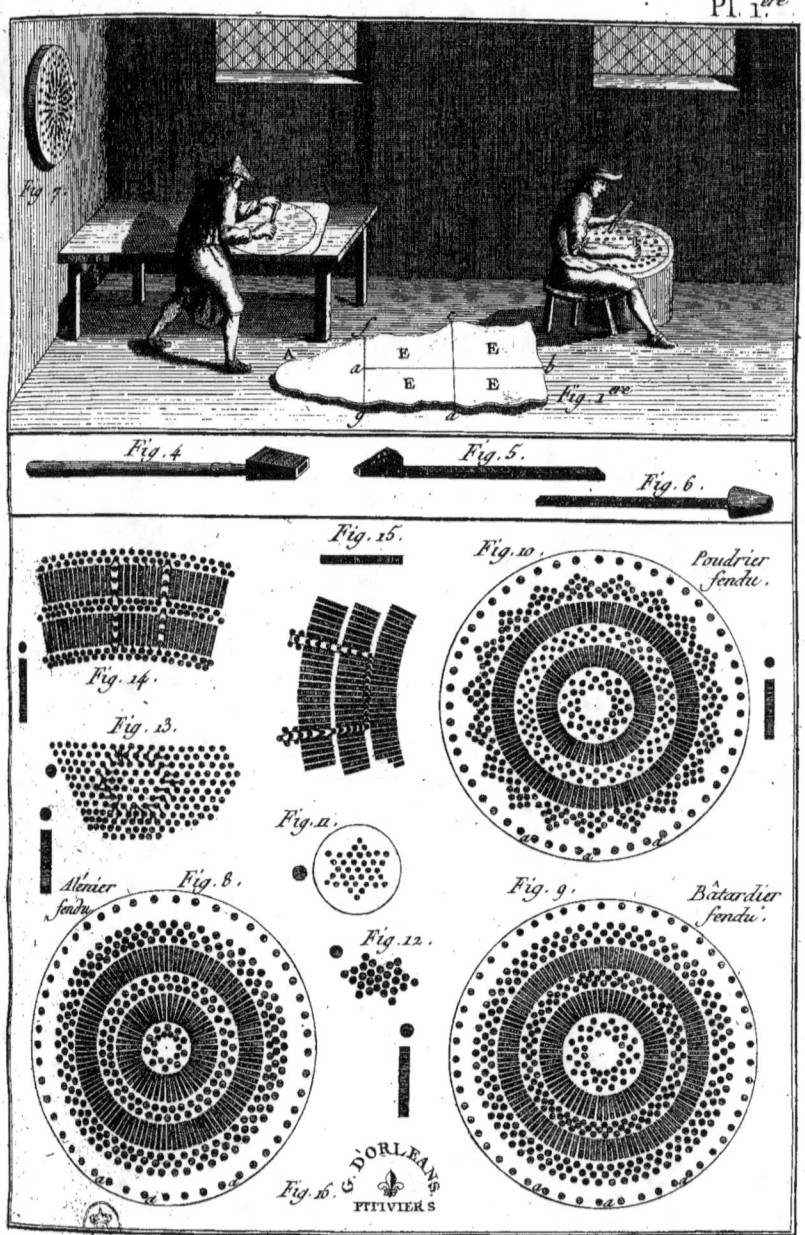

Pl. 1<sup>ere</sup>

Fig. 7.

Fig. 1<sup>ere</sup>

Fig. 4. Fig. 5. Fig. 6.

Fig. 15.

Fig. 14.

Fig. 13.

Fig. 11.

Fig. 10. Poudrier fendu.

Alénier fendu. Fig. 8.

Fig. 12.

Fig. 9. Bâtardier fendu.

Fig. 16. G. D'ORLEANS PITIVIERS

Criblier.

Benard Direxit

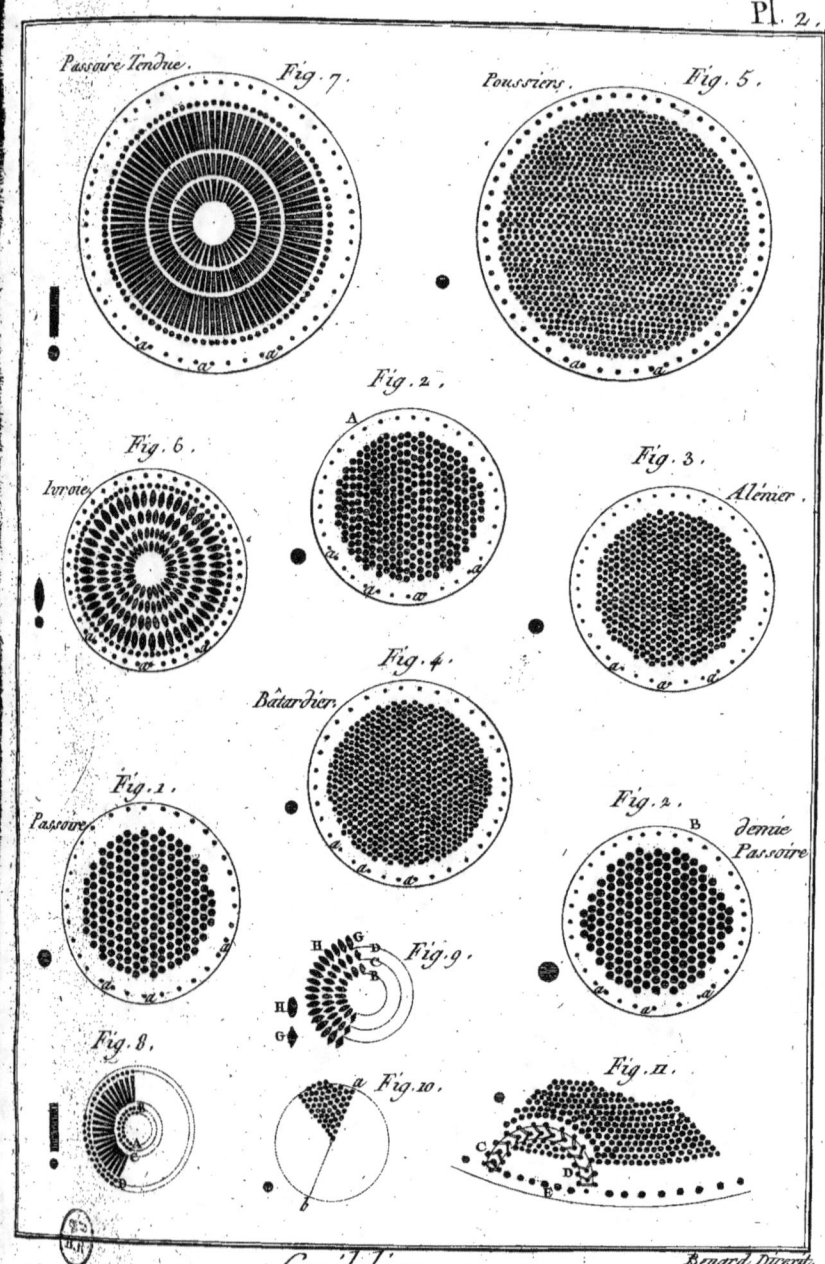

Pl. 2.

Passoire Tendue.     *Fig. 7.*        Poussiers.     *Fig. 5.*

*Fig. 2.*

*Fig. 6.*     Ivroie.       *Fig. 3.*     Alenier.

Bâtardier.     *Fig. 4.*

*Fig. 1.*     Passoire.      *Fig. 2.*     demie Passoire.

*Fig. 9.*

*Fig. 8.*     *Fig. 10.*     *Fig. 11.*

Criblier.

Benard Direxit.

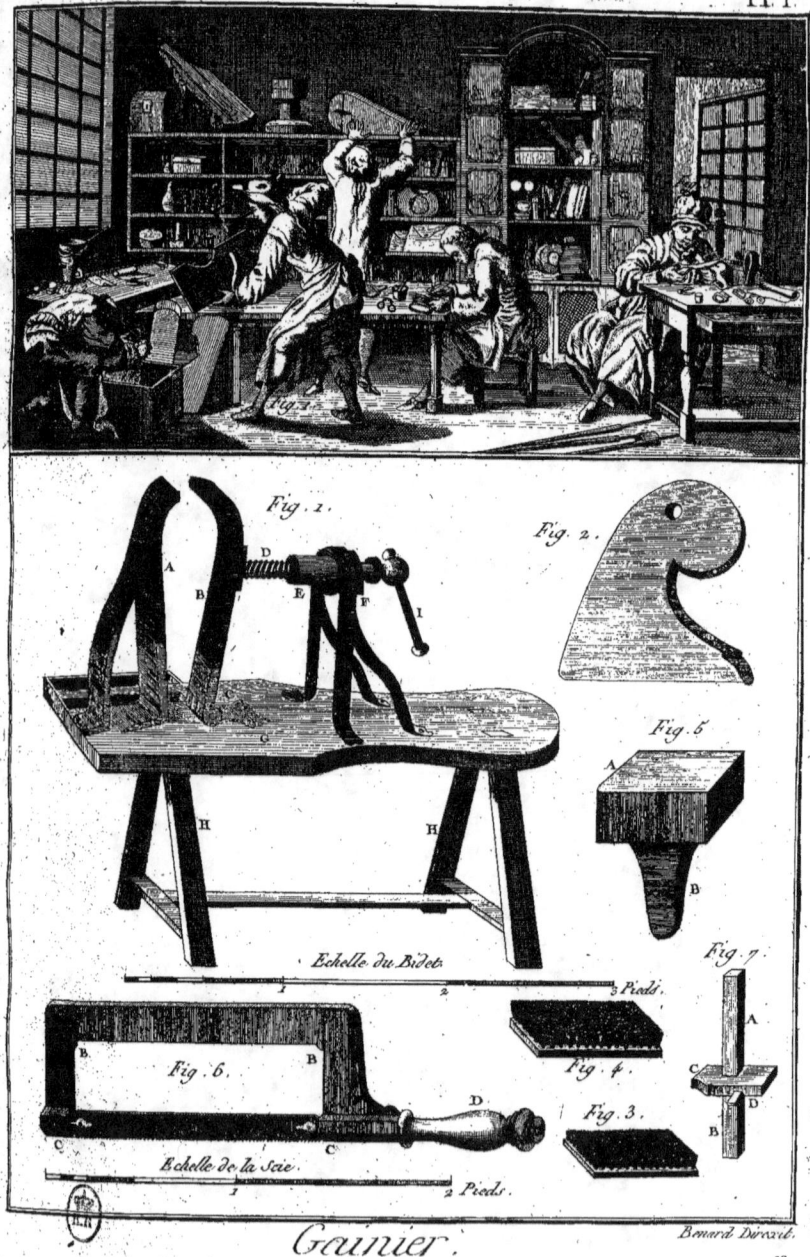

Pl. 1.

Fig. 1.

Fig. 2.

Fig. 5.

Fig. 7.

Echelle du Bidet.

1    2    3 Pieds.

Fig. 6.

Fig. 4.

Fig. 3.

Echelle de la Scie.

1    2 Pieds.

Benard Direxit.

Gainier.

12.

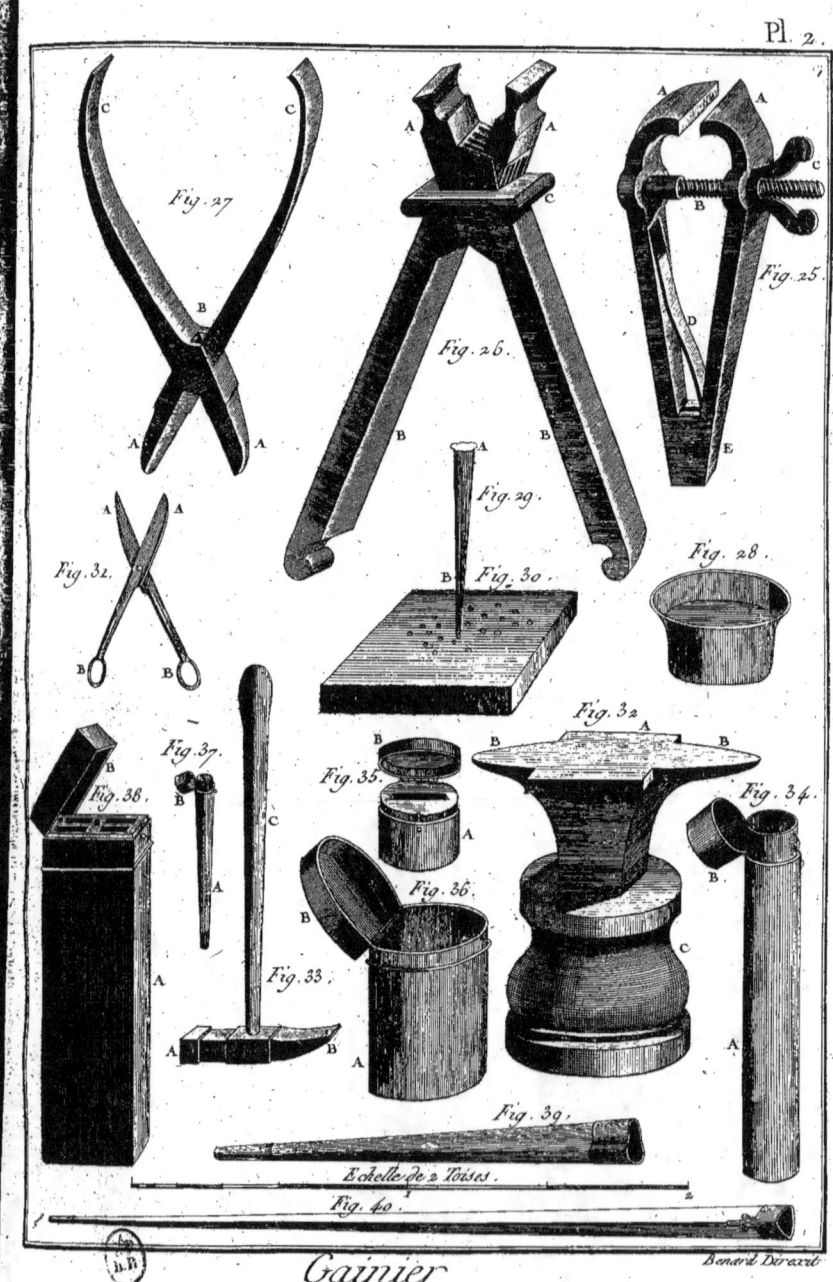

Pl. 2.

Fig. 27.

Fig. 26.

Fig. 25.

Fig. 31.

Fig. 29.

Fig. 30.

Fig. 28.

Fig. 37.

Fig. 38.

Fig. 35.

Fig. 32.

Fig. 34.

Fig. 36.

Fig. 33.

Fig. 39.

Echelle de 2 Toises.

Fig. 40.

Gainier

Benard Direxit

Pl. 3.

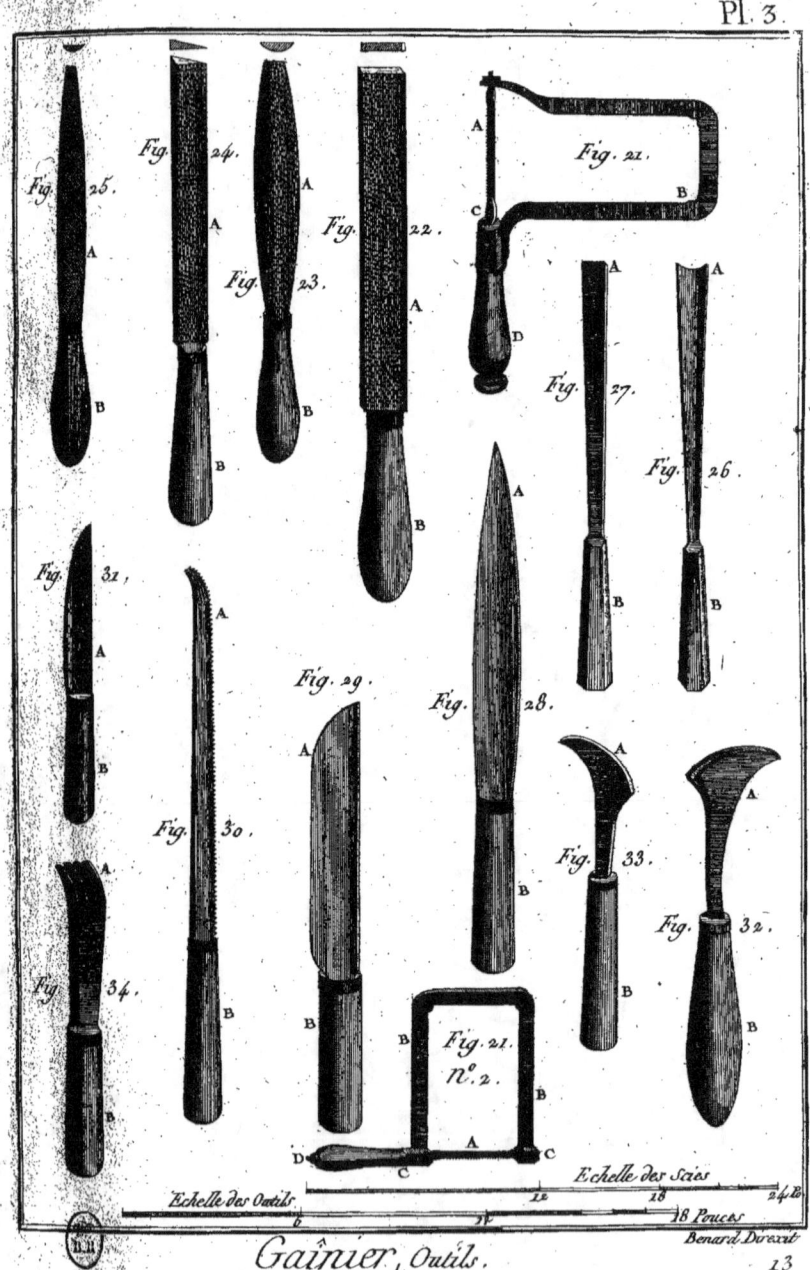

Fig. 25.
Fig. 24.
Fig. 23.
Fig. 22.
Fig. 21.
Fig. 27.
Fig. 26.
Fig. 31.
Fig. 30.
Fig. 29.
Fig. 28.
Fig. 33.
Fig. 32.
Fig. 34.
Fig. 21. No. 2.

Echelle des Outils.
Echelle des Scies.
18 Pouces.

Benard Direxit

*Gaînier*, Outils.

13

Pl. 4.

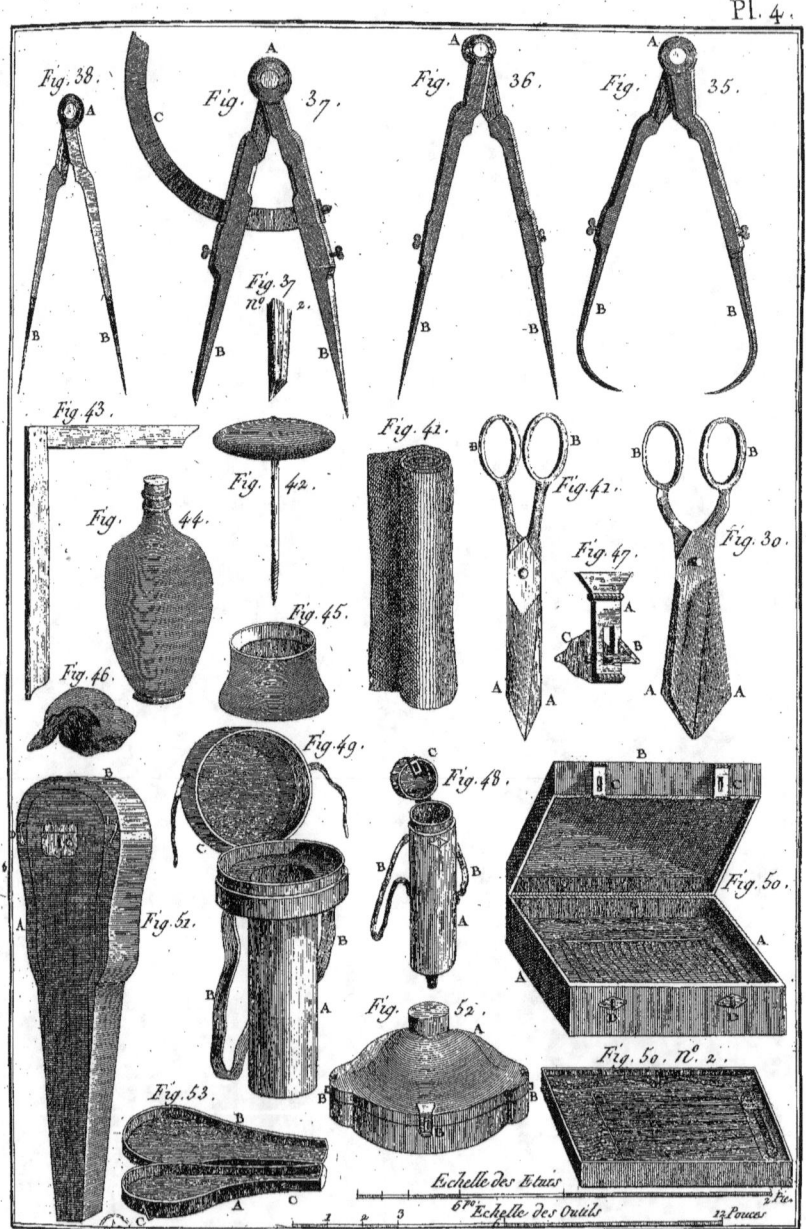

Fig. 38. Fig. 37. Fig. 36. Fig. 35.
Fig. 37 n.° 2.
Fig. 43. Fig. 42. Fig. 41. Fig. 41. Fig. 30.
Fig. 44. Fig. 47.
Fig. 45.
Fig. 46. Fig. 49. Fig. 48. Fig. 50.
Fig. 51. Fig. 50. n.° 2.
Fig. 52.
Fig. 53.

Echelle des Etuis
6.re Echelle des Outils
12 Pouces

Bénard Direxit.

*Gaînier, Ouvrages et Outils.*

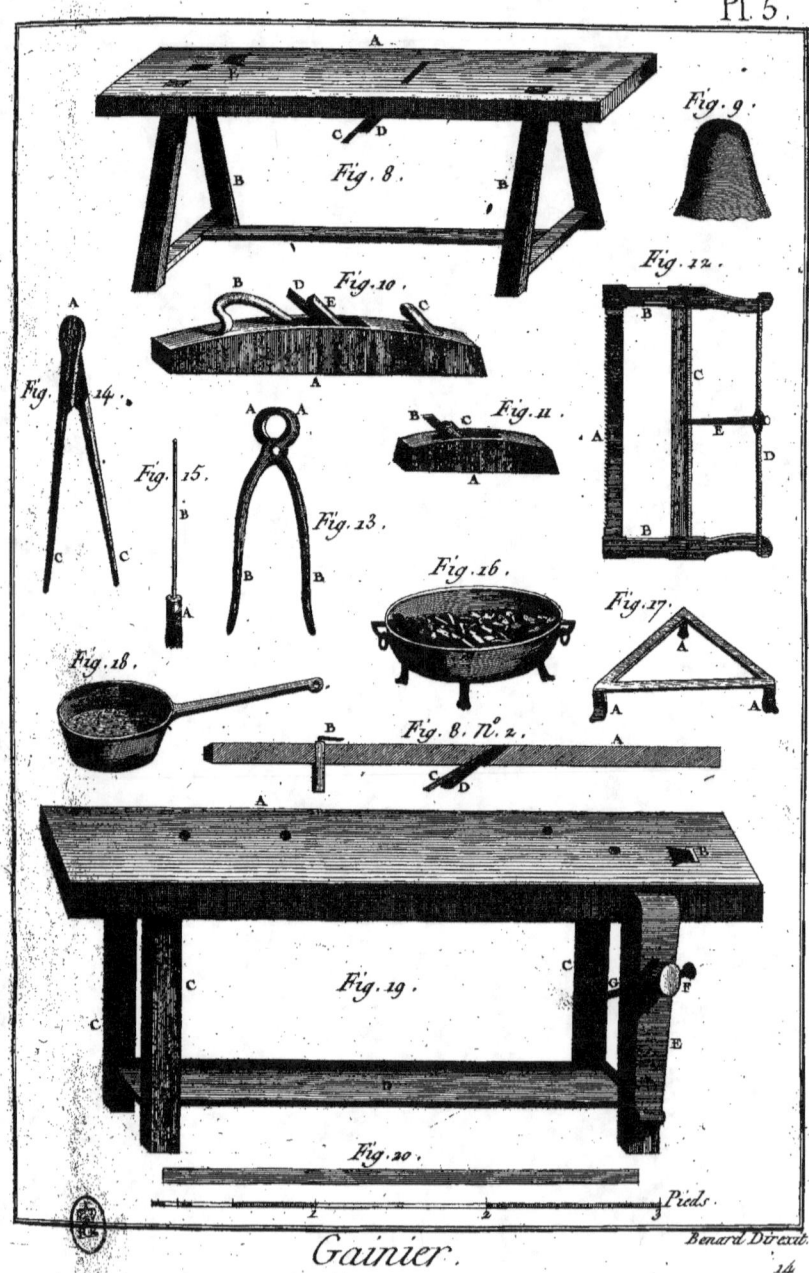

Pl. 5.

Fig. 8.

Fig. 9.

Fig. 12.

Fig. 10.

Fig. 14.

Fig. 15.

Fig. 13.

Fig. 11.

Fig. 16.

Fig. 17.

Fig. 18.

Fig. 8. N.º 2.

Fig. 19.

Fig. 20.

Pieds.

*Gainier.*

Benard Direxit.

14

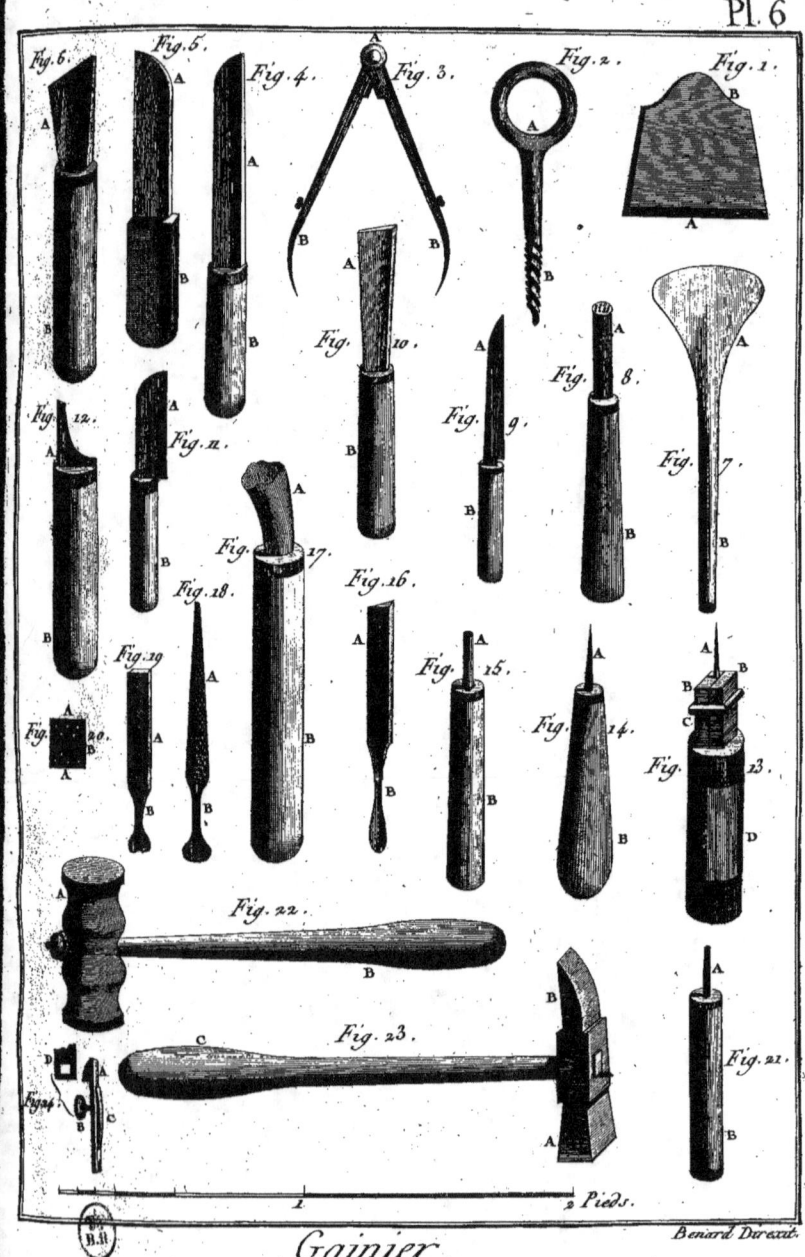

Pl. 6

*Fig. 6.* *Fig. 5.* *Fig. 4.* *Fig. 3.* *Fig. 2.* *Fig. 1.*

*Fig. 10.* *Fig. 9.* *Fig. 8.* *Fig. 7.*

*Fig. 12.* *Fig. 11.* *Fig. 17.* *Fig. 16.* *Fig. 15.* *Fig. 14.* *Fig. 13.*

*Fig. 18.* *Fig. 19.* *Fig. 20.* *Fig. 22.* *Fig. 21.*

*Fig. 24.* *Fig. 23.*

1 2 Pieds.

*Gainier.*

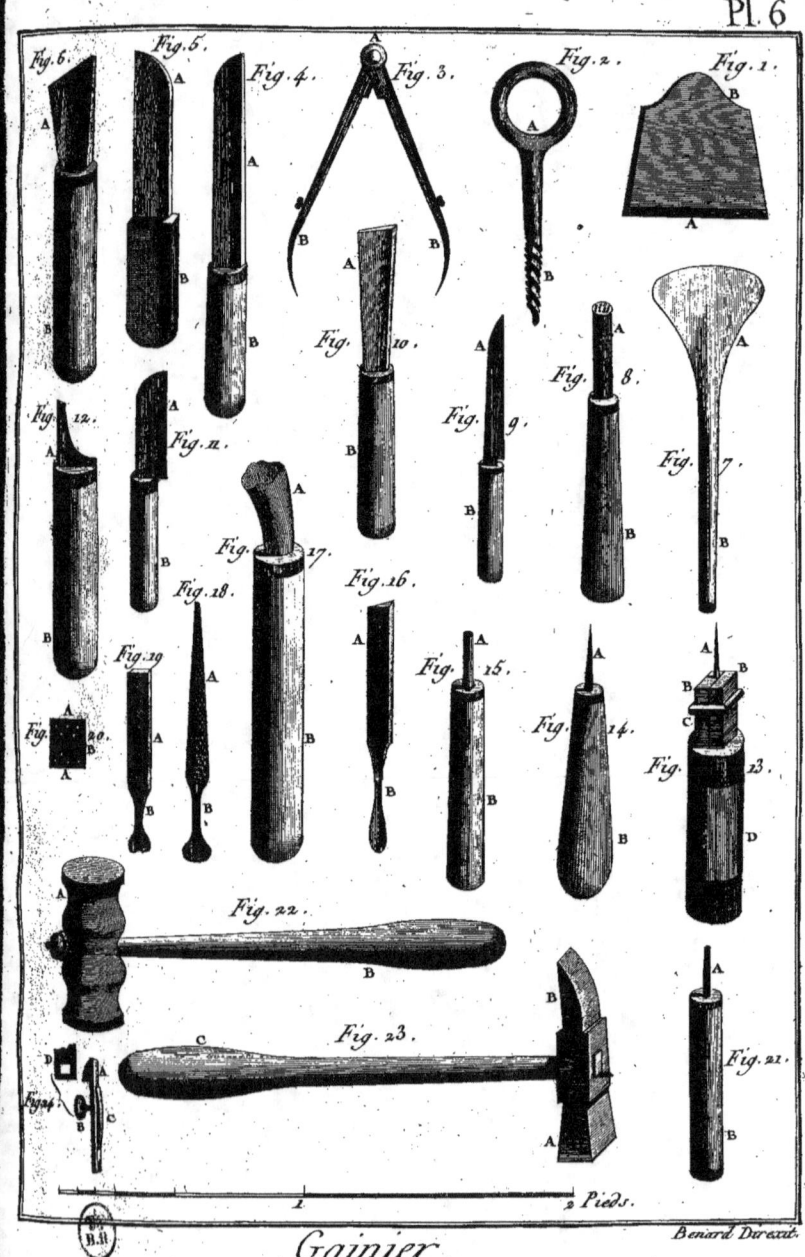 Benard Direxit.

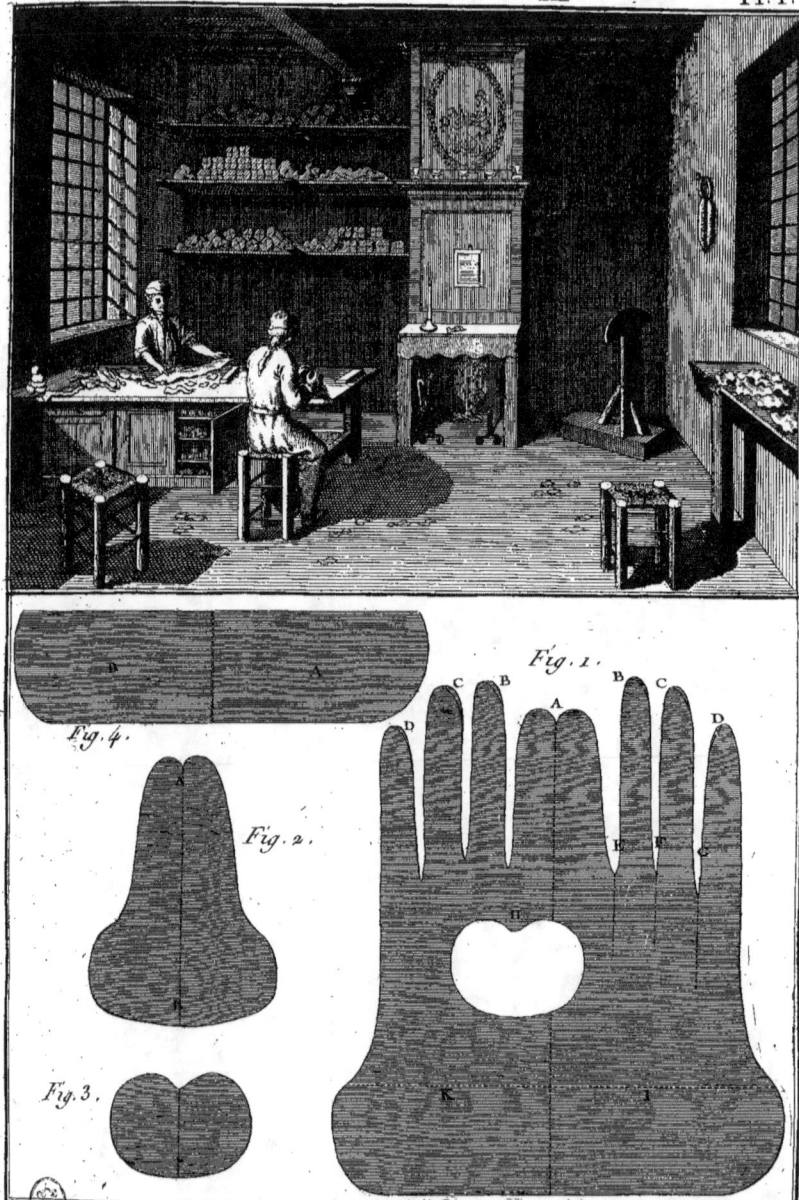

Pl. 1.

*Fig. 1.*

*Fig. 4.*

*Fig. 2.*

*Fig. 3.*

Bénard Direxit

*Ganterie,* Etavillon et détails de Gants d'Hommes.

15

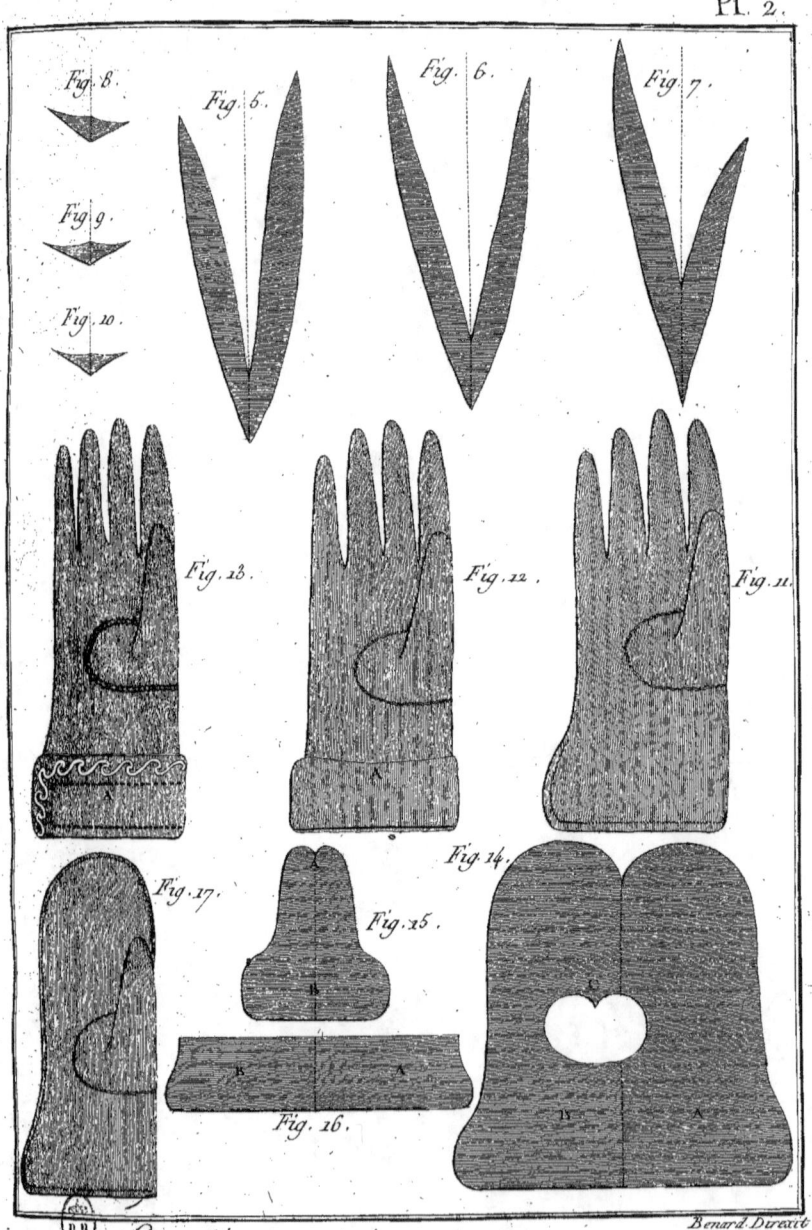

Pl. 2.

Fig. 8.

Fig. 5.

Fig. 6.

Fig. 7.

Fig. 9.

Fig. 10.

Fig. 13.

Fig. 12.

Fig. 11.

Fig. 17.

Fig. 15.

Fig. 14.

Fig. 16.

Benard Direxit.

Gantier, Gants et Mitaines d'Hommes.

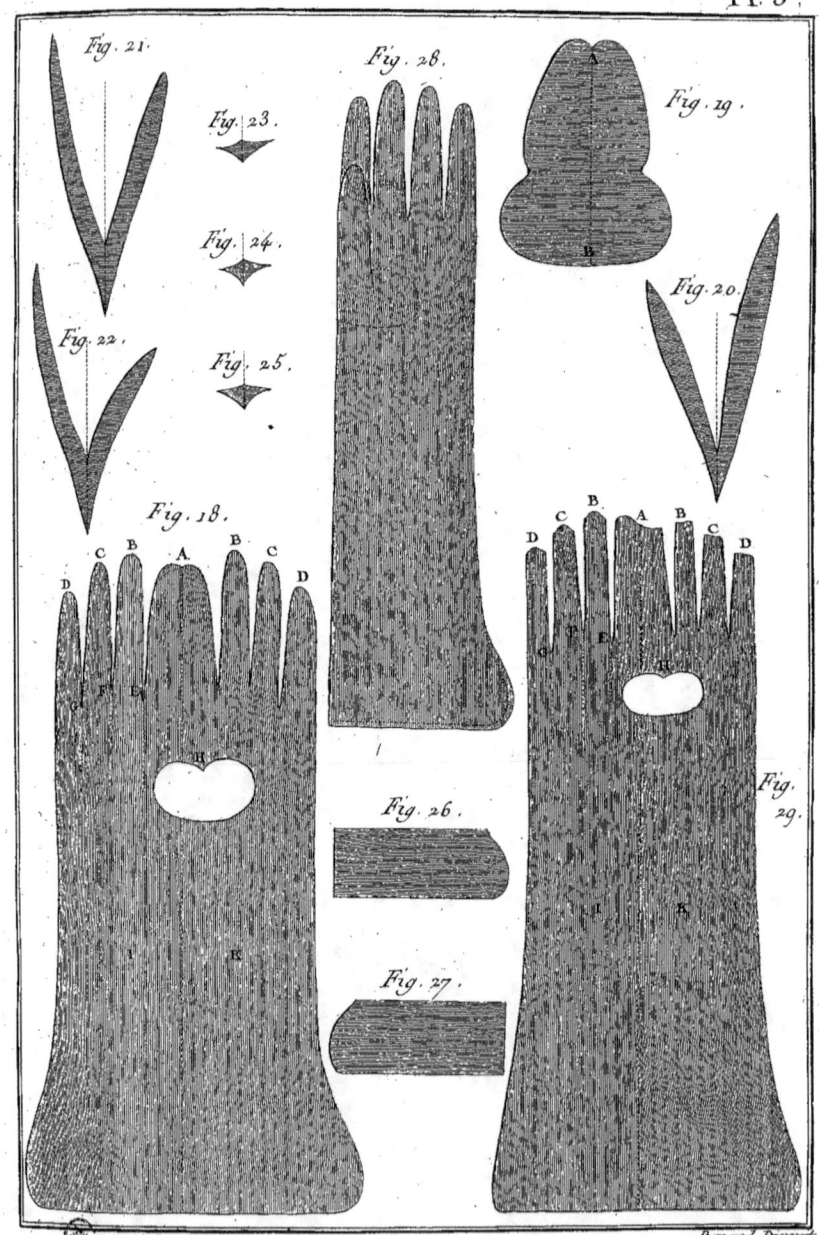

Pl. 3

Fig. 21.

Fig. 23.

Fig. 28.

Fig. 29.

Fig. 24.

Fig. 22.

Fig. 25.

Fig. 20.

Fig. 18.

Fig. 26.

Fig. 27.

Fig. 29.

*Gantier*, Etavillons et Développemens.

Benard Direxit

16.

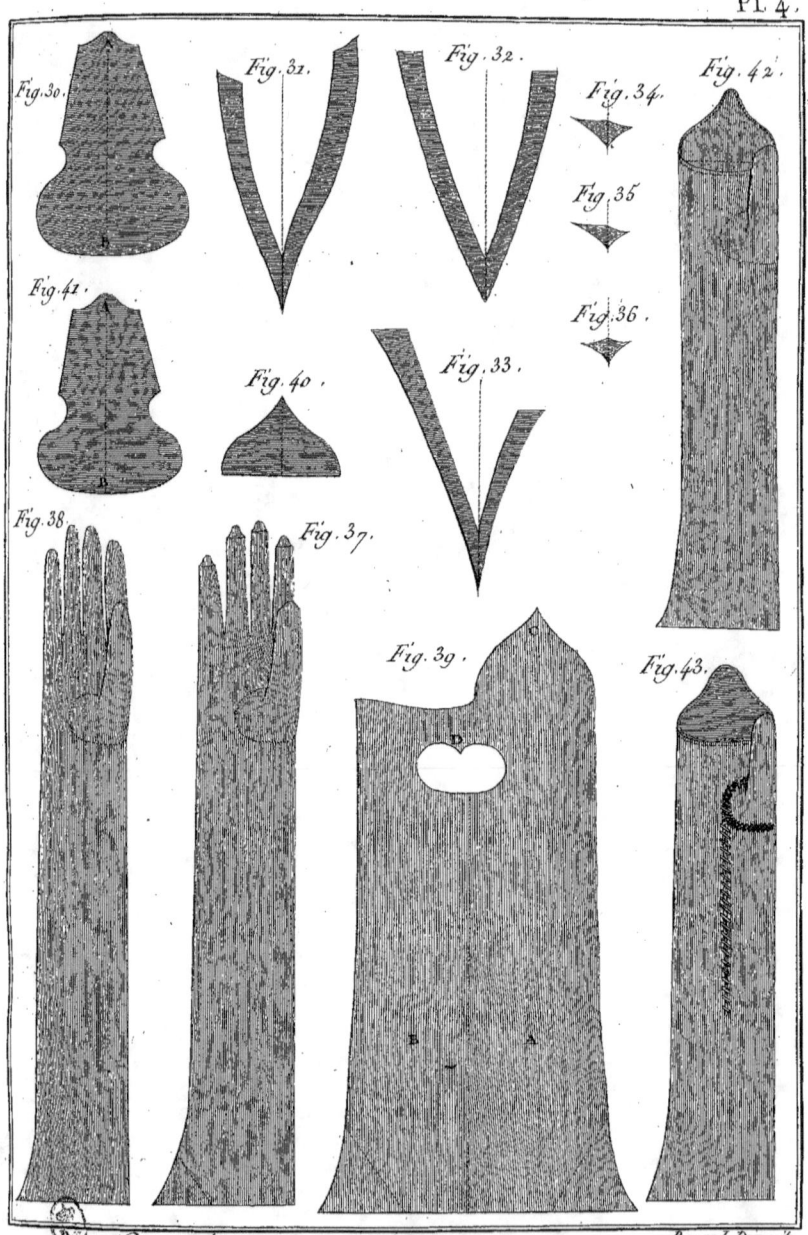

Pl. 4.

Fig. 30.
Fig. 31.
Fig. 32.
Fig. 34.
Fig. 42.
Fig. 41.
Fig. 35.
Fig. 40.
Fig. 33.
Fig. 36.
Fig. 38.
Fig. 37.
Fig. 39.
Fig. 43.

Gantier, Gants et Mitaines de Femmes.

Benard Direxit.

Pl. 5.

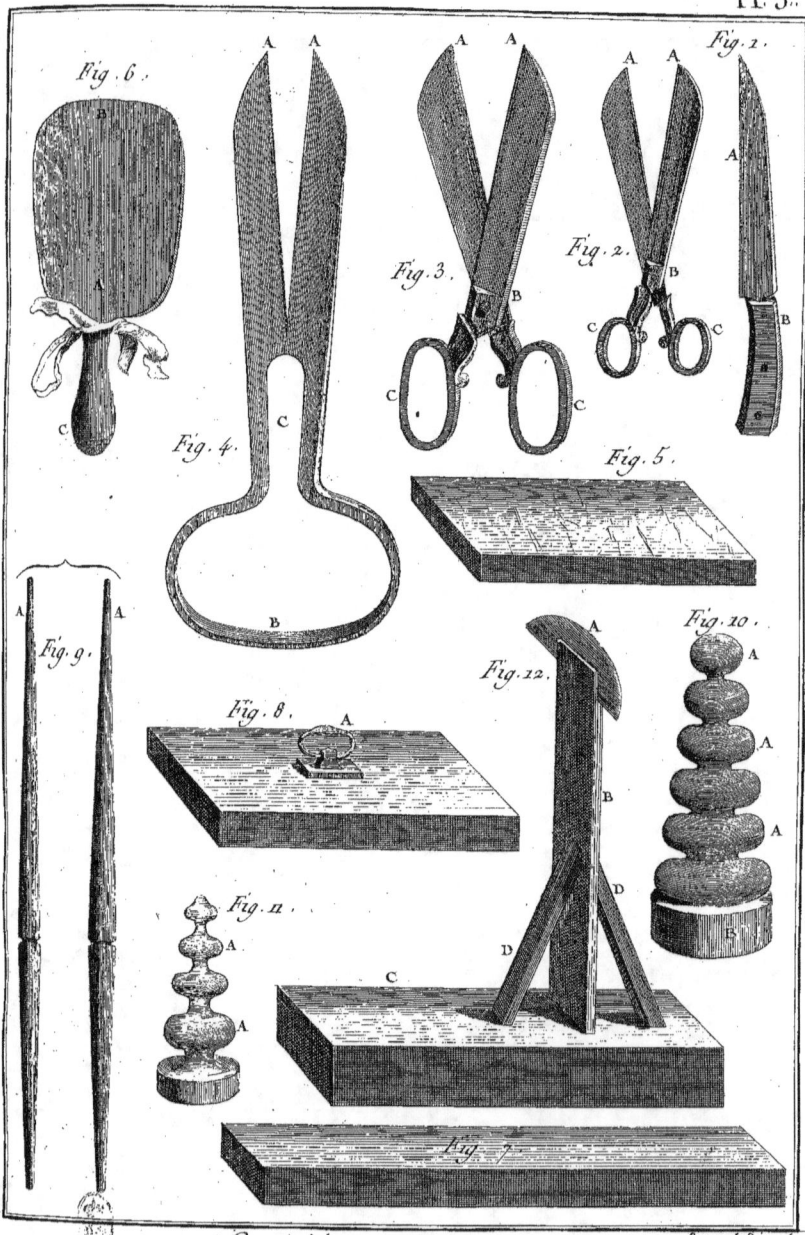

Fig. 6.
Fig. 1.
Fig. 3.
Fig. 2.
Fig. 4.
Fig. 5.
Fig. 9.
Fig. 10.
Fig. 8.
Fig. 12.
Fig. 11.
Fig. 7.

Gantier, Outils.

Benard Direxit

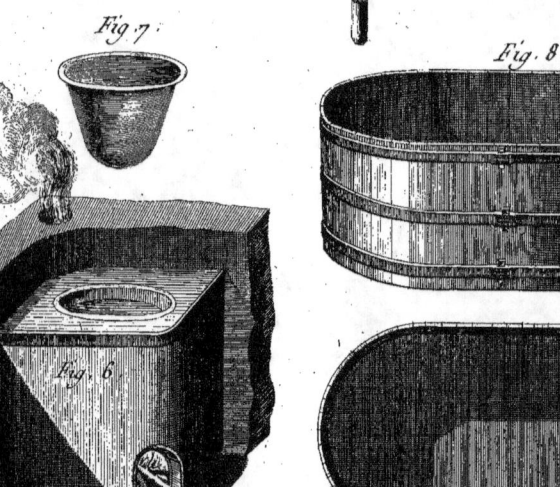

Pl. 1.

Fig. 1.

Fig. 2.

Fig. 3.

Fig. 4.

Fig. 5.

Fig. 7.

Fig. 8.

Fig. 6.

Fig. 9.

*Hongroyeur*, Travail de Rivière &c.

Benard Direxit.

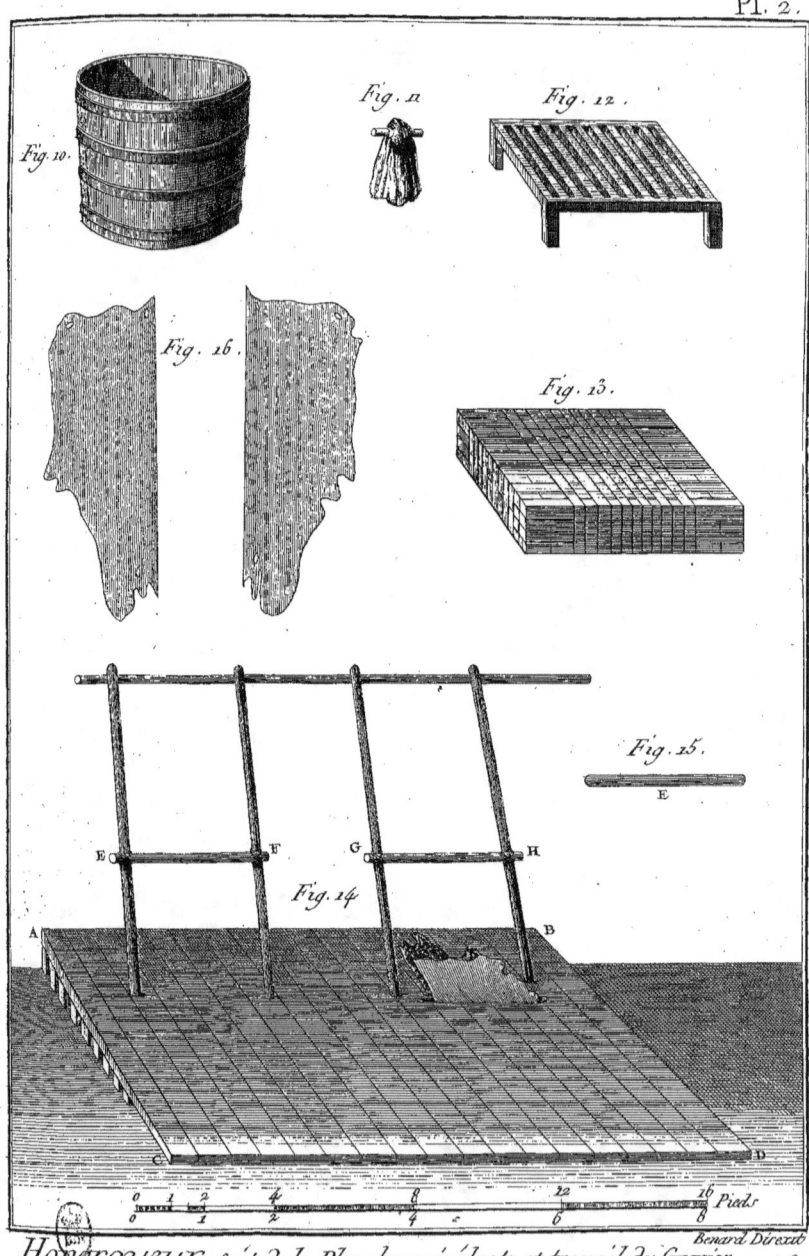

Pl. 2.

Fig. 10.

Fig. 11.

Fig. 12.

Fig. 16.

Fig. 13.

Fig. 15.

E

E F G H

Fig. 14

A B

C D

0 1 2 4 8 12 16 Pieds
0 1 2 4 6 8

Benard Direxit

*Hongroyeur,* Suite de la Planche précédente et travail du Grenier.

18.

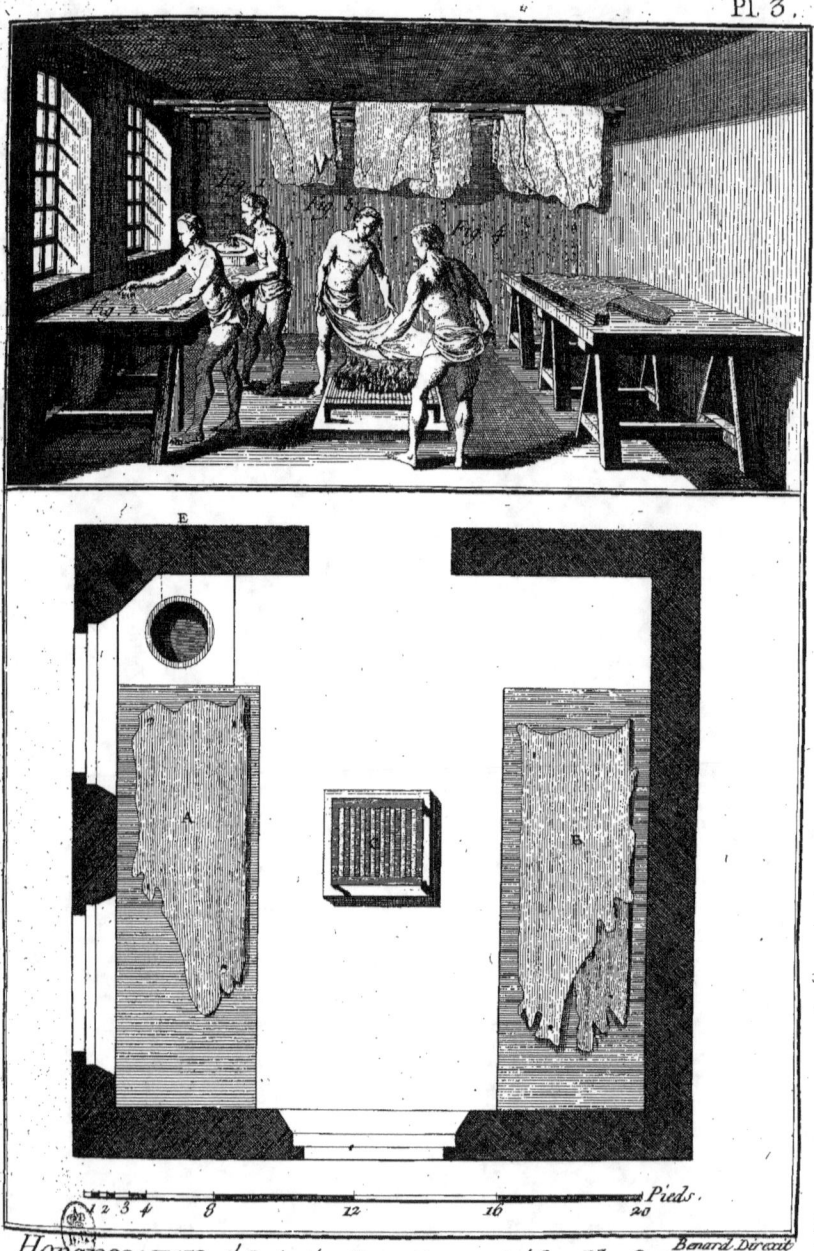

Pl. 3.

Benard Direxit.

Hongroyeur, l'Opération de mettre au Suif et Plan de l'Etuve.

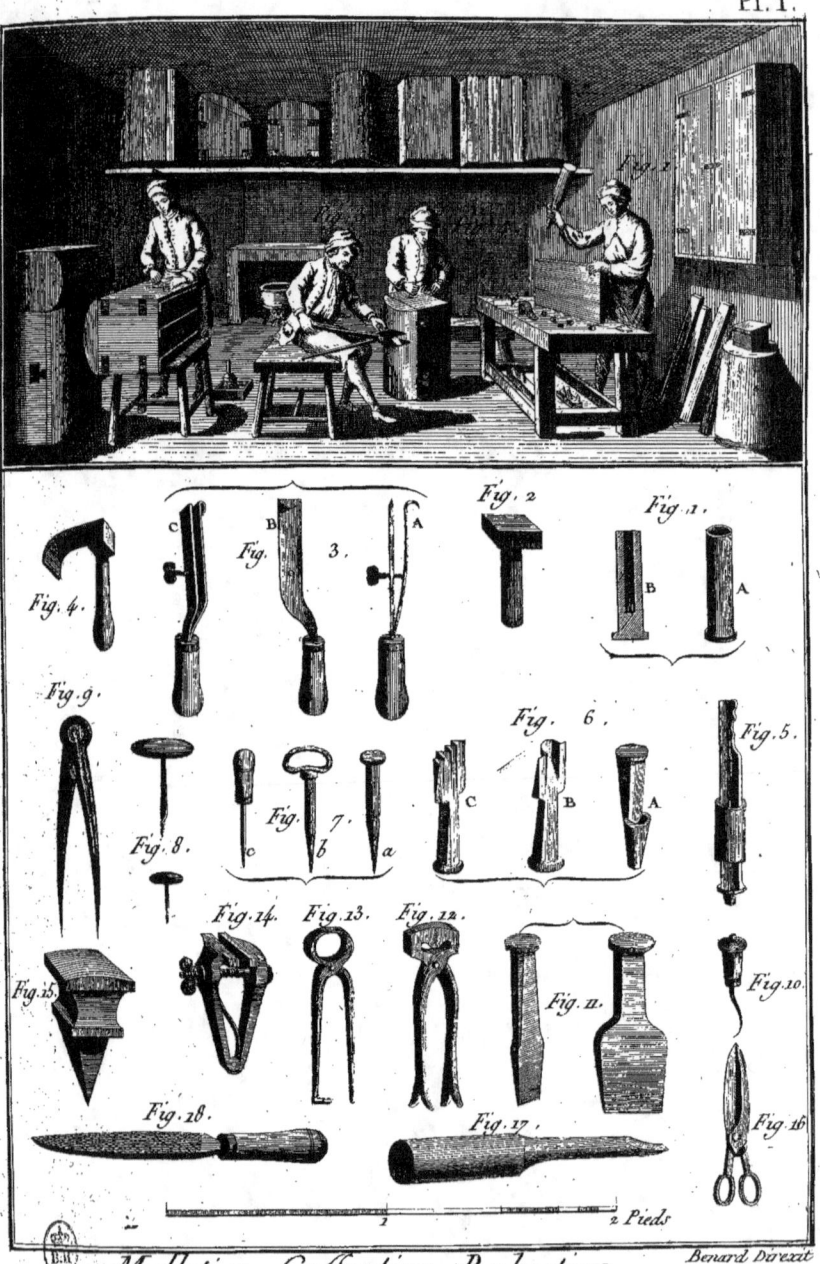

Pl. 1.

Fig. 4.

C

B

Fig. 3.

A

Fig. 2.

Fig. 1.

B

A

Fig. 9.

Fig. 6.

Fig. 5.

Fig. 8.

Fig. 7.

c

b

a

C

B

A

Fig. 14.

Fig. 13.

Fig. 12.

Fig. 15.

Fig. 11.

Fig. 10.

Fig. 18.

Fig. 17.

Fig. 16.

2 Pieds

*Malletier - Coffretier - Bahutier.*

Benard Direxit

19

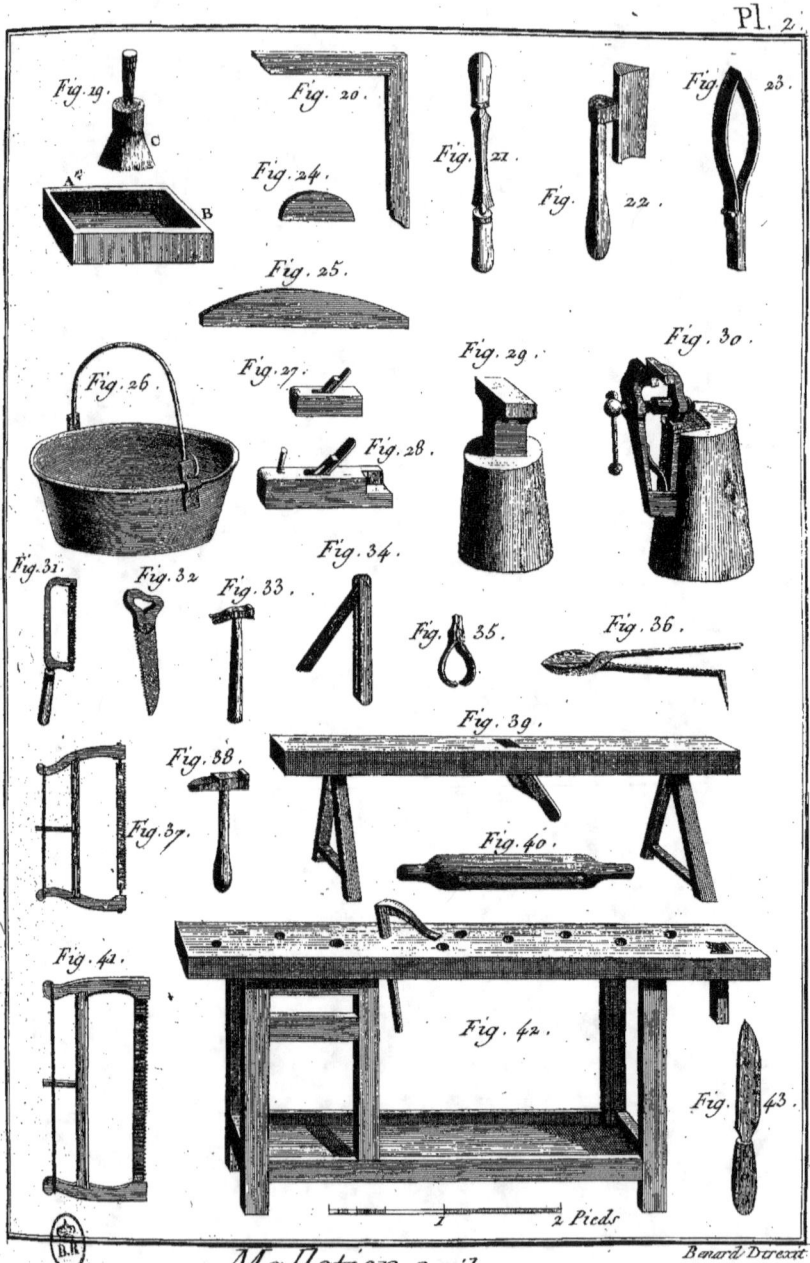

Pl. 2.

Fig. 19. Fig. 20. Fig. 21. Fig. 22. Fig. 23.

Fig. 24.

Fig. 25.

Fig. 26. Fig. 27. Fig. 29. Fig. 30.

Fig. 28.

Fig. 31. Fig. 32. Fig. 33. Fig. 34. Fig. 35. Fig. 36.

Fig. 39.

Fig. 38.

Fig. 37. Fig. 40.

Fig. 41. Fig. 42. Fig. 43.

1   2 Pieds.

*Malletier, Outils.*

Benard Direxit.

Pl. 3.

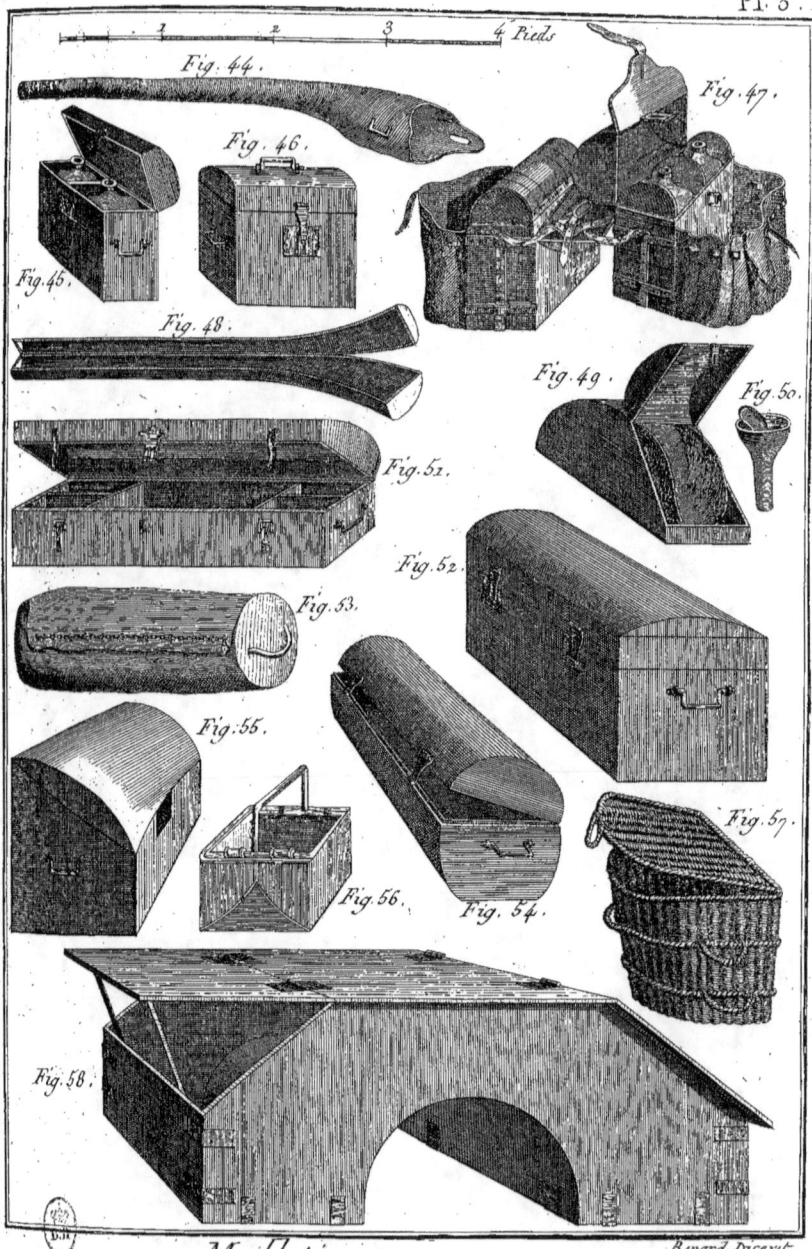

Fig. 44.

Fig. 47.

Fig. 46.

Fig. 45.

Fig. 48.

Fig. 49.

Fig. 50.

Fig. 51.

Fig. 52.

Fig. 53.

Fig. 55.

Fig. 57.

Fig. 56.

Fig. 54.

Fig. 58.

*Malletier*, Ouvrages.

Benard Direxit.

Pl. 1.

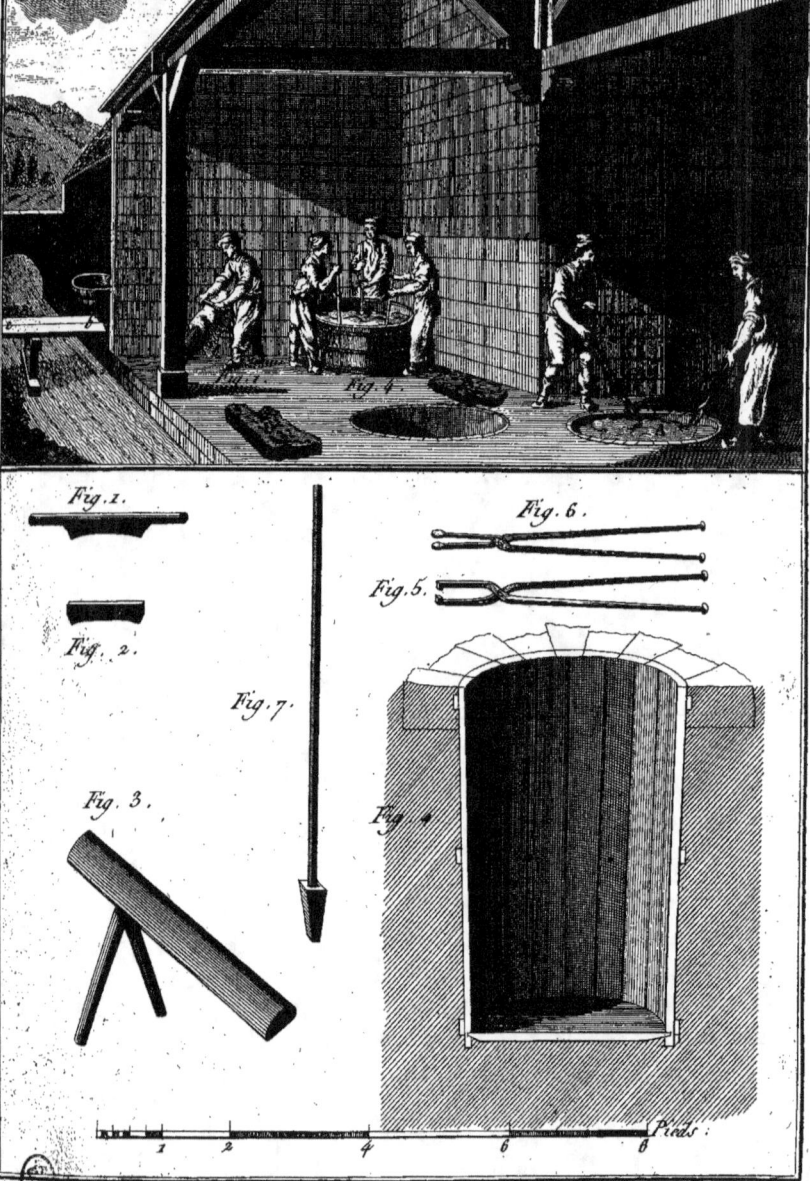

Fig. 1.

Fig. 2.

Fig. 3.

Fig. 7.

Fig. 6.

Fig. 5.

Fig. 4.

Fig. 4.

Piéds.

1    2    4    6    8

*Maroquinier,* Travail de Riviere et des Pleins.

Benard Direxit

21.

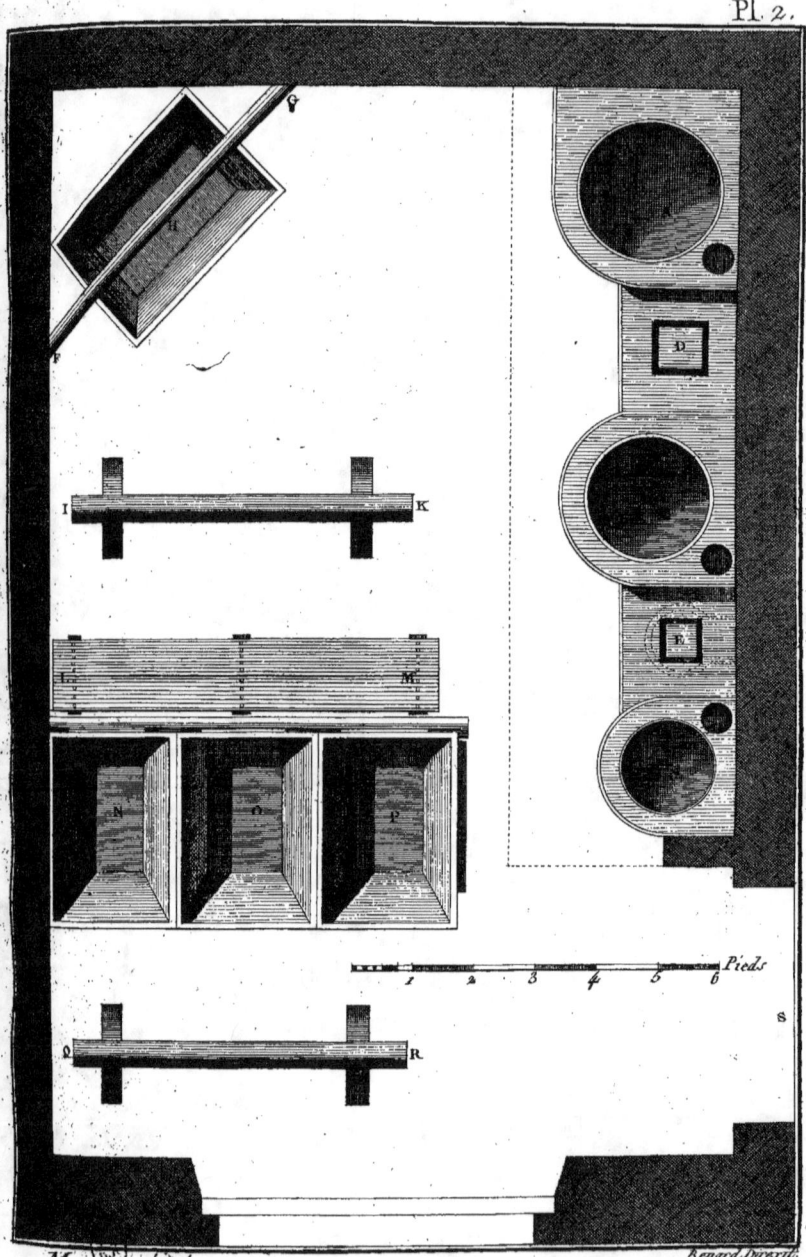

Pl. 2.

*Maroquinier,* Plan Général de l'Attelier de la Teinture.

Benard Direxit.

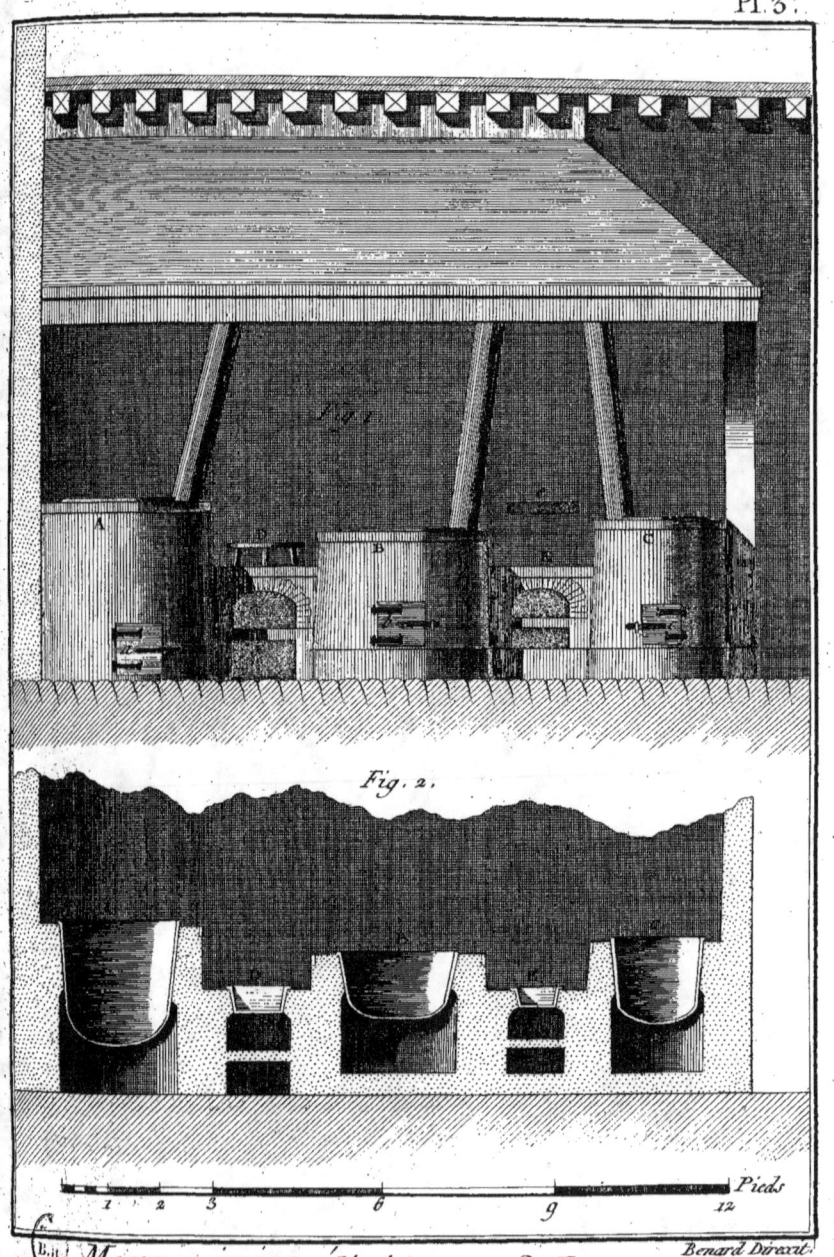

Pl. 3.

Fig. 1.

Fig. 2.

Pieds

1    2    3         6         9         12

Benard Direxit.

Maroquinier, *Élévation et Coupe des Fourneaux*.

22.

Pl. 4.

Fig. 1.

Fig. 2.

Fig. 1.ᵉ

Fig. 3.

Fig. 2.

Fig. 3. n.º 2.

1    2    4    6    8    Pieds

Benard Direxit.

Maroquinier, l'Opération de Teindre les Peaux.

Pl. 5.

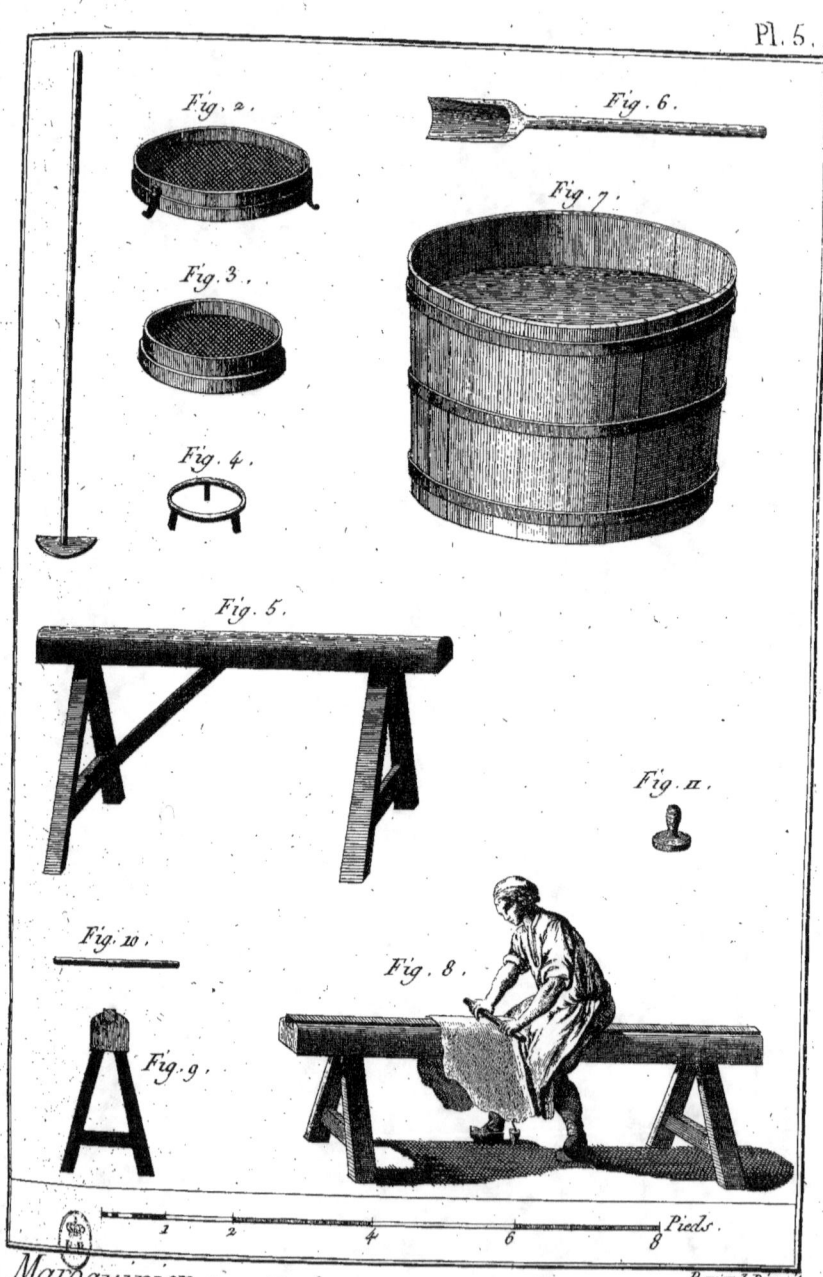

Fig. 2.

Fig. 6.

Fig. 7.

Fig. 3.

Fig. 4.

Fig. 5.

Fig. 11.

Fig. 10.

Fig. 8.

Fig. 9.

1 2 4 6 8 Pieds.

Benard Direxit.

Maroquinier, Ustensilles servant à la Teinture, et l'Operation de Lisser le Maroquin.

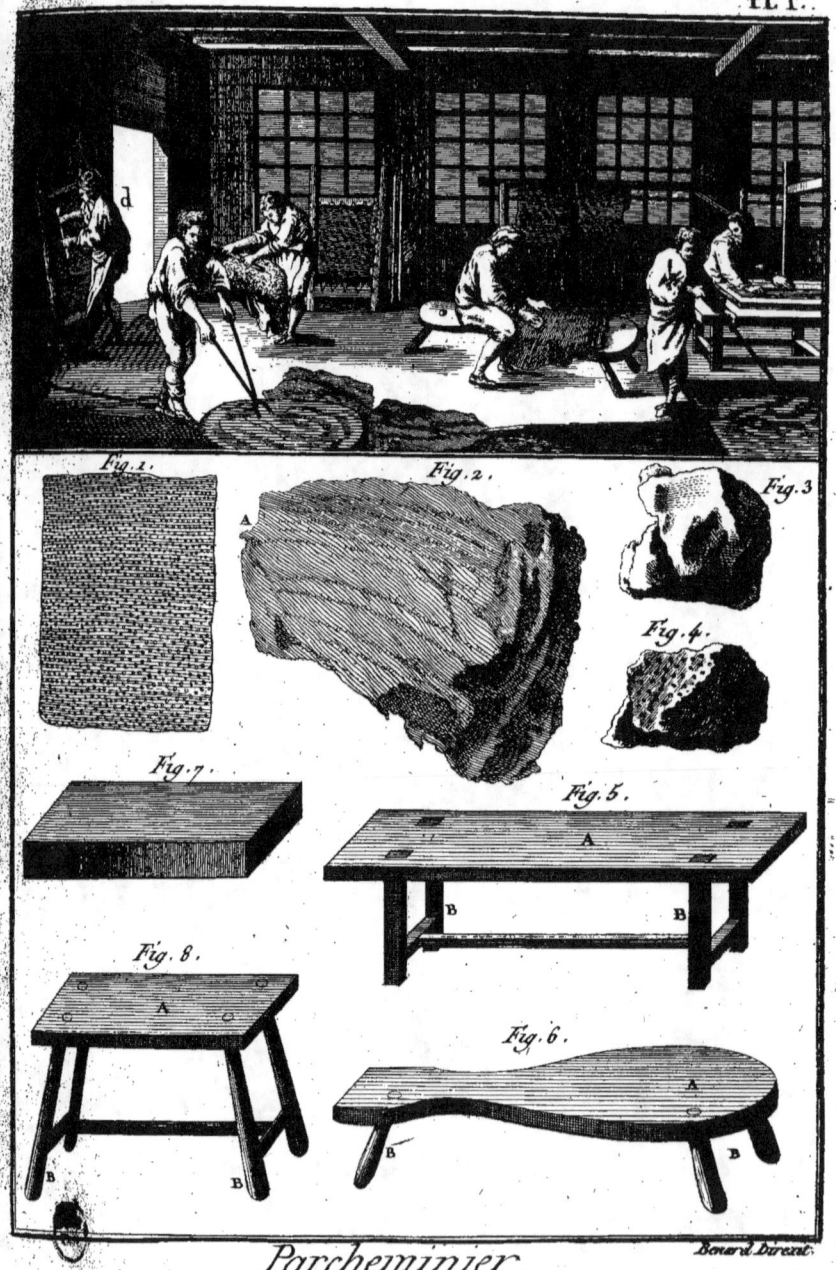

Pl. 1.

Fig. 1.  Fig. 2.  Fig. 3.

Fig. 4.

Fig. 7.  Fig. 5.

Fig. 8.  Fig. 6.

*Parcheminier*.

Benard Direxit.

Pl. 2

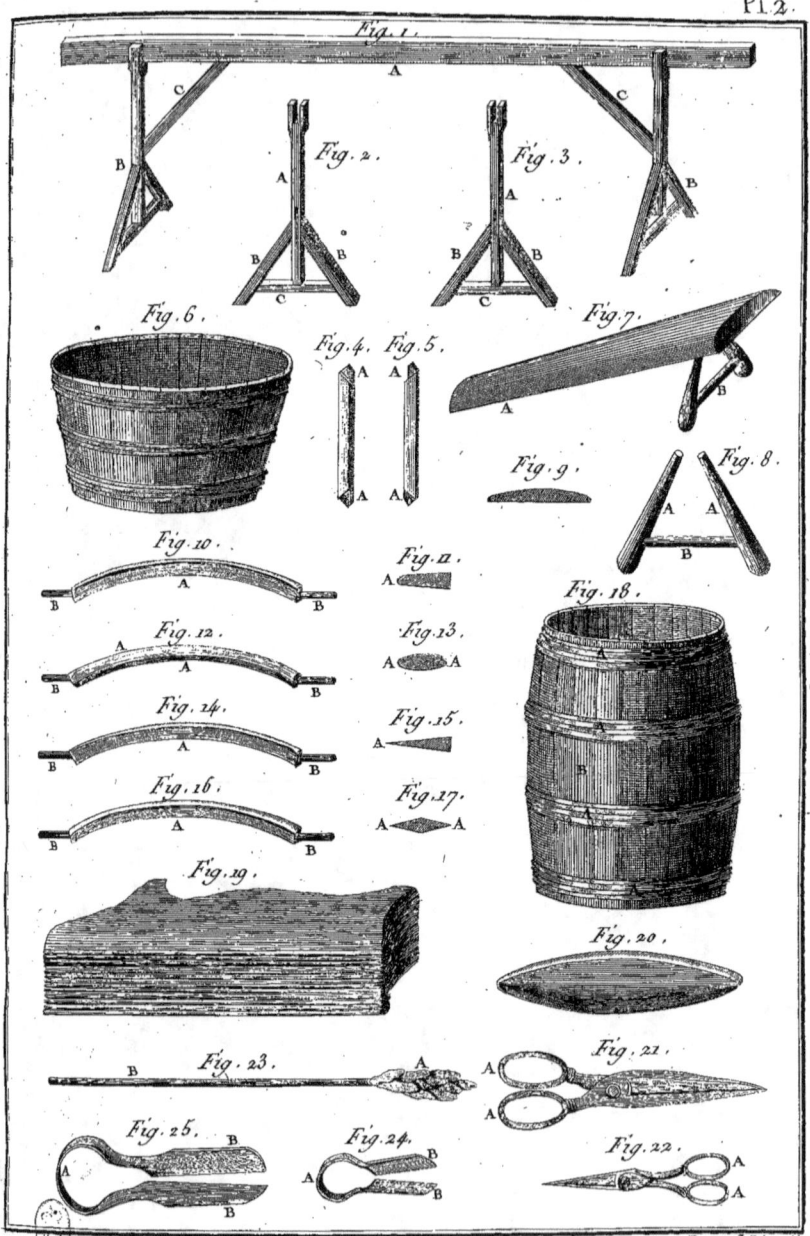

Fig. 1.

A

C

C

Fig. 2.

A

B

B

B

Fig. 3.

A

B

B

B

C

C

Fig. 6.

Fig. 4. Fig. 5.

A A

A A

Fig. 7.

A

B

Fig. 9.

Fig. 8.

A

B

Fig. 10.

A

B

B

Fig. 11.

A

Fig. 12.

A

A

B

B

Fig. 13.

A A

Fig. 18.

A

A

B

Fig. 14.

A

B

B

Fig. 15.

A

Fig. 16.

A

B

B

Fig. 17.

A A

Fig. 19.

Fig. 20.

Fig. 23.

B

A

Fig. 21.

A

A

Fig. 25.

B

A

B

Fig. 24.

A

B

B

Fig. 22.

A

A

Parcheminier

Benard Direxit.

Pl. 3.

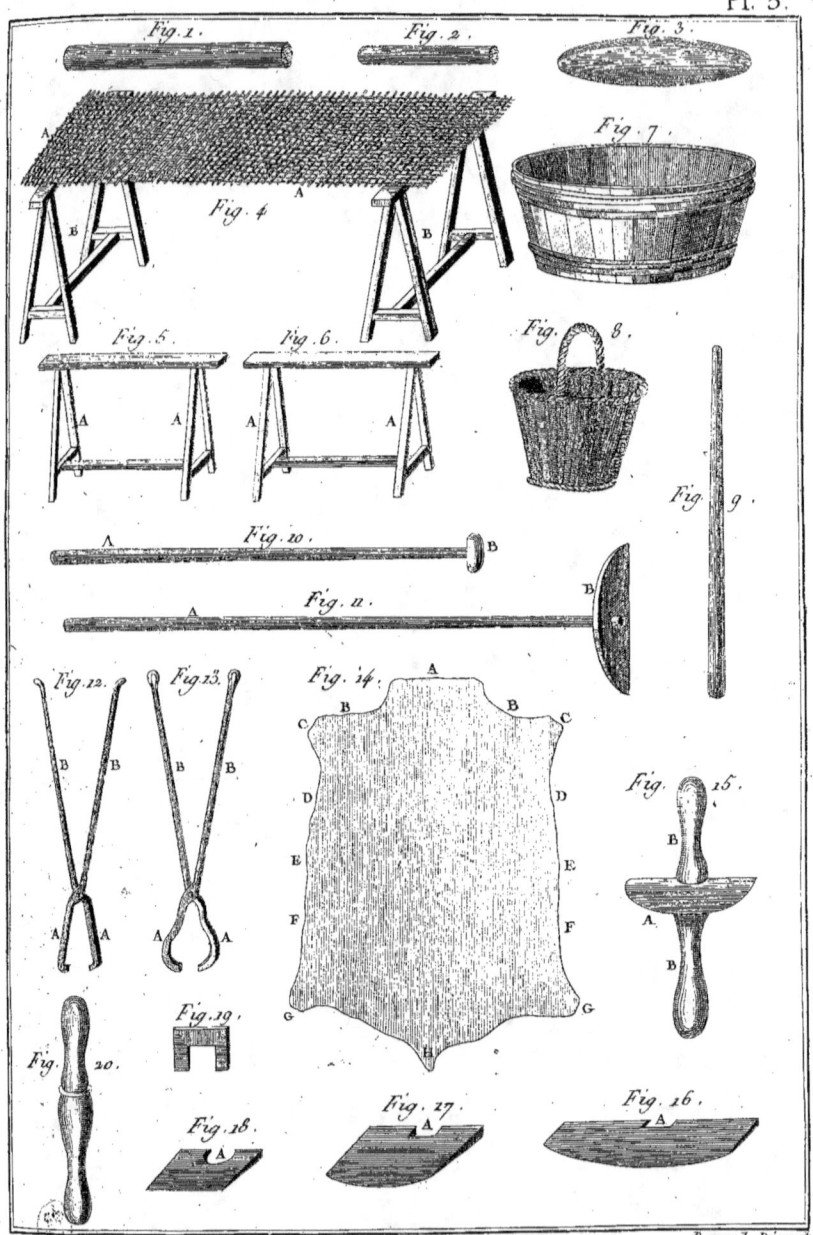

Fig. 1. Fig. 2. Fig. 3.

Fig. 7.

Fig. 4.

Fig. 5. Fig. 6. Fig. 8.

Fig. 9.

Fig. 10.

Fig. 11.

Fig. 12. Fig. 13. Fig. 14.

Fig. 15.

Fig. 19.

Fig. 20.

Fig. 18. Fig. 17. Fig. 16.

*Parcheminier, Outils*

Benard Direxit
24.

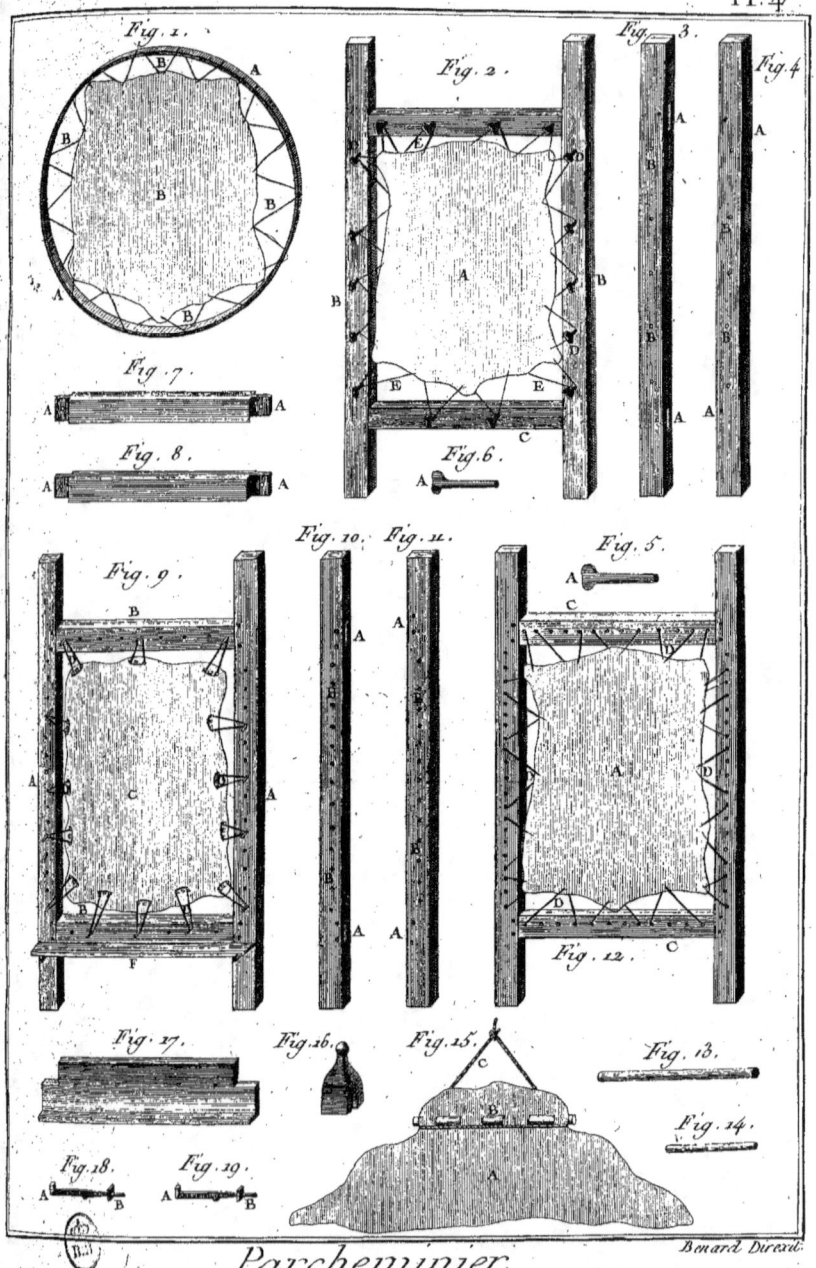

Pl. 4.

Fig. 1.

Fig. 2.

Fig. 3.

Fig. 4.

Fig. 7.

Fig. 8.

Fig. 6.

Fig. 9.

Fig. 10. Fig. 11.

Fig. 5.

Fig. 12.

Fig. 17.

Fig. 16.

Fig. 15.

Fig. 13.

Fig. 14.

Fig. 18.

Fig. 19.

*Parcheminier.*

Benard Direxit.

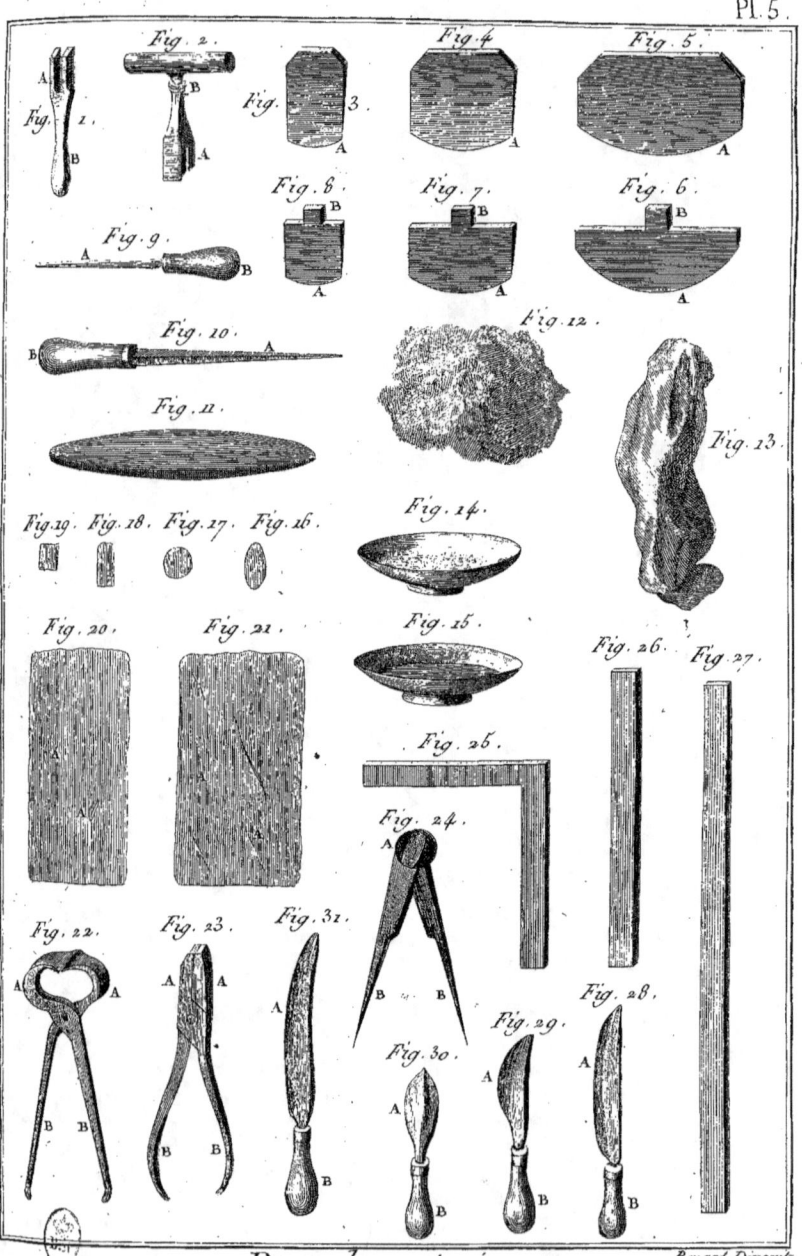

Pl. 5.

Fig. 1. Fig. 2. Fig. 3. Fig. 4. Fig. 5.
Fig. 8. Fig. 7. Fig. 6.
Fig. 9.
Fig. 10. Fig. 12.
Fig. 11. Fig. 13.
Fig. 19. Fig. 18. Fig. 17. Fig. 16. Fig. 14.
Fig. 20. Fig. 21. Fig. 15. Fig. 26. Fig. 27.
Fig. 25.
Fig. 24.
Fig. 22. Fig. 23. Fig. 31. Fig. 28.
Fig. 29.
Fig. 30.

*Parcheminier.*

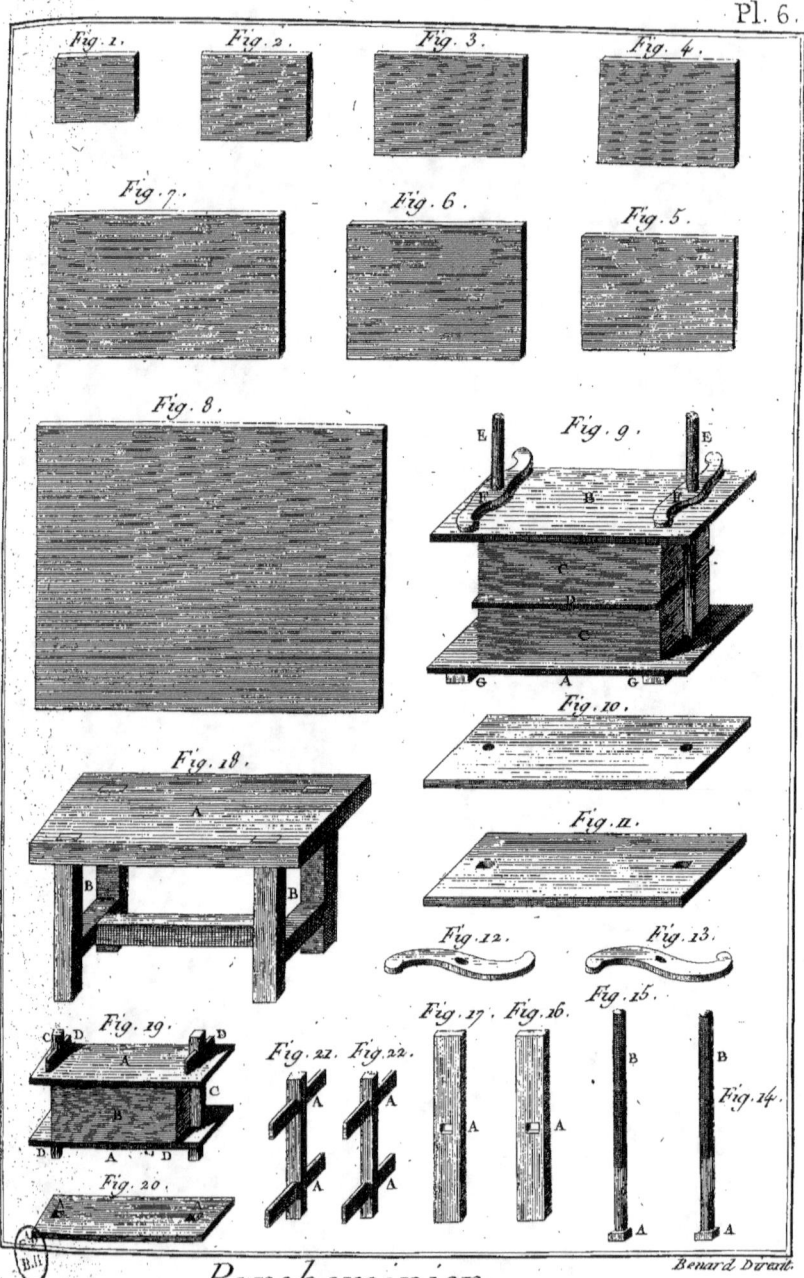

Pl. 6.

Fig. 1.   Fig. 2.   Fig. 3.   Fig. 4.

Fig. 7.   Fig. 6.   Fig. 5.

Fig. 8.

Fig. 9.

Fig. 10.

Fig. 18.

Fig. 11.

Fig. 12.   Fig. 13.

Fig. 19.   Fig. 17. Fig. 16.   Fig. 15.

Fig. 22. Fig. 22.   Fig. 14.

Fig. 20.

Benard Direxit.

Parcheminier.

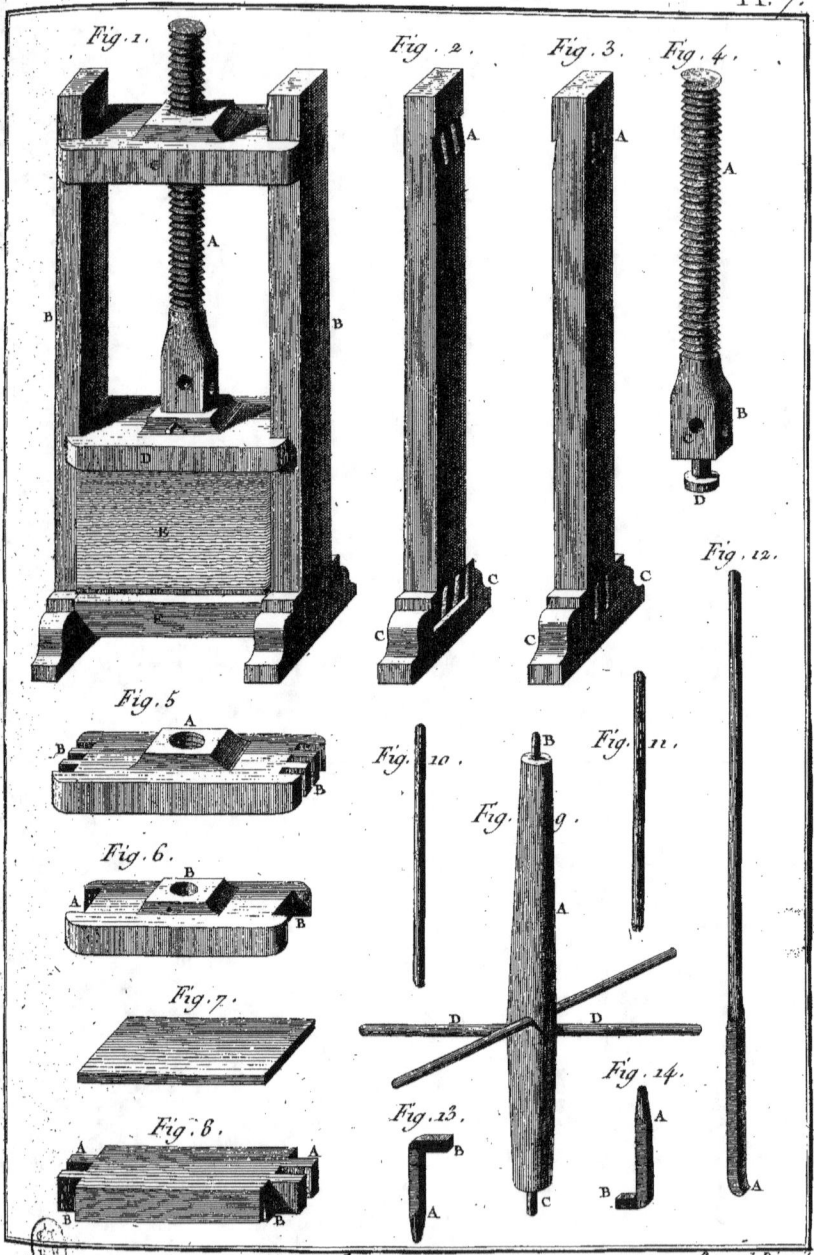

Pl. 7.

Fig. 1. Fig. 2. Fig. 3. Fig. 4.

Fig. 12.

Fig. 5.

Fig. 6.

Fig. 10. Fig. 11.

Fig. 9.

Fig. 7.

Fig. 8.

Fig. 13. Fig. 14.

*Parcheminier.*

Benard Direxit.

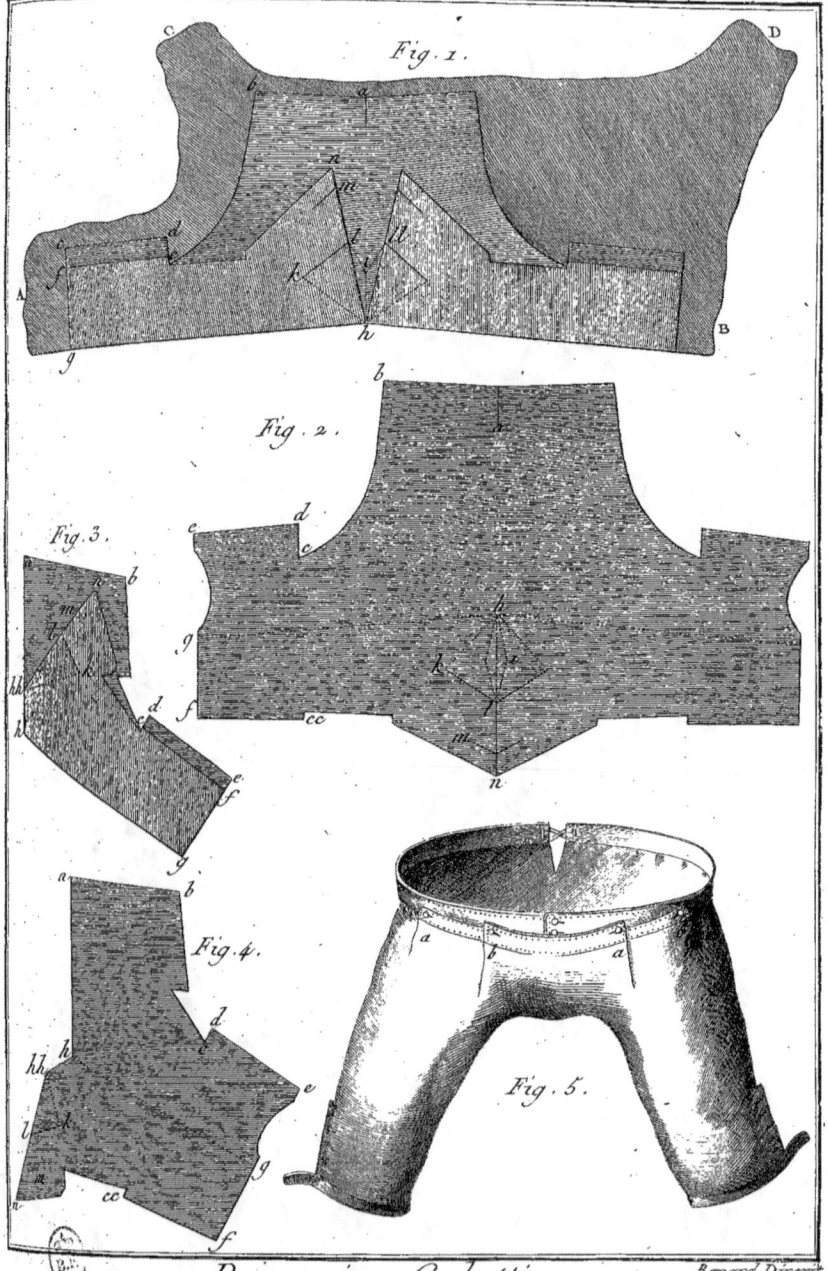

Pl. 1.

*Fig. 1.*

*Fig. 2.*

*Fig. 3.*

*Fig. 4.*

*Fig. 5.*

*Peaussier - Culottier.*

Benard Direxit
26.

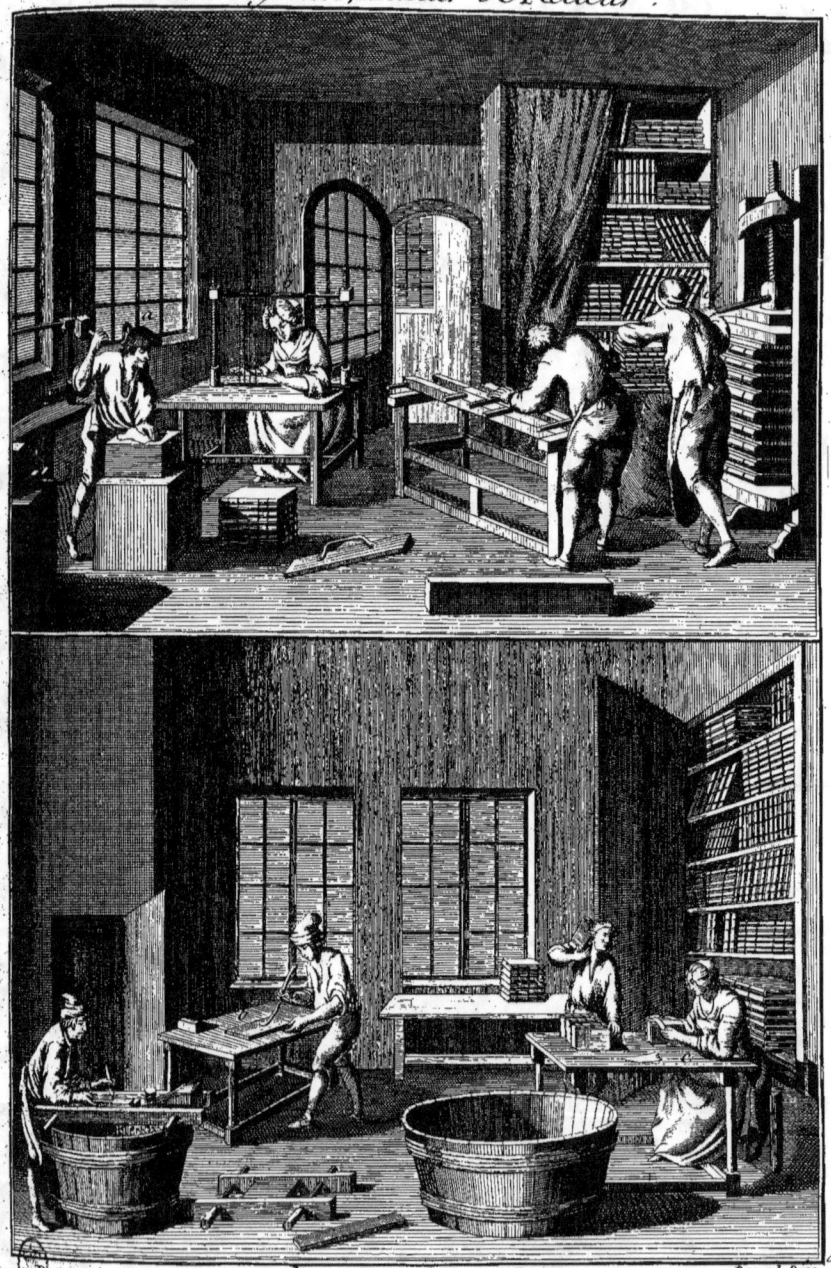

Benard Direx.

Deuxieme Vignette, Attelier de Relieur Doreur.

27

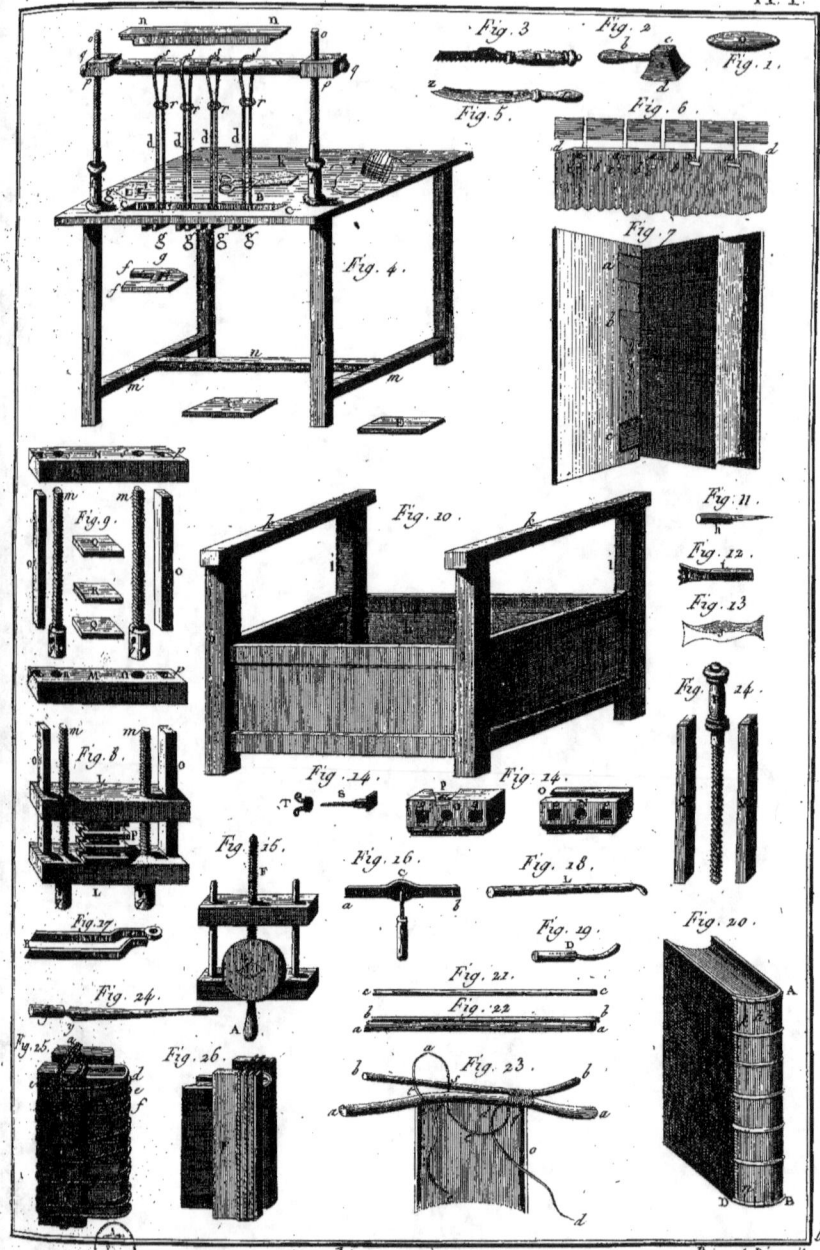

Pl. 1.

Fig. 3
Fig. 2
Fig. 1
Fig. 5
Fig. 6
Fig. 7
Fig. 4
Fig. 9
Fig. 10
Fig. 11
Fig. 12
Fig. 13
Fig. 8
Fig. 14
Fig. 14
Fig. 16
Fig. 16
Fig. 18
Fig. 19
Fig. 20
Fig. 17
Fig. 21
Fig. 24
Fig. 22
Fig. 25
Fig. 26
Fig. 23

*Relieur.*

Pl. 2.

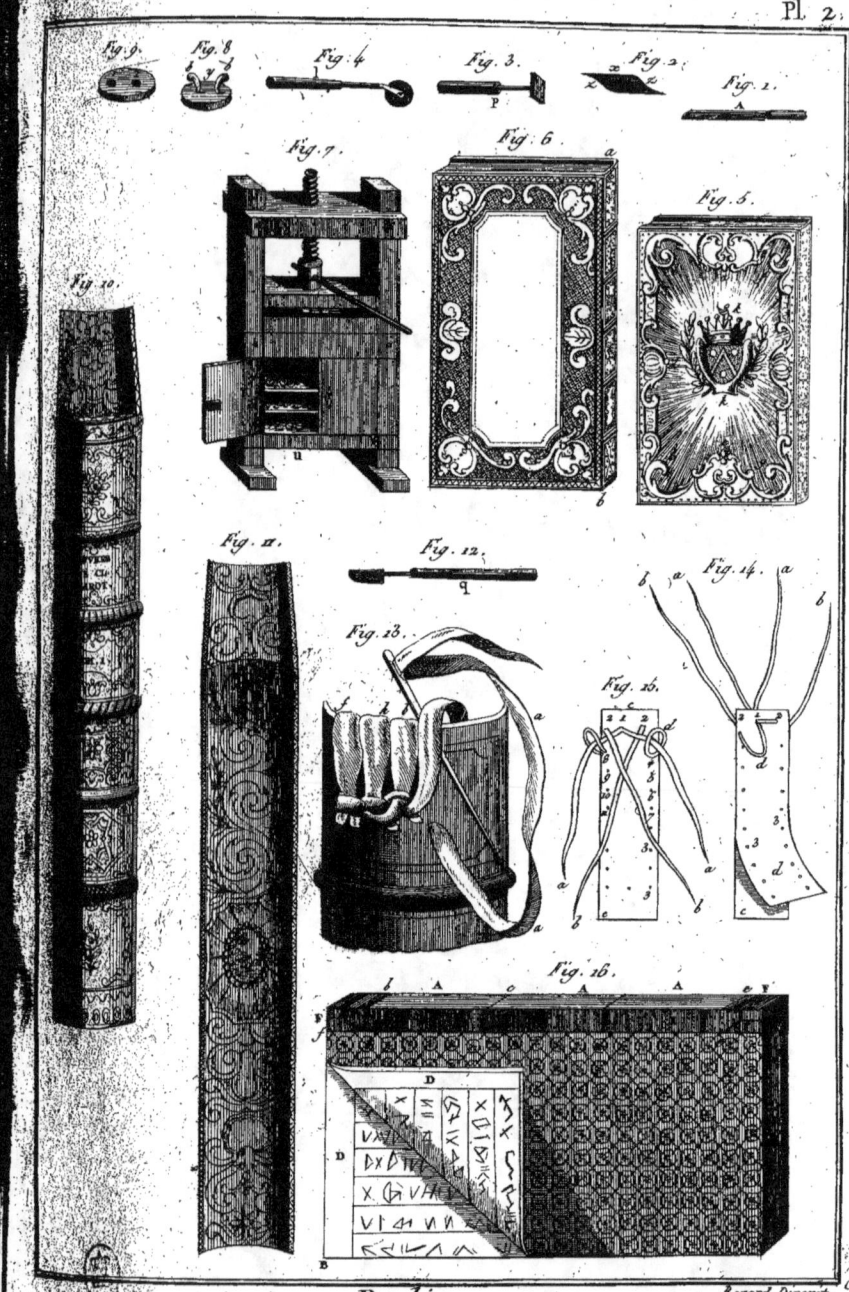

Fig. 9. Fig. 8. Fig. 4. Fig. 3. Fig. 2. Fig. 1.

Fig. 7. Fig. 6. Fig. 5.

Fig. 10.

Fig. 11. Fig. 12. Fig. 14.

Fig. 13. Fig. 15.

Fig. 16.

*Relieur.*

Benard Direxit.

28.

Pl. 1.

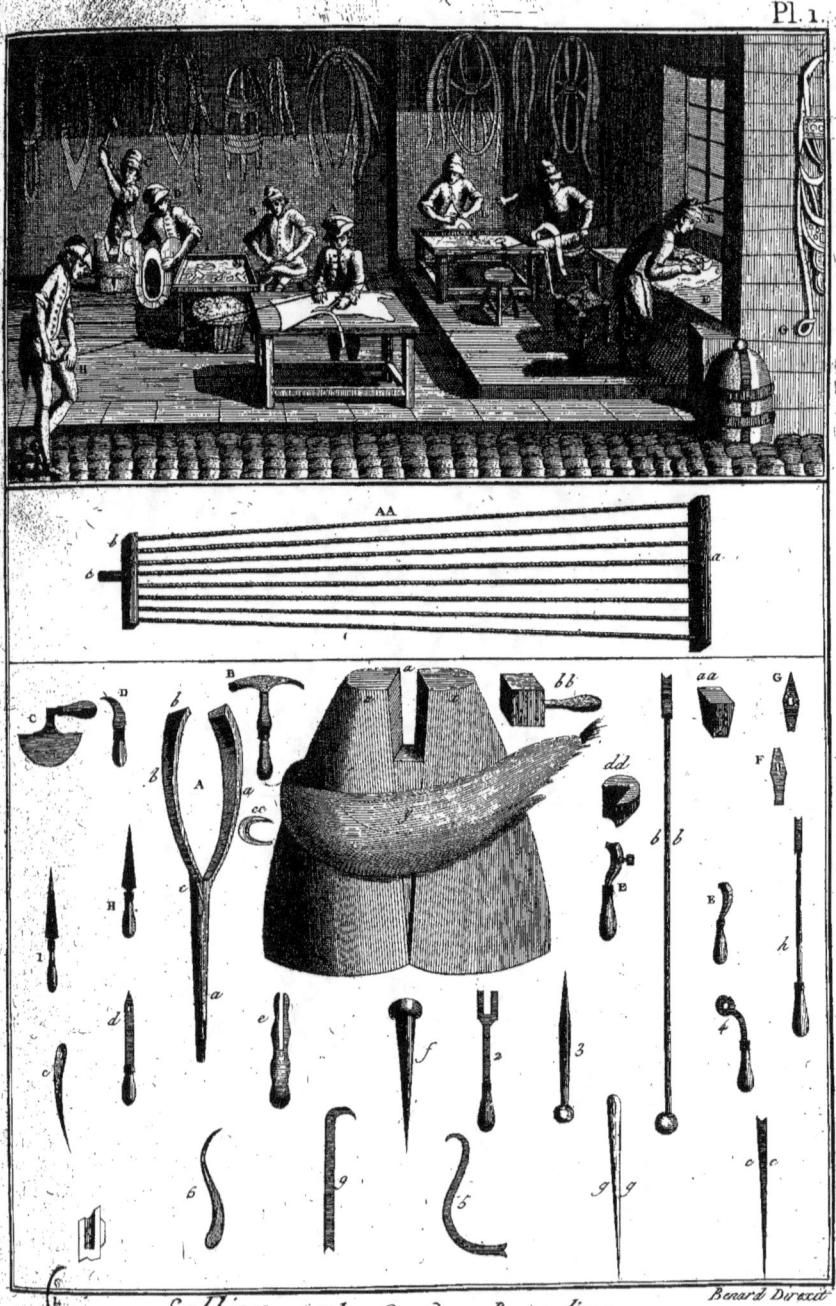

Sellier, *Atteliers des deux Bourreliers.*

Benard Direxit.

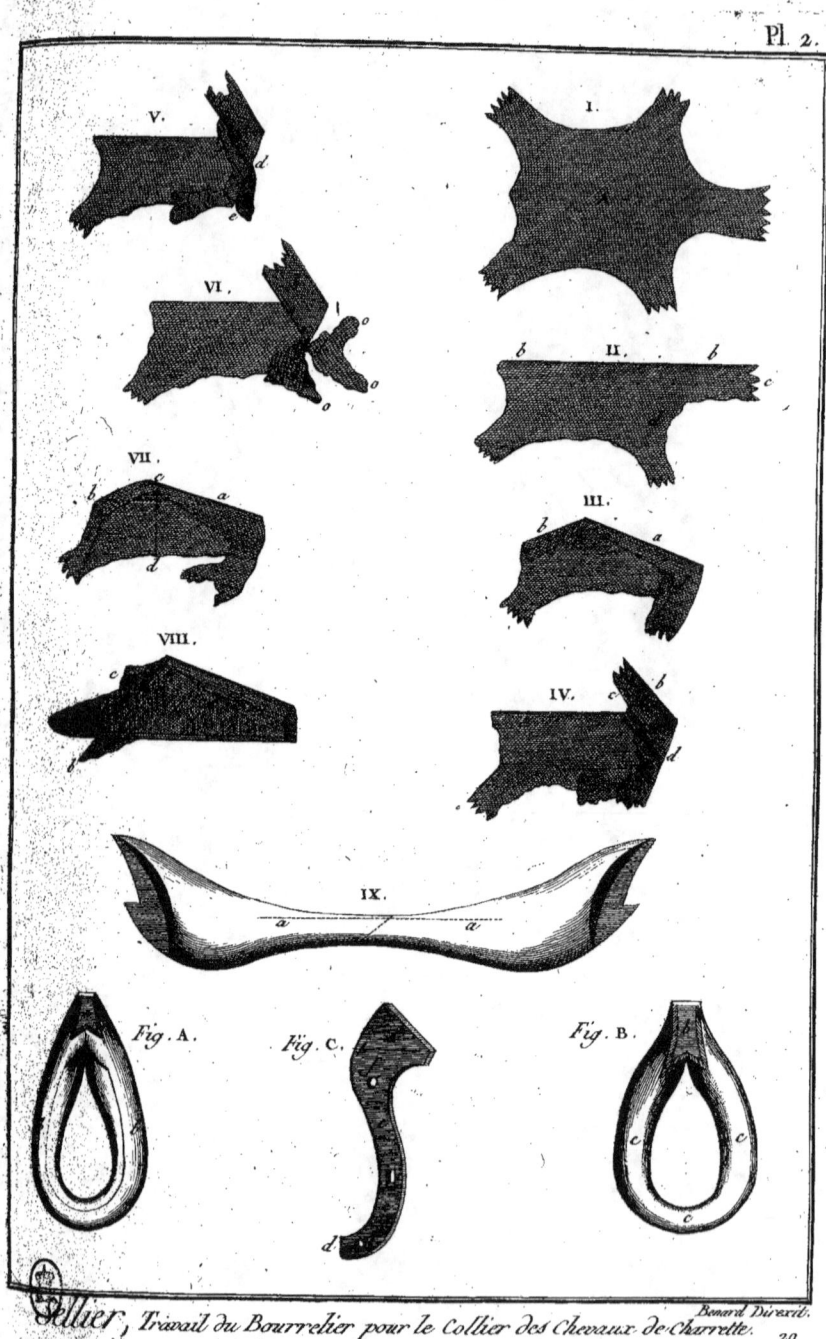

Pl. 2.

Sellier, Travail du Bourrelier pour le Collier des Chevaux de Charrette.

Benard Direxit.

29

Pl. 3.

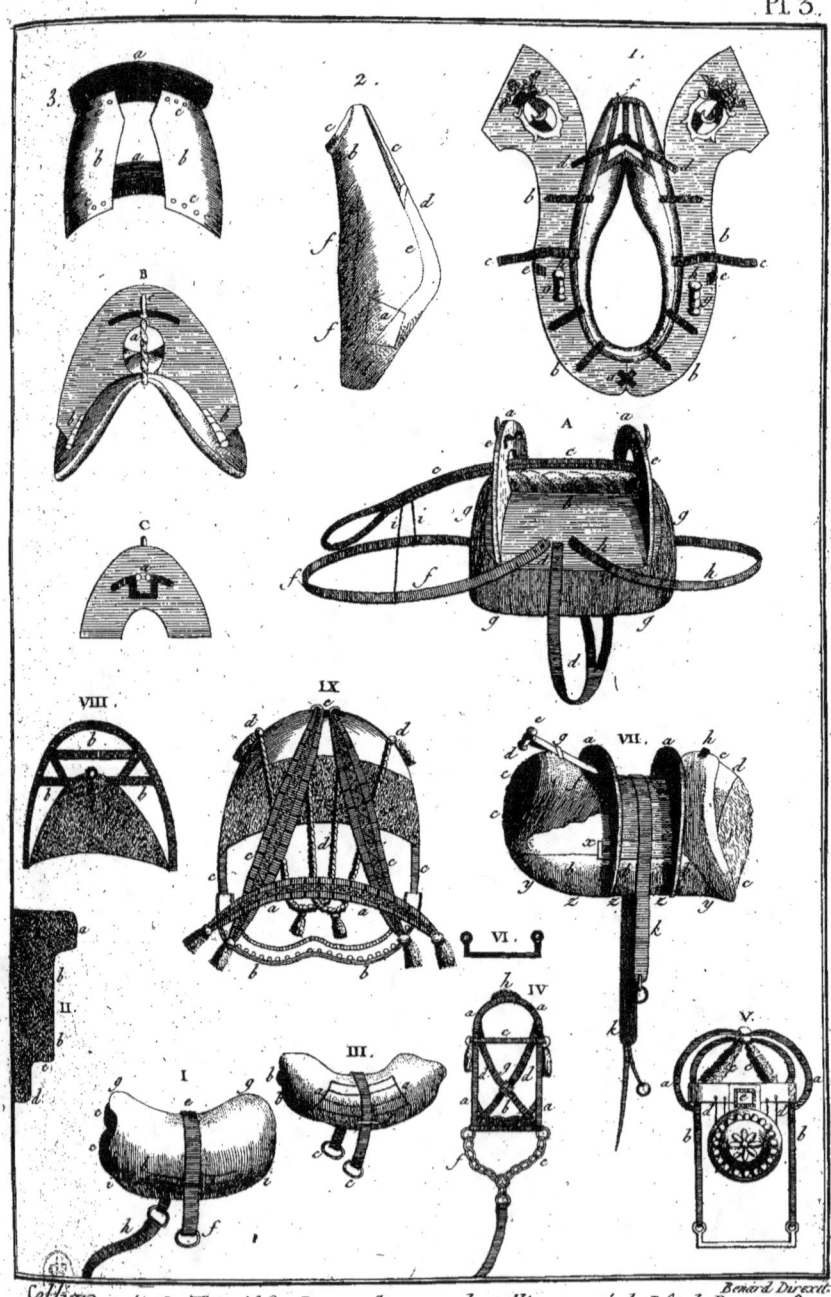

Benard Direxit.

Sellier, Suite du Travail du Bourrelier pour le Collier monté, le Bât, le Panneau &c.

Pl. 4.

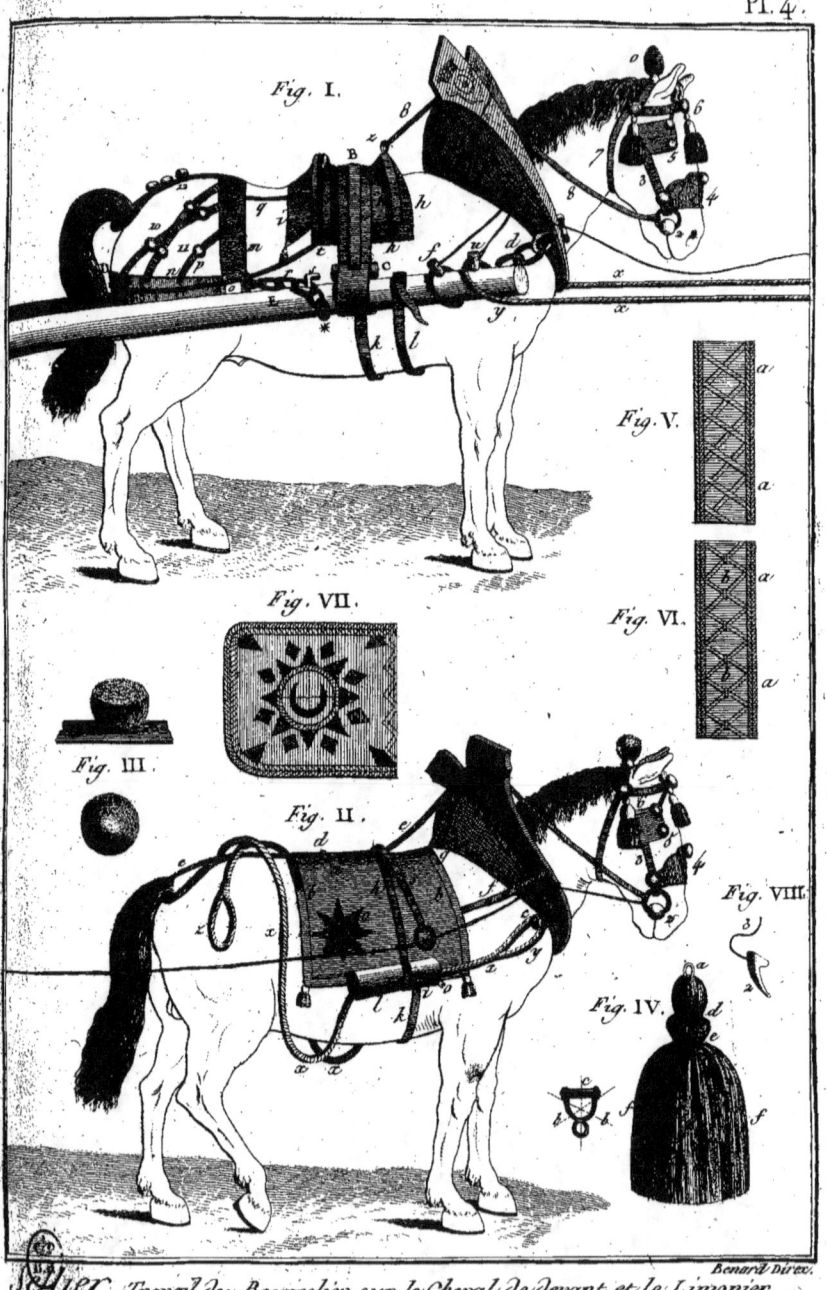

Fig. I.

Fig. V.

Fig. VI.

Fig. VII.

Fig. III.

Fig. II.

Fig. VIII.

Fig. IV.

Benard Direx.

Sellier. Travail du Bourrelier sur le Cheval de devant et le Limonier 30.

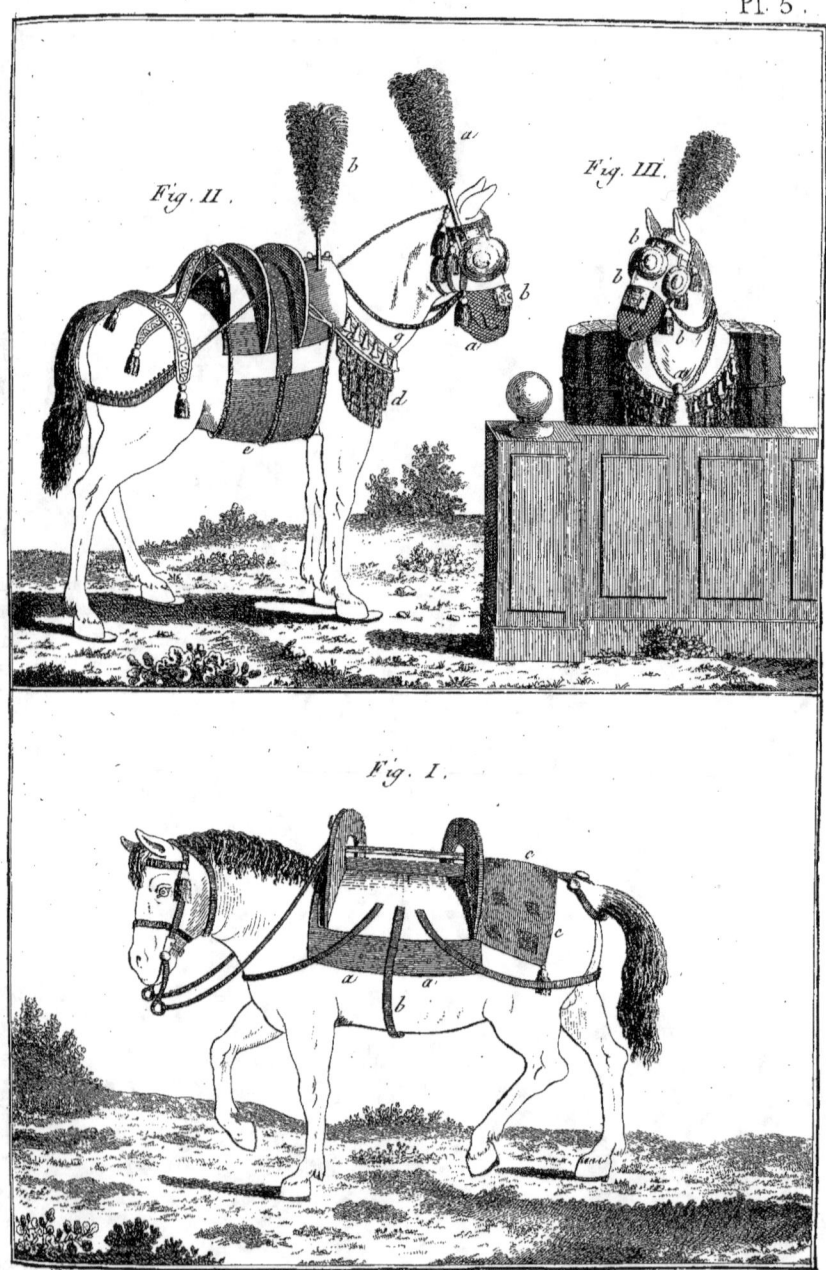

Pl. 5.

Fig. II.

b

a'

Fig. III.

b

b

b

q

a

d

e

Fig. I.

e

c

a'

a'

b

Benard Dir.

*Sellier*, *Travail du Bourrelier sur le Cheval de Bât et sur le Mulet.*

Pl. 6

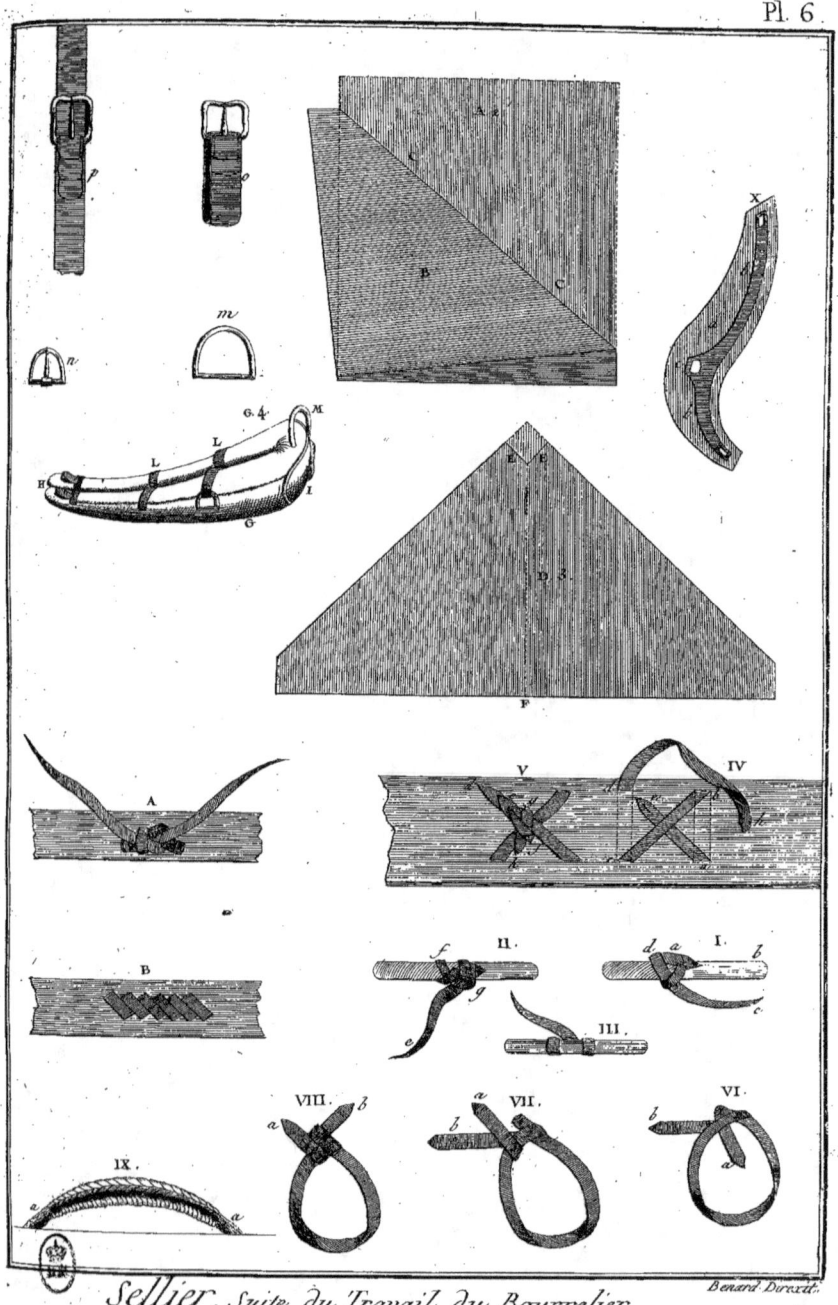

*Sellier*, Suite du Travail du Bourrelier.

Benard Direxit.

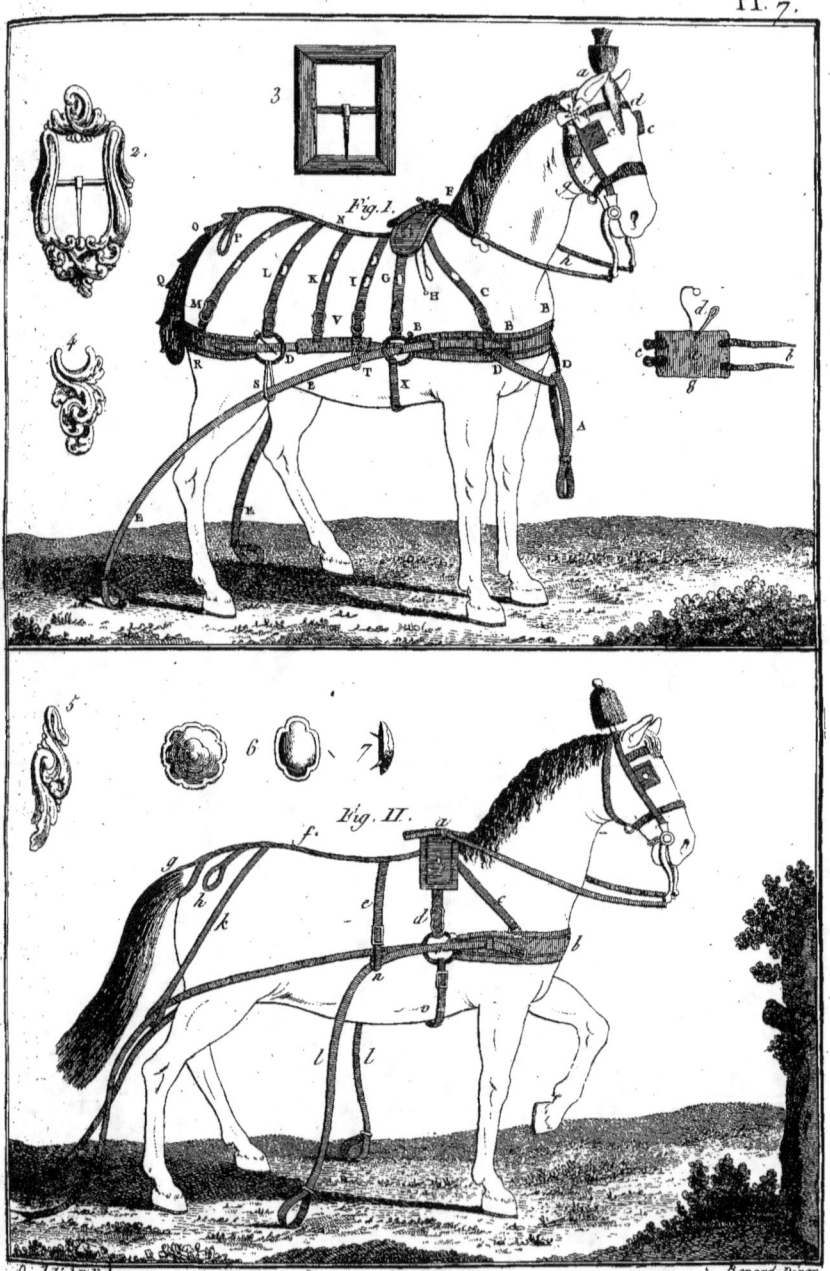

Pl. 7.

Fig. 1.

Fig. II.

Benard Direx.

Sellier, Travail du Bourrelier sur le Cheval de Carosse et celui du devant.

Pl. 8.

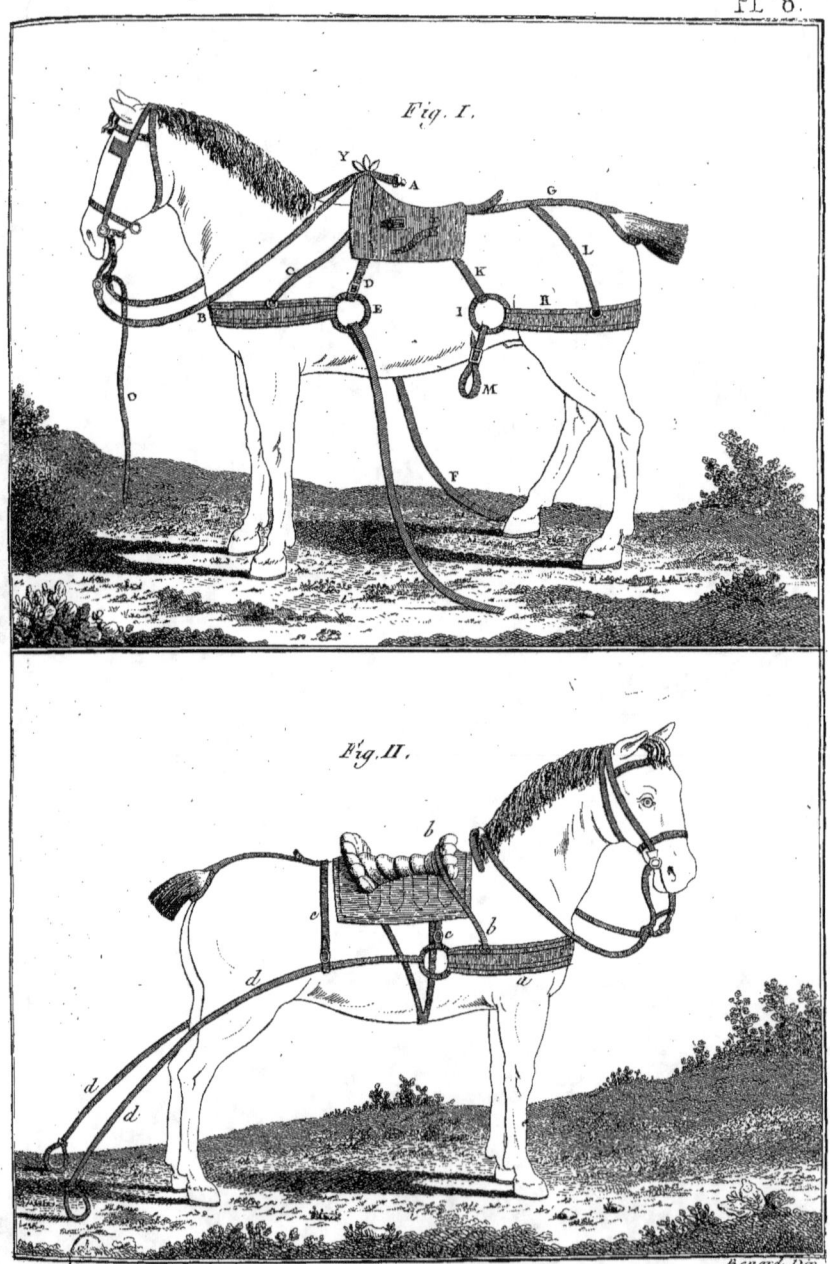

*Fig. I.*

*Fig. II.*

Benard Di.

*Sellier, Travail du Bourrelier sur le Cheval de Brancard et sur le Bricollier.*

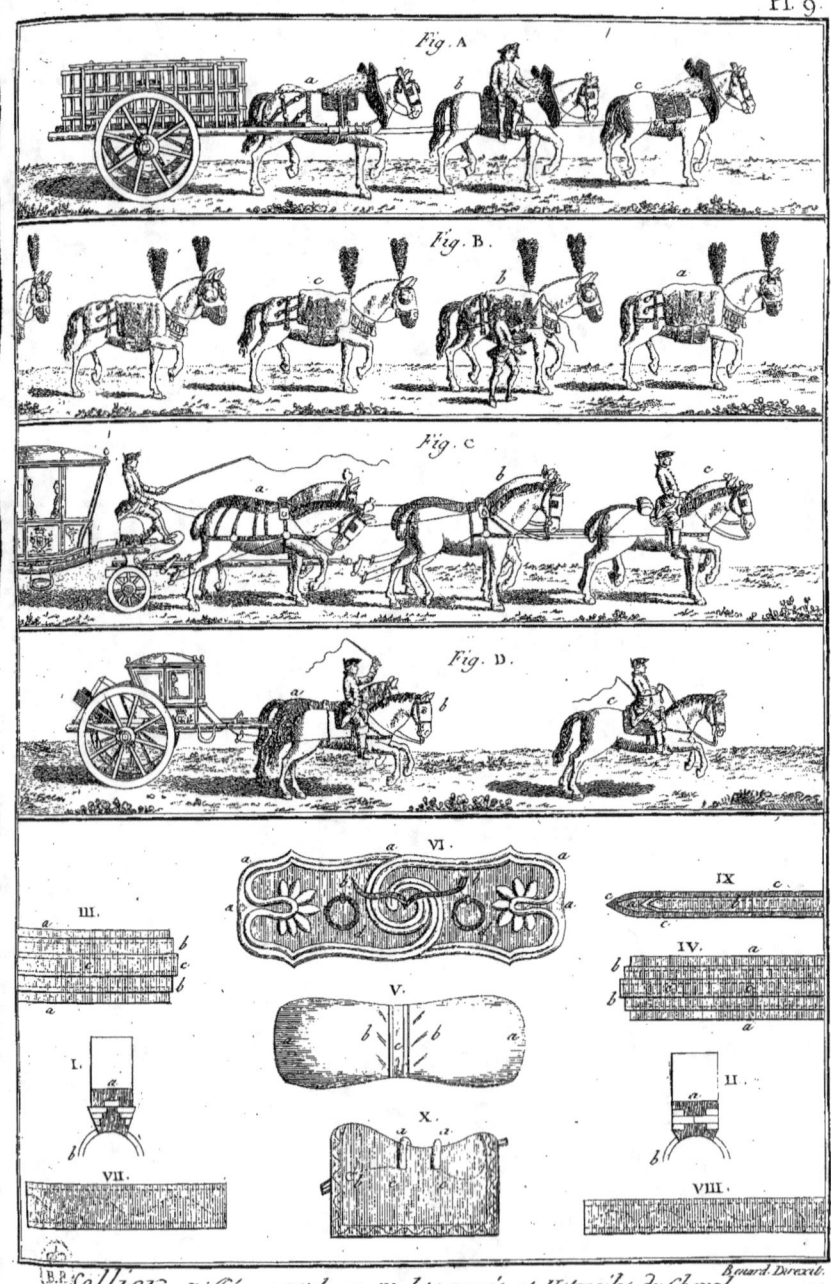

Pl. 9.

*Fig. A.*

*Fig. B.*

*Fig. C.*

*Fig. D.*

VI.

IX.

III.

IV.

V.

I.

X.

II.

VII.

VIII.

*Benard Direxit.*

*Sellier*, *Différens attelages, Mulets armés, et Ustenciles du Cheval.*

33.

Pl. 10.

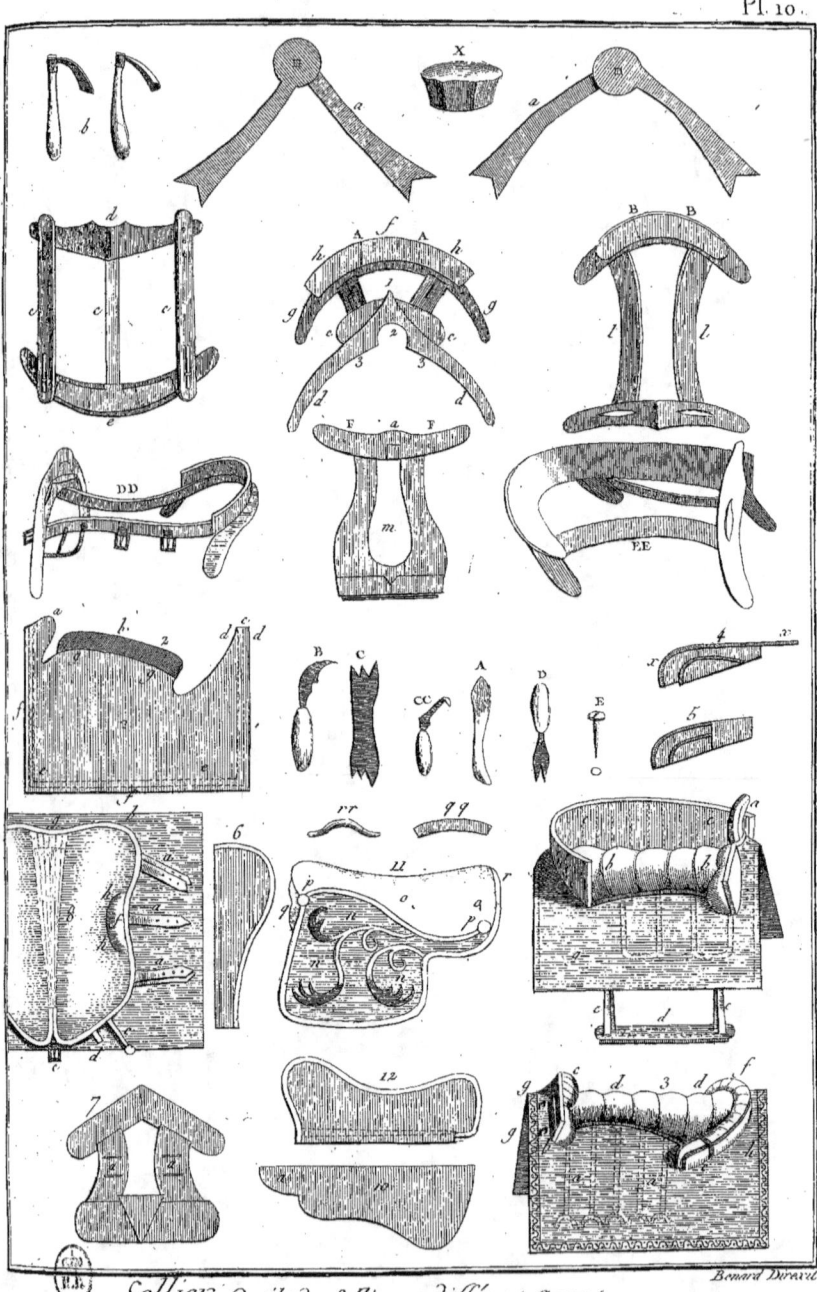

*Sellier, Outils du Sellier, et différens Arçons.*

Benard Direxit.

Pl. 11.

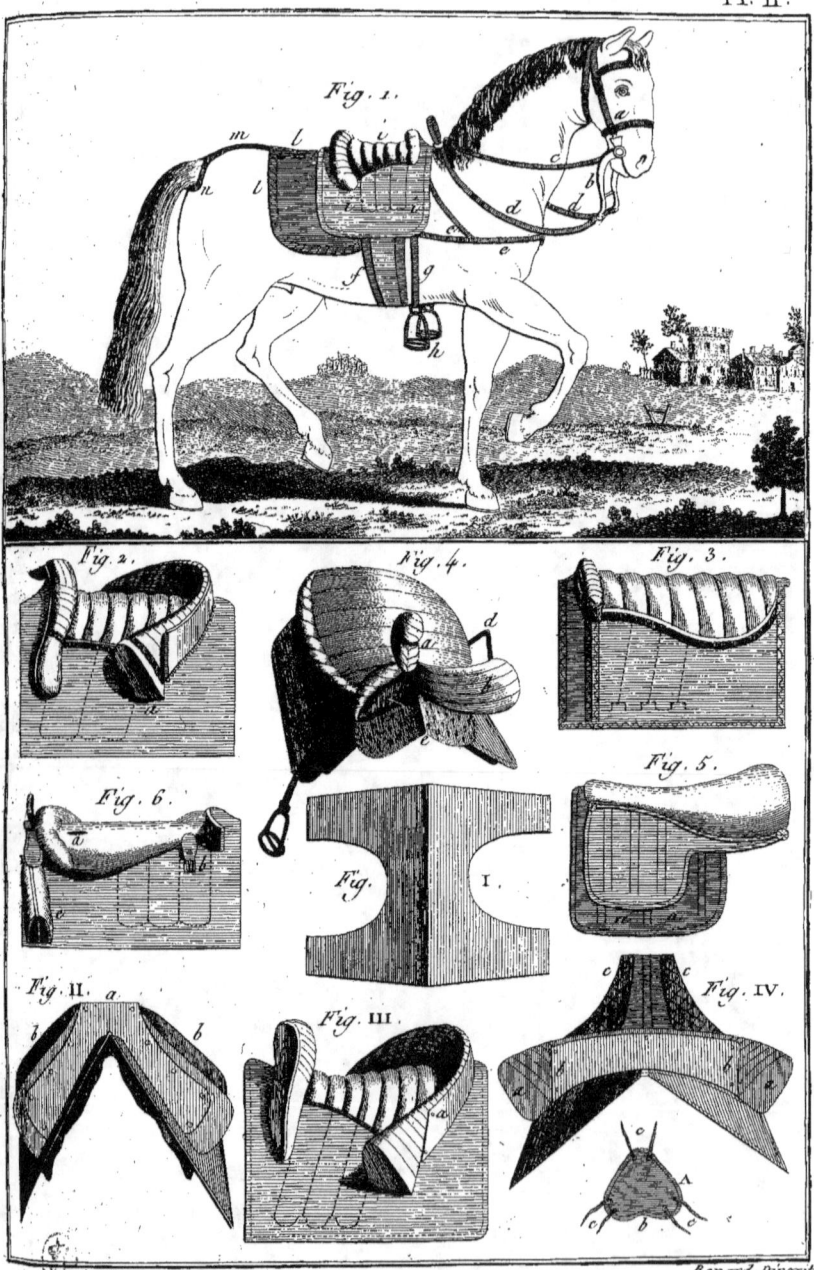

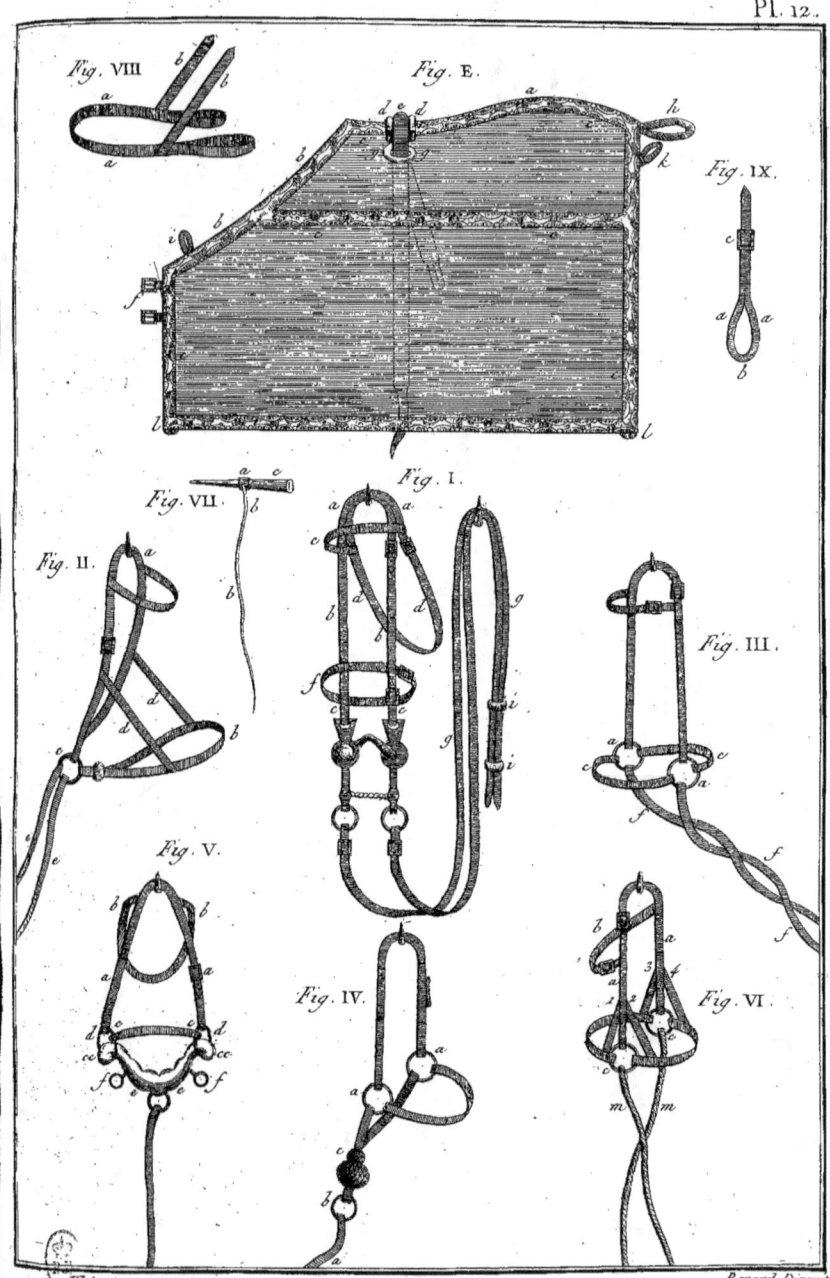

Pl. 12.

*Fig.* VIII

*Fig.* E.

*Fig.* IX.

*Fig.* VII

*Fig.* I.

*Fig.* II.

*Fig.* III.

*Fig.* V.

*Fig.* IV.

*Fig.* VI.

Benard Direxit

*Sellier*, *Couverture, Bride, Licol, &c. pour le Cheval Sellé et Bridé.*

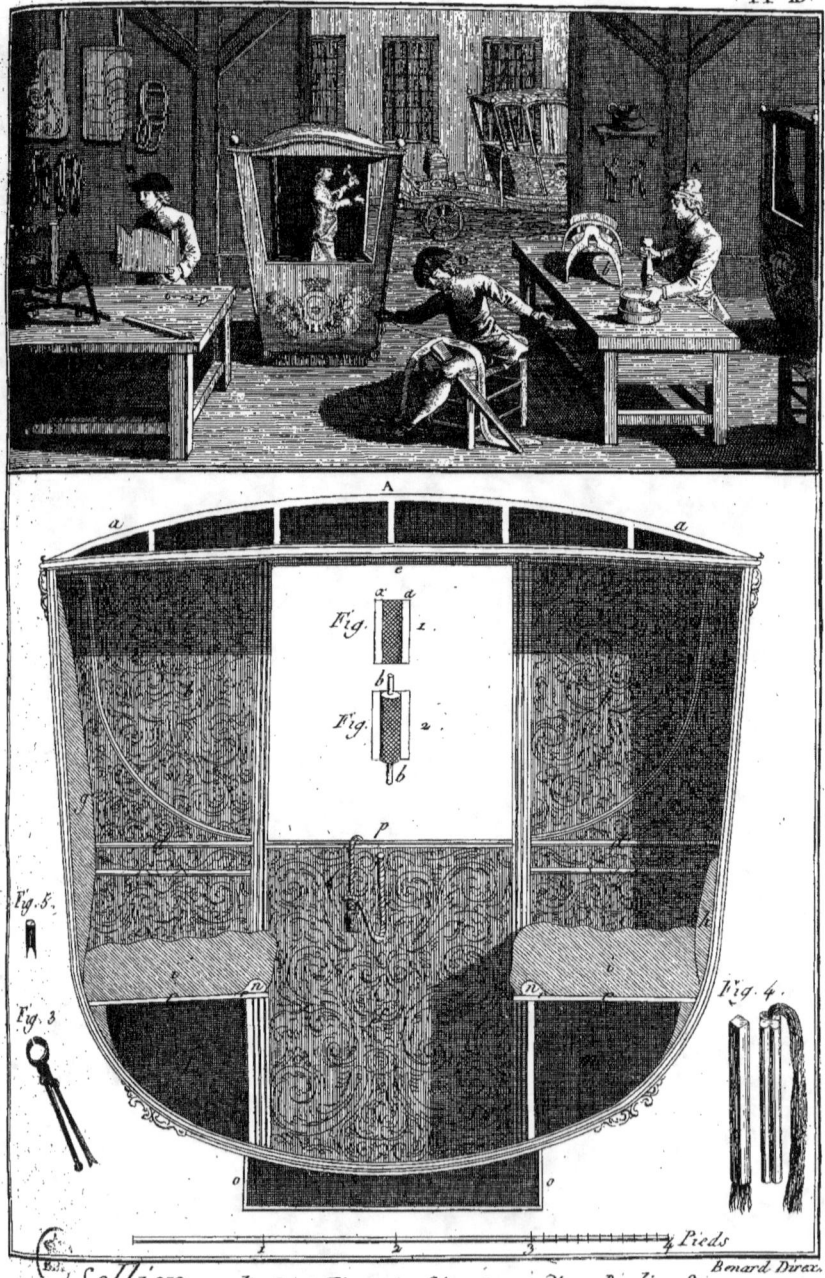

Pl. 13.

Fig. 1.

Fig. 2.

Fig. 5.

Fig. 3.

Fig. 4.

4 Pieds

Benard Direx.

Sellier, Attelier du Sellier-Carossier, Coupe d'une Berline, &c.

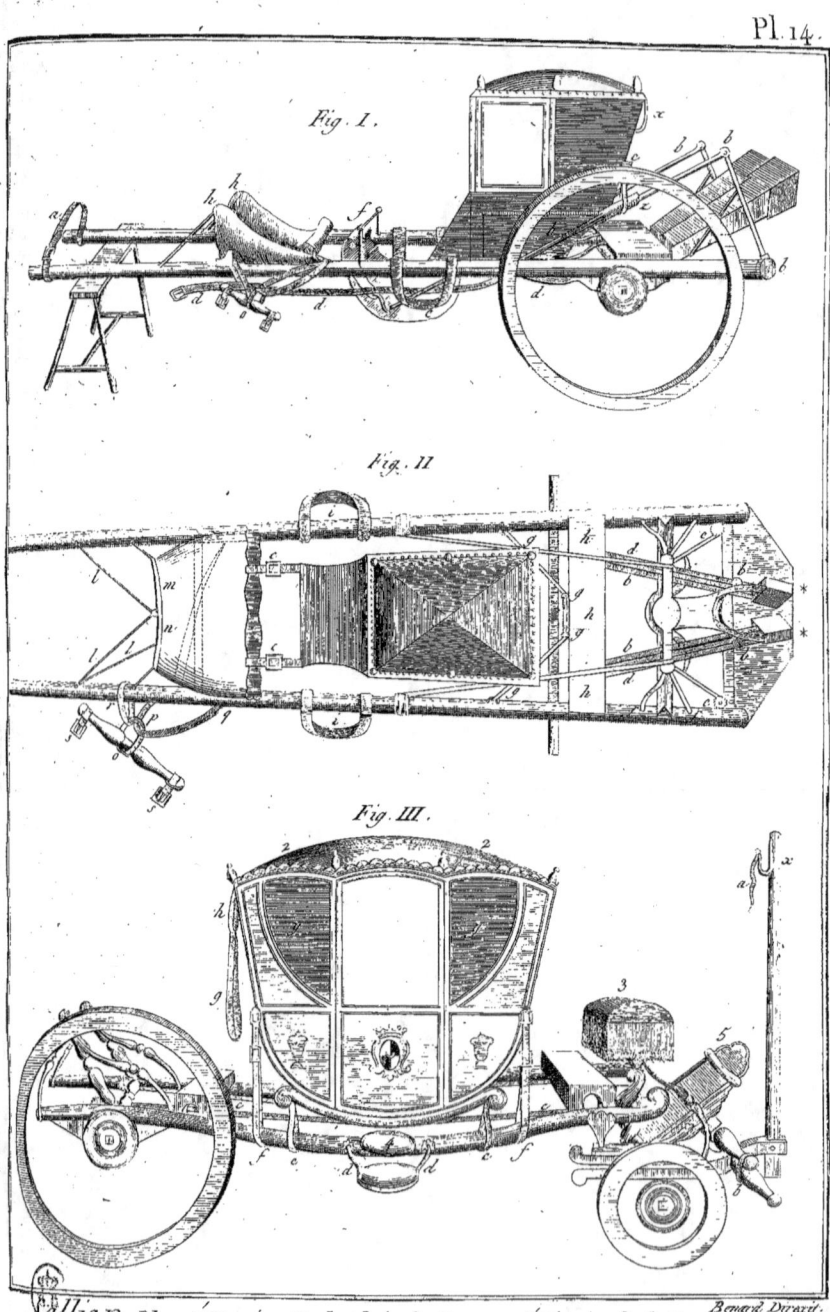

Pl. 14.

Fig. I.

Fig. II.

Fig. III.

*Sellier*, Plan, Élévation de la Chaise de Poste, et Élévation de la Berline.

Benard Direxit.

35.

Pl. 15

Housse de main
dessus.

Simple attachée

angage

C

a

B

D

b   b

Benard Direxit.

*Sellier*, Travail du Bourrelier - Carossier.

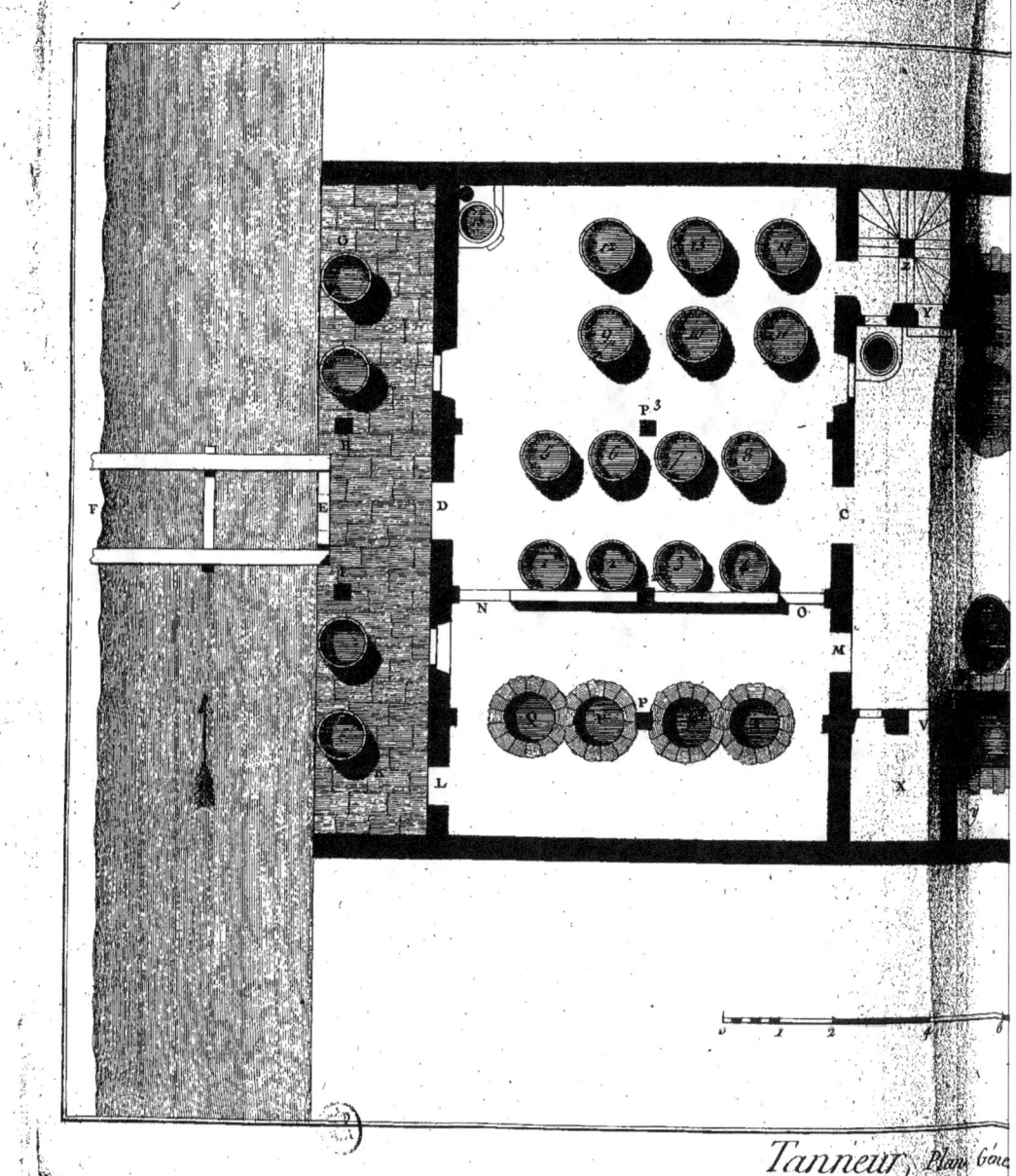

*Tanneur, Plan Géné*

Pl. 1

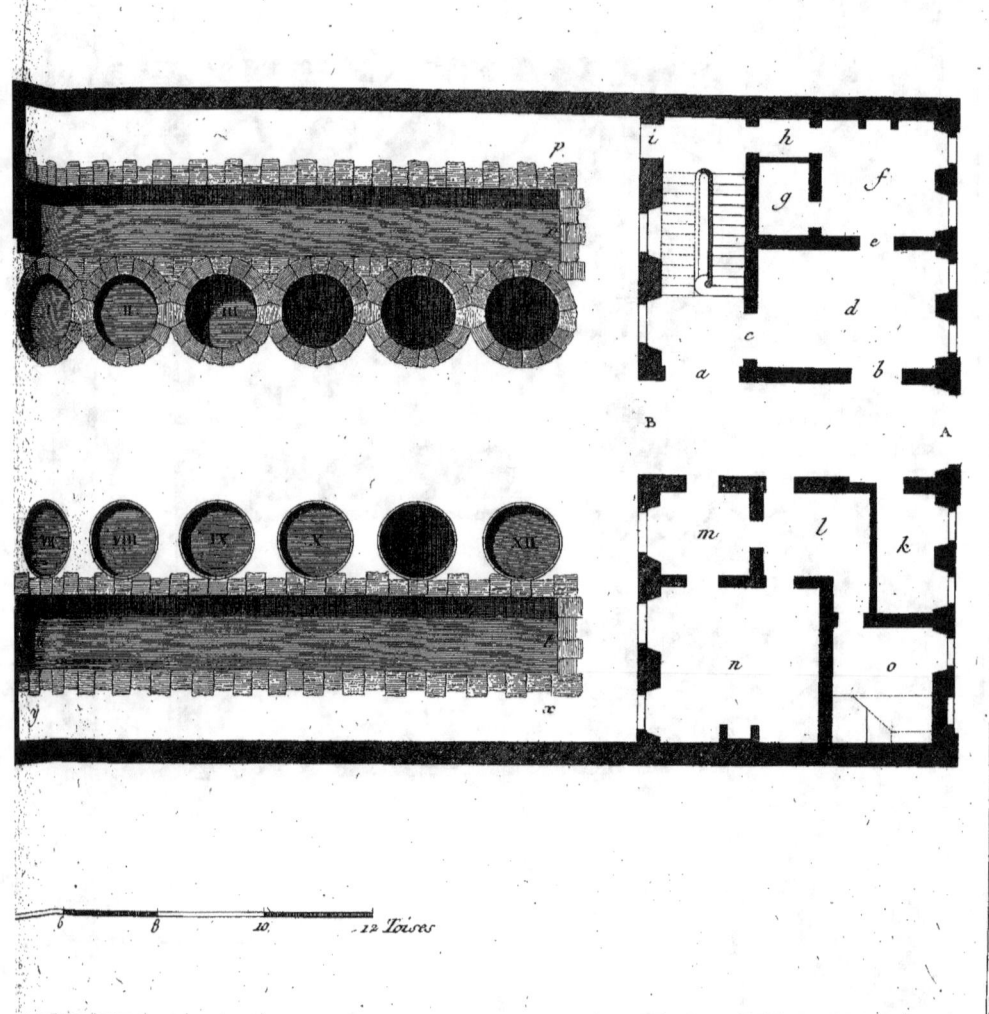

12 Toises

n Général d'une Tannerie.

36.

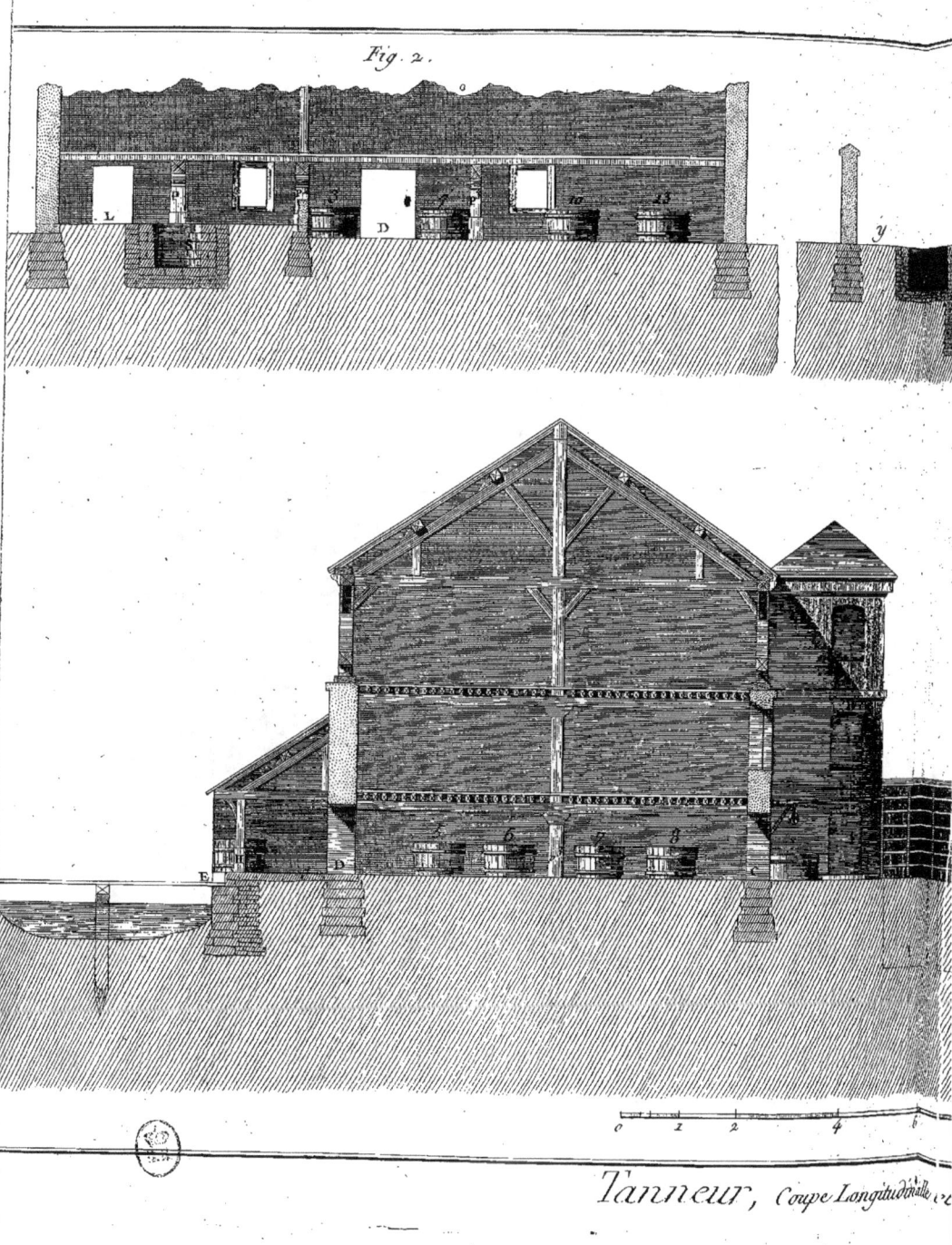

*Fig. 2.*

*Tanneur, Coupe Longitudinale et*

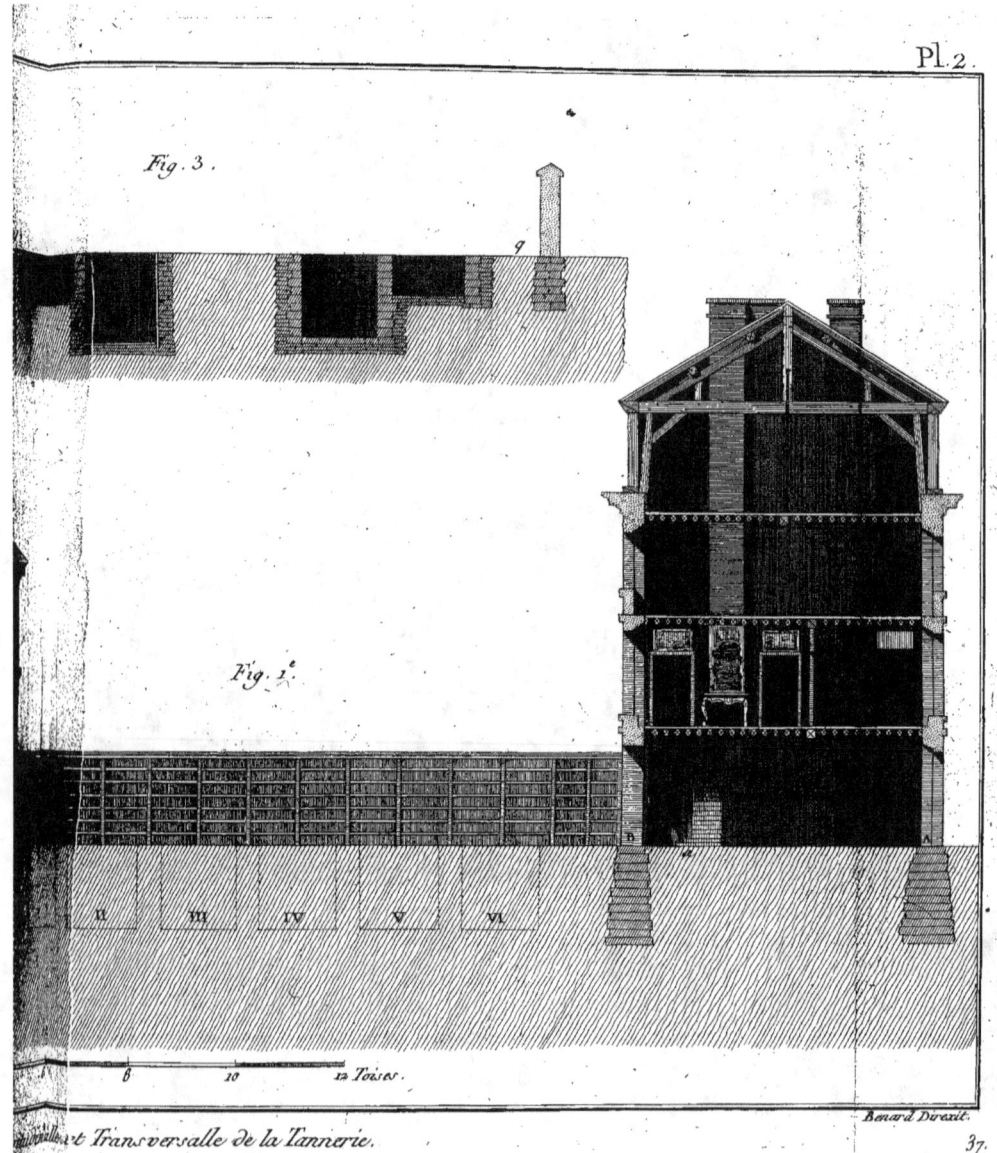

Pl. 2.

Fig. 3.

Fig. 1.ᵉ

II    III    IV    V    VI

5    10    12 Toises.

Benard Direxit.

...llot Transversalle de la Tannerie.

37.

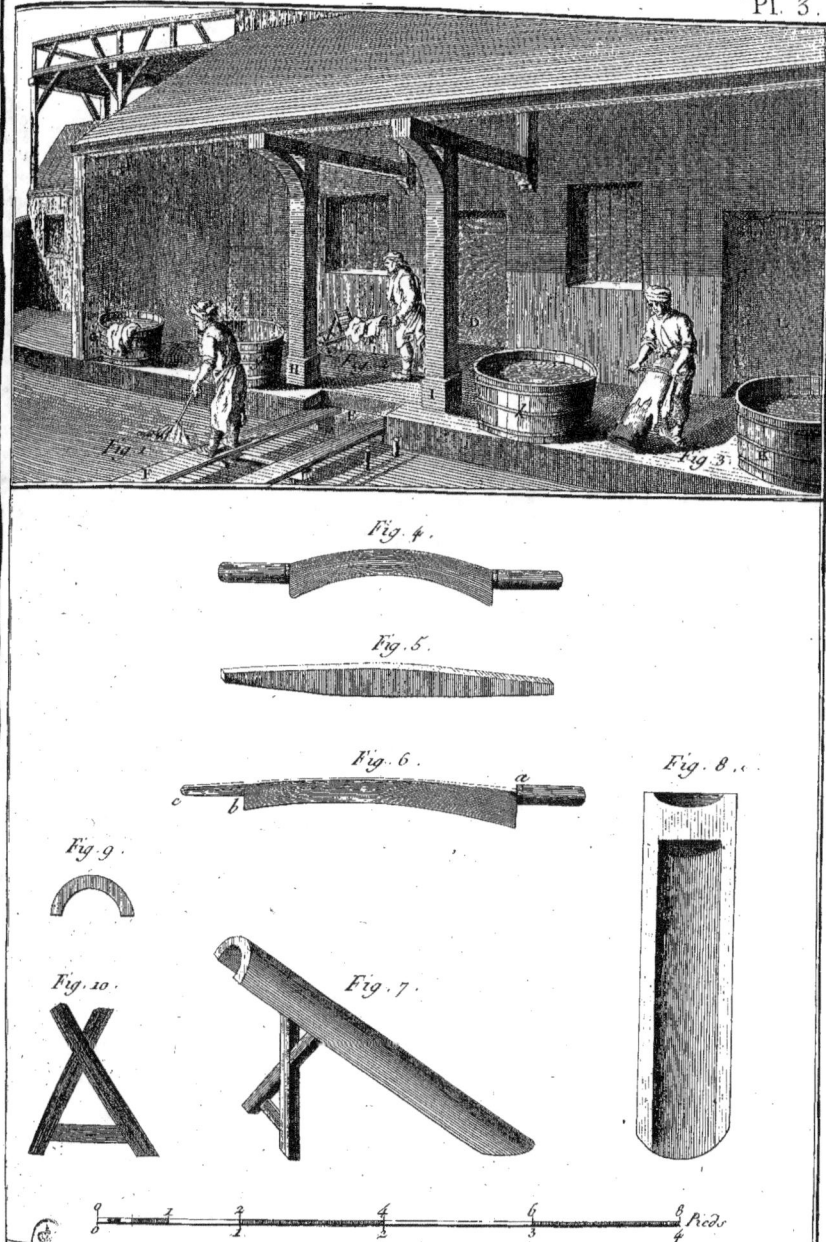

*Tanneur, Travail de Riviere.*

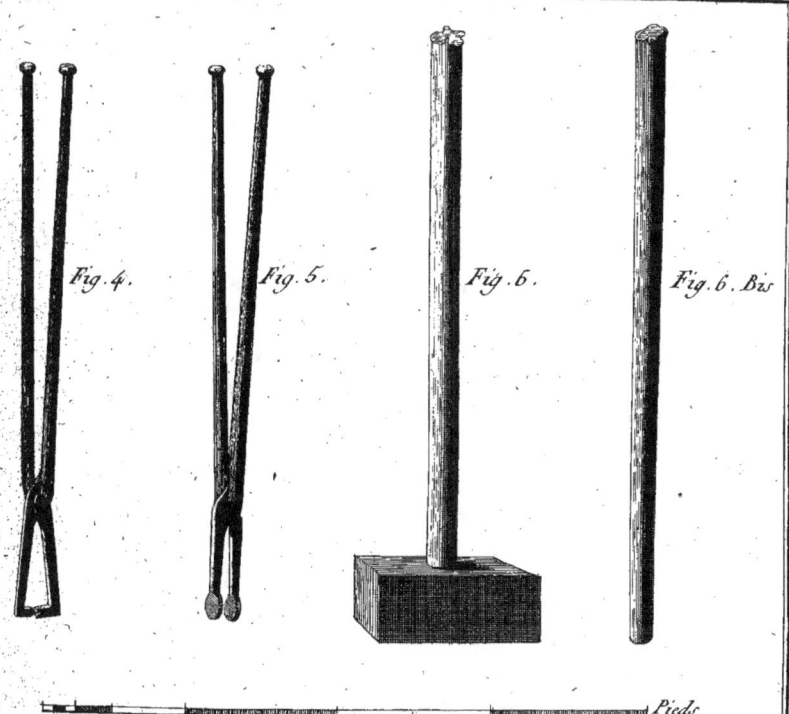

Pl. 4.

Fig. 4.  Fig. 5.  Fig. 6.  Fig. 6. Bis

Pieds

0  1  2  3  4

*Tanneur, Travail des Pleins.*

Benard Direxit.

Pl. 5.

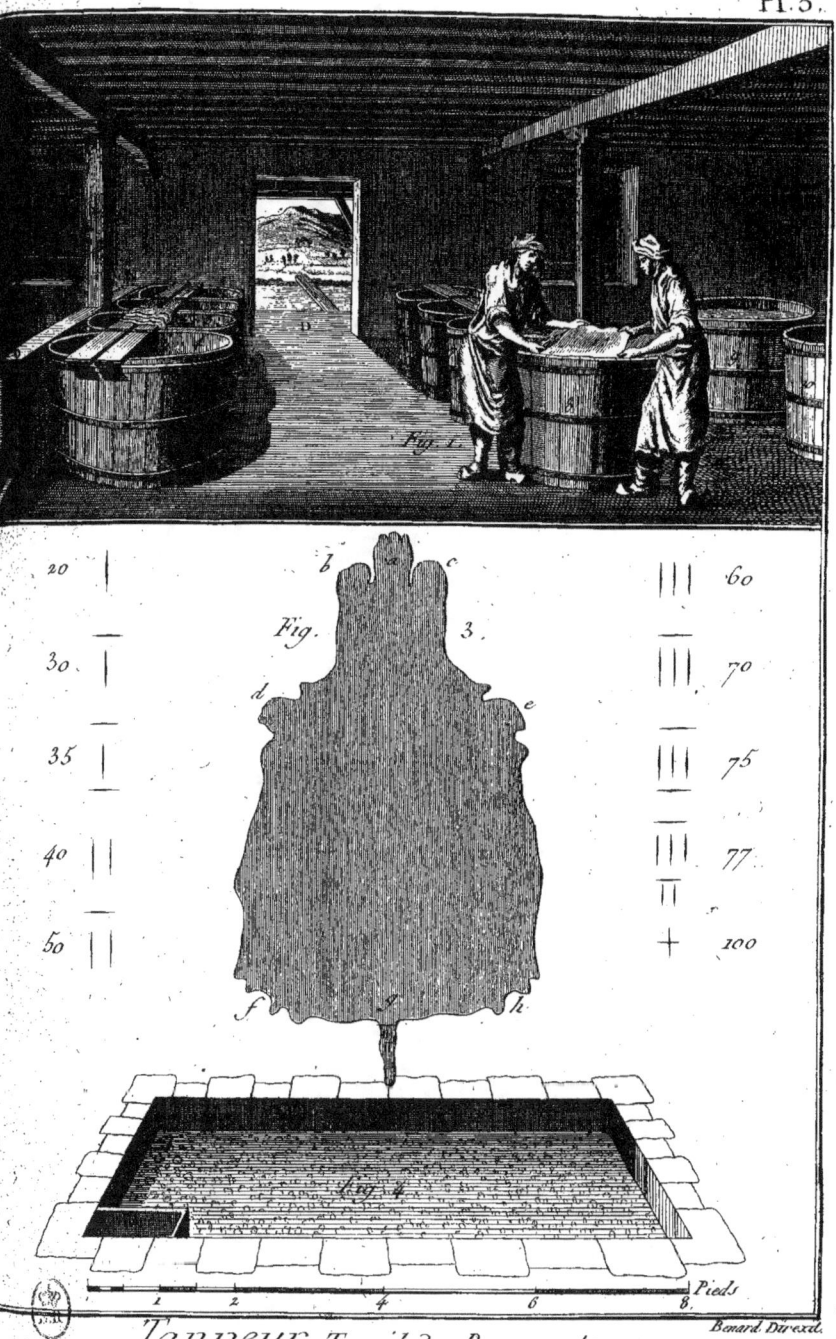

20     60

30     70

35     75

40     77

50     100

*Fig. 1.*

*Fig. 3.*

*Fig. 4.*

Pieds

*Tanneur,* Travail des Passements.

Benard Direx.

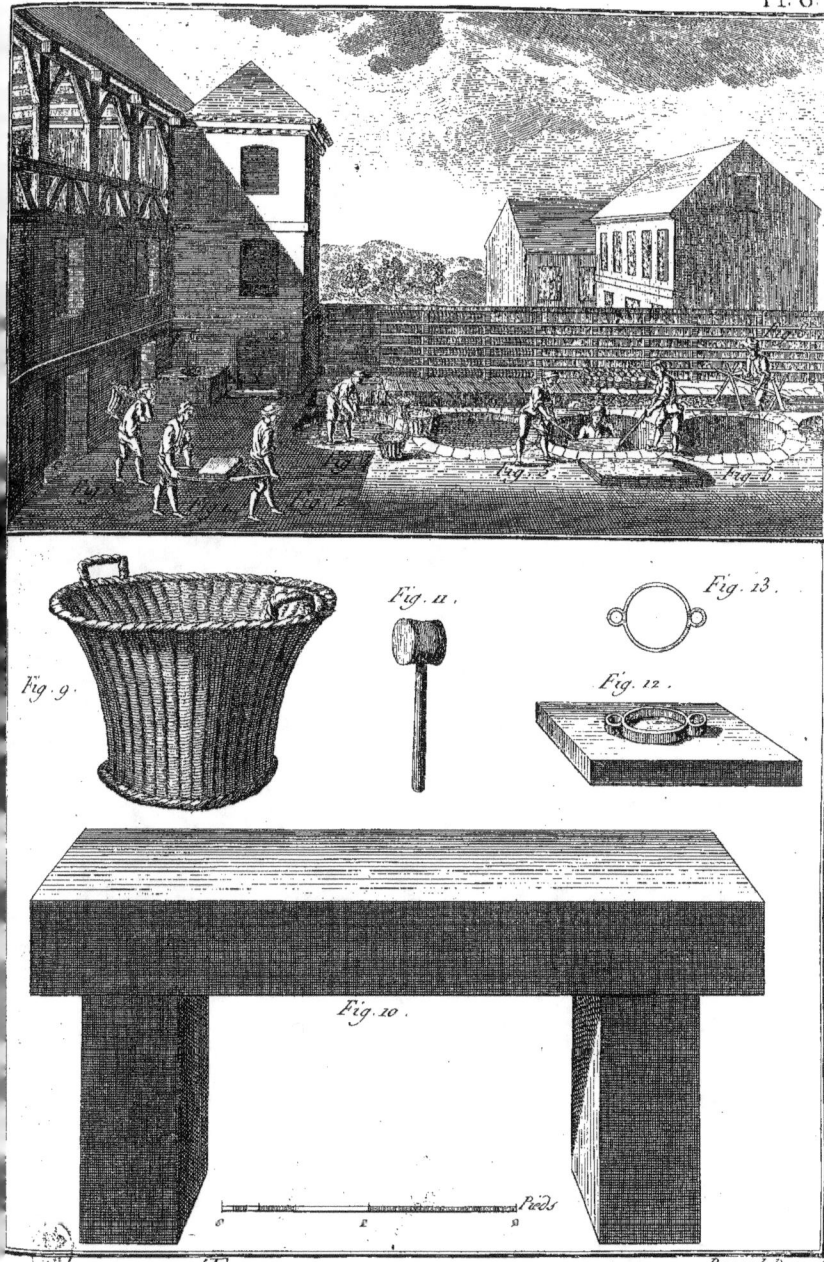

Pl. 6.

Fig. 11.

Fig. 13.

Fig. 9.

Fig. 12.

Fig. 10.

Piéds

Benard Direxit.

*Tanneur, Travail des Fosses.*

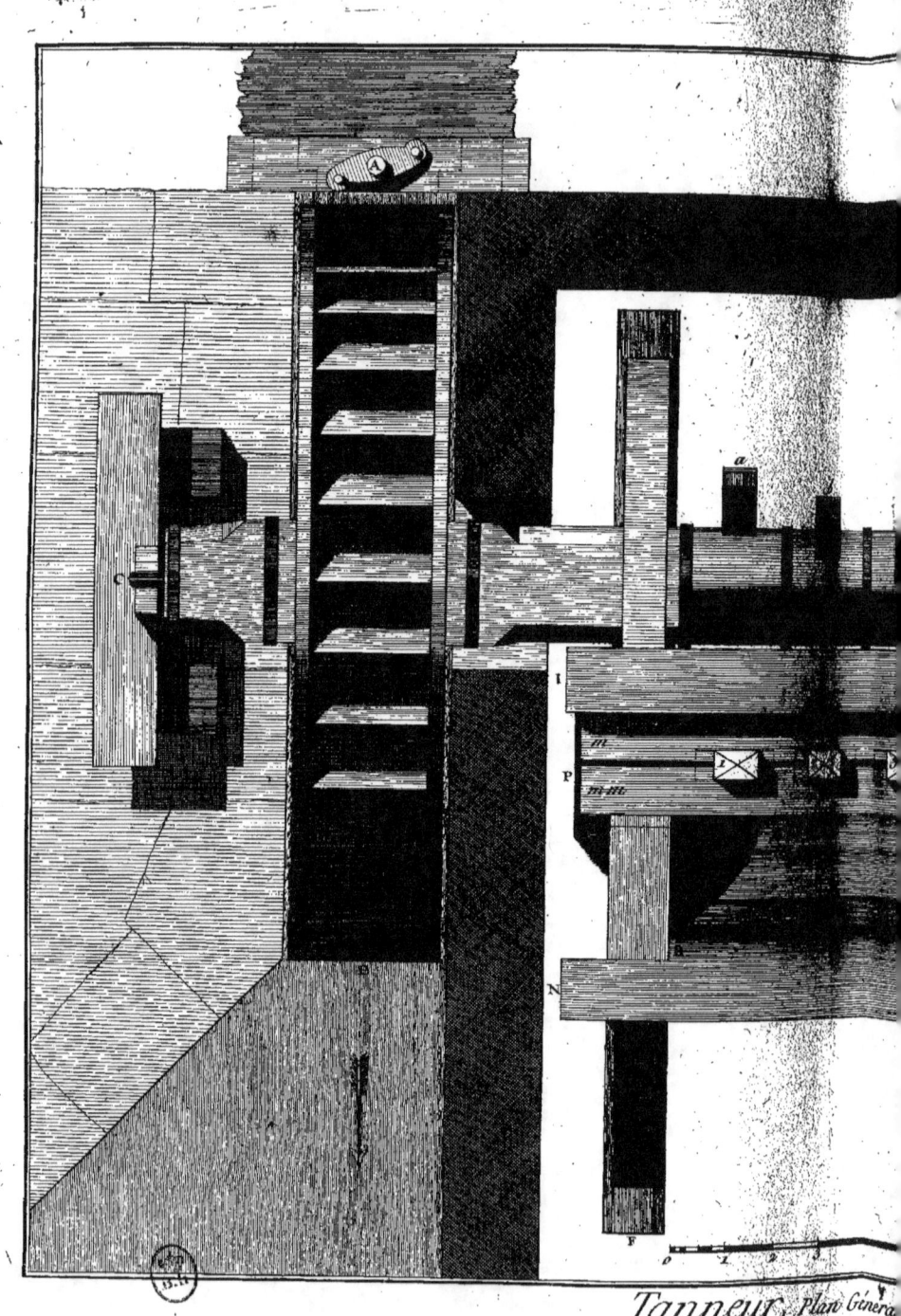

*Tanneur, Plan Génera*

Pl. 7

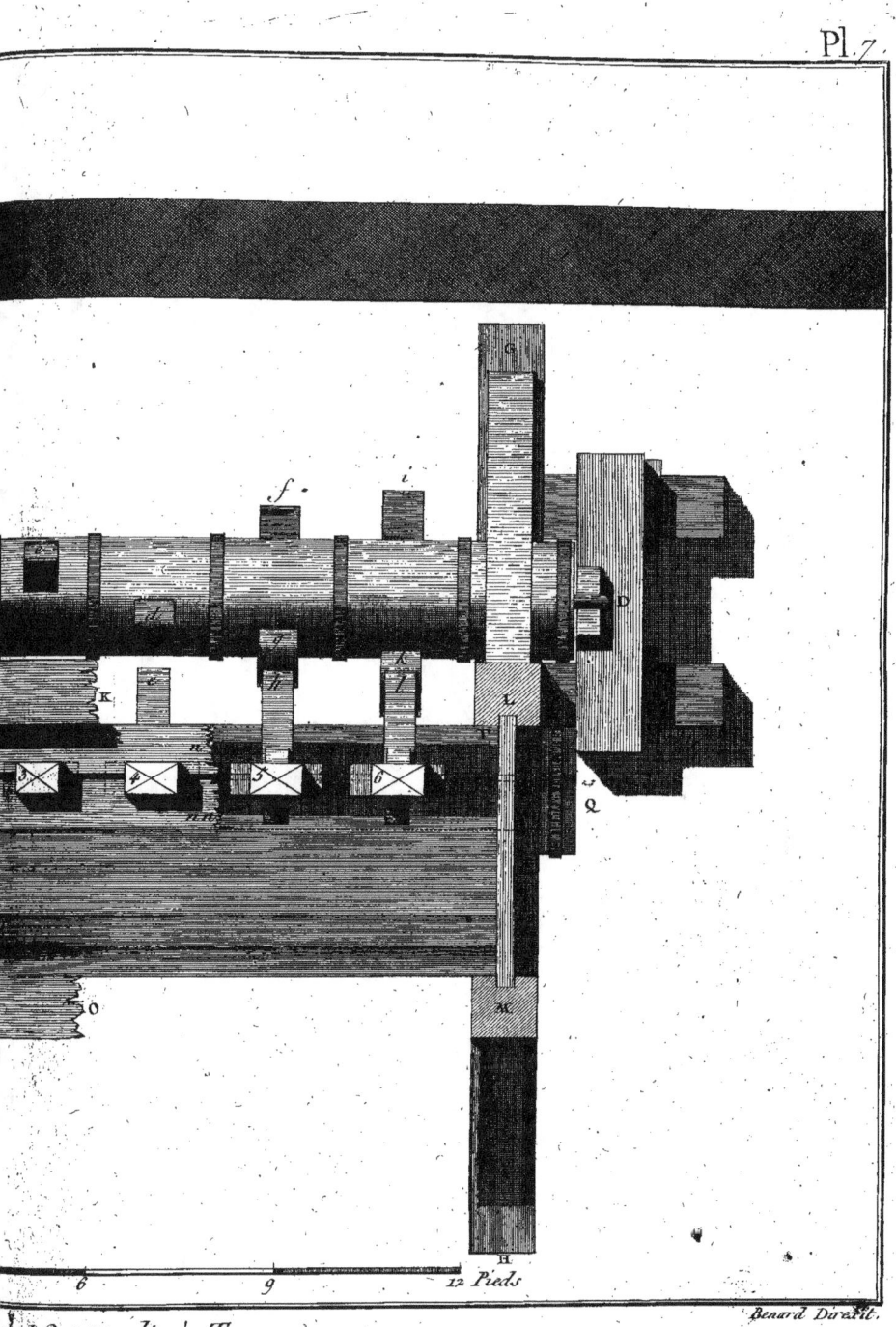

6      9      12 Pieds

Benard Direxit.

40.

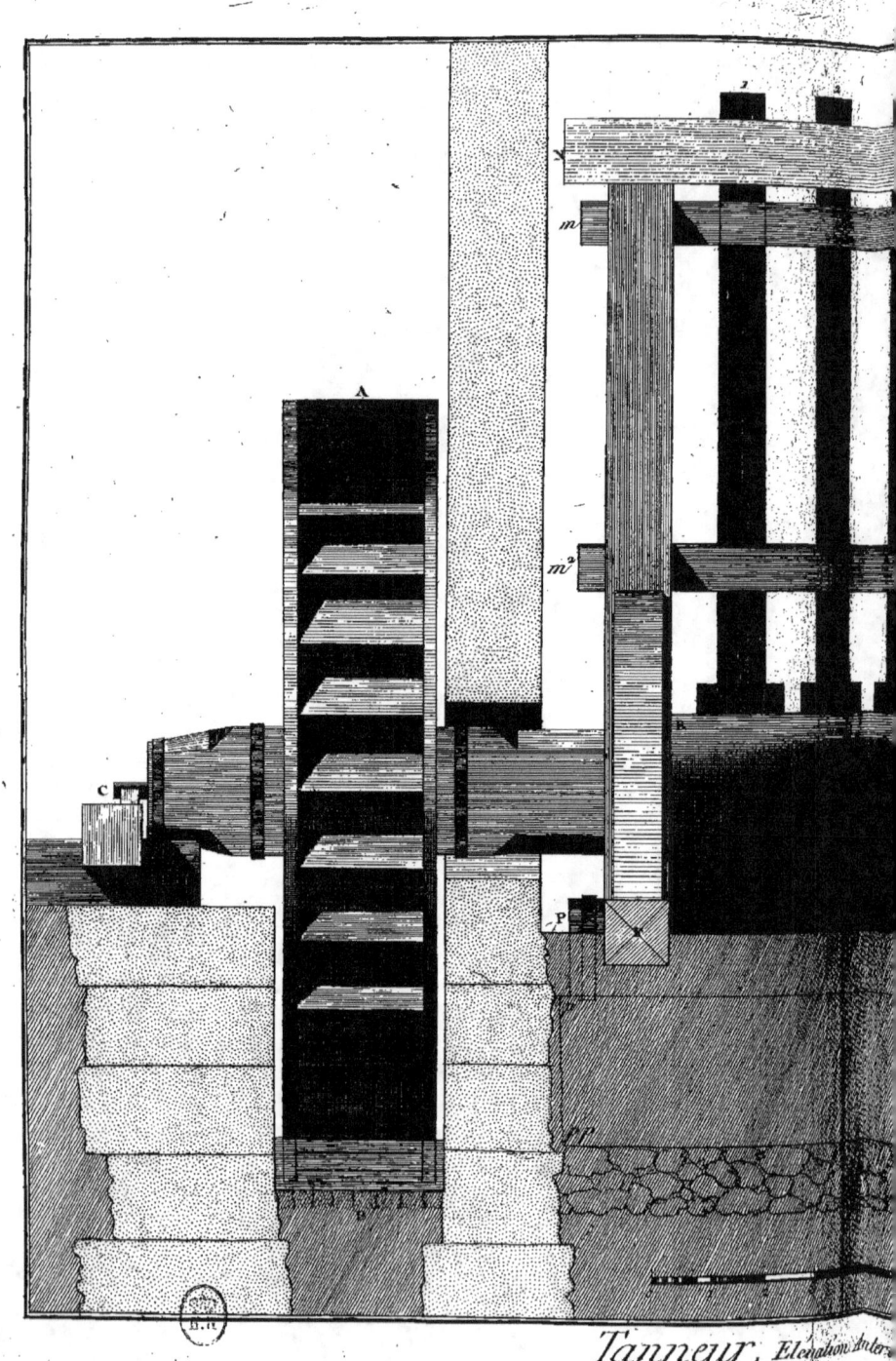

*Tanneur,* Elevation Anter.

Pl. 8

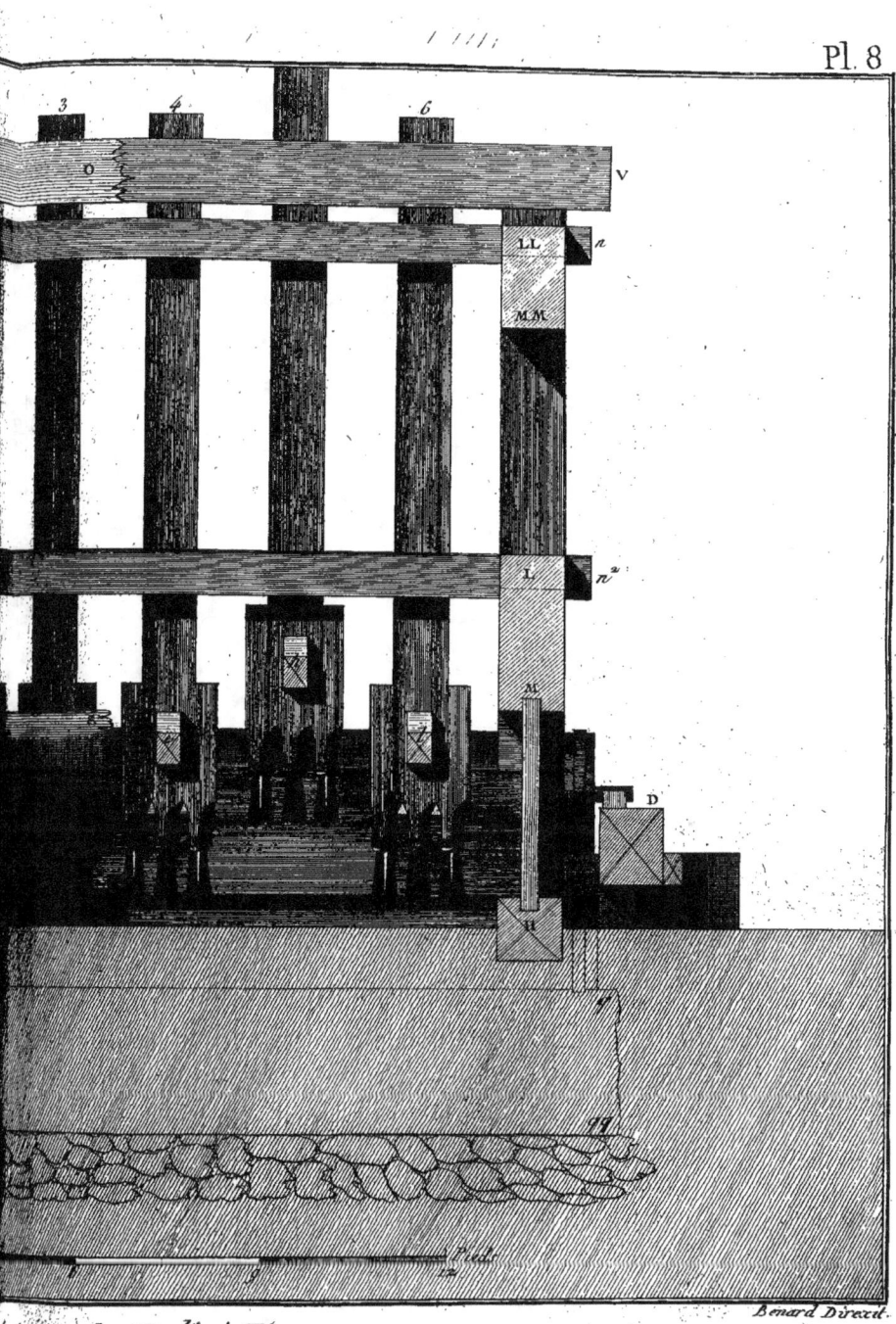

Intérieure du Moulin à Tan.

Benard Direxit

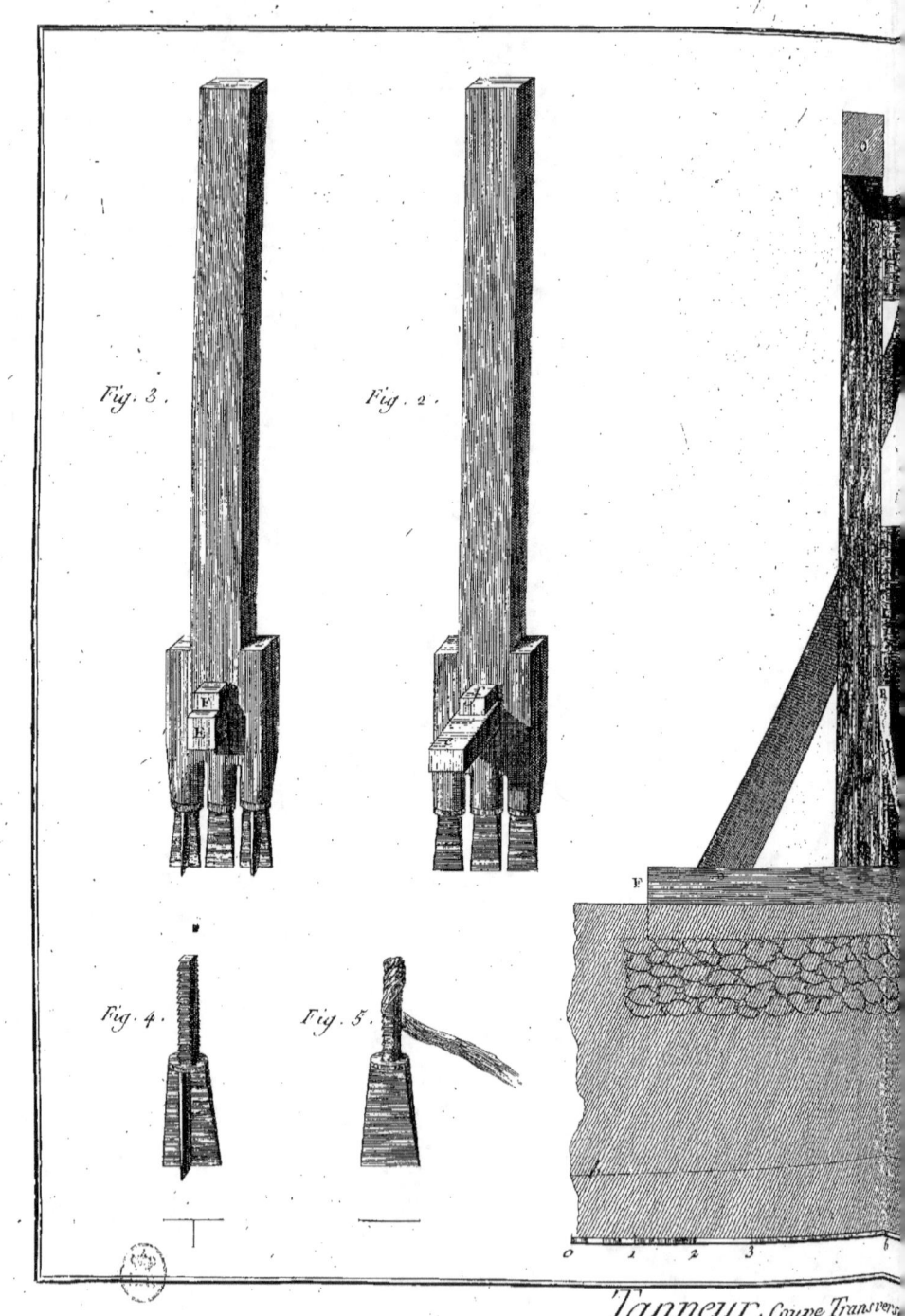

Fig. 3.

Fig. 2.

Fig. 4.

Fig. 5.

*Tanneur, Coupe Transverse.*

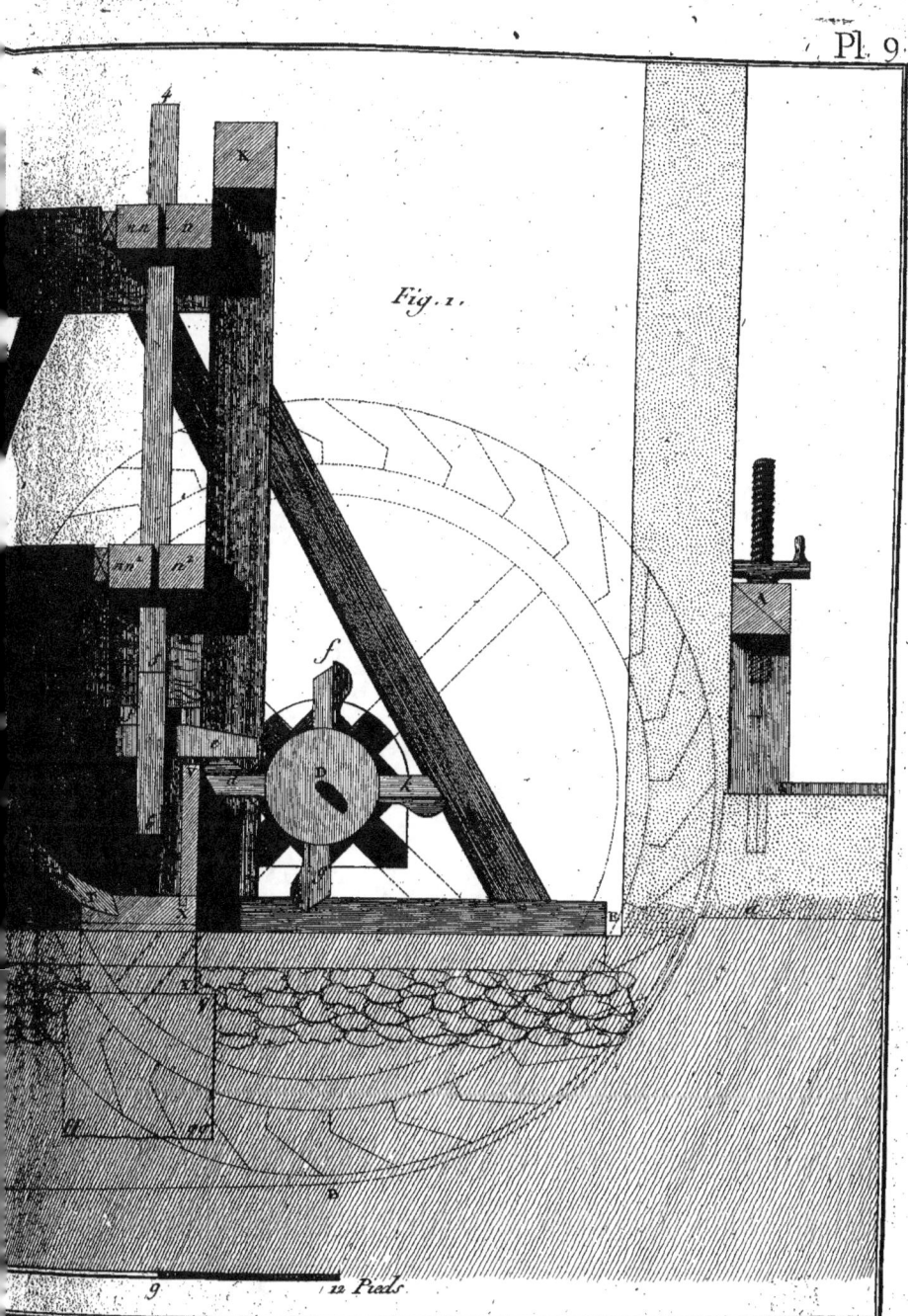

Pl. 9.

Fig. 1.

9 | 12 Pieds.

valle du Moulin à Tan.

Benard Direxit.

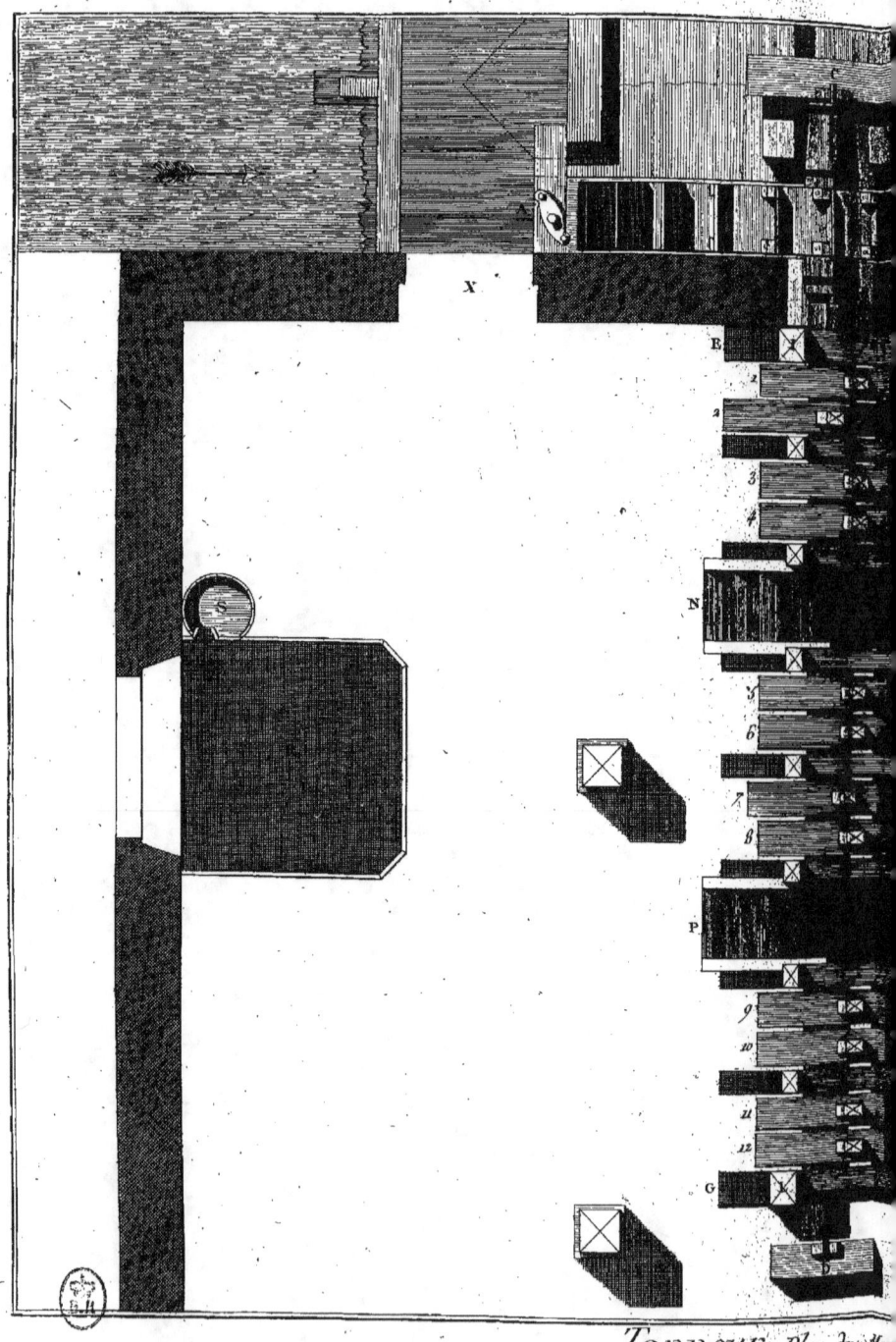

X

B
1
2
3
4
N

5
6
7
8

P

9
10
11
12
G

*Tanneur,* Plan du Mou

Pl. 10

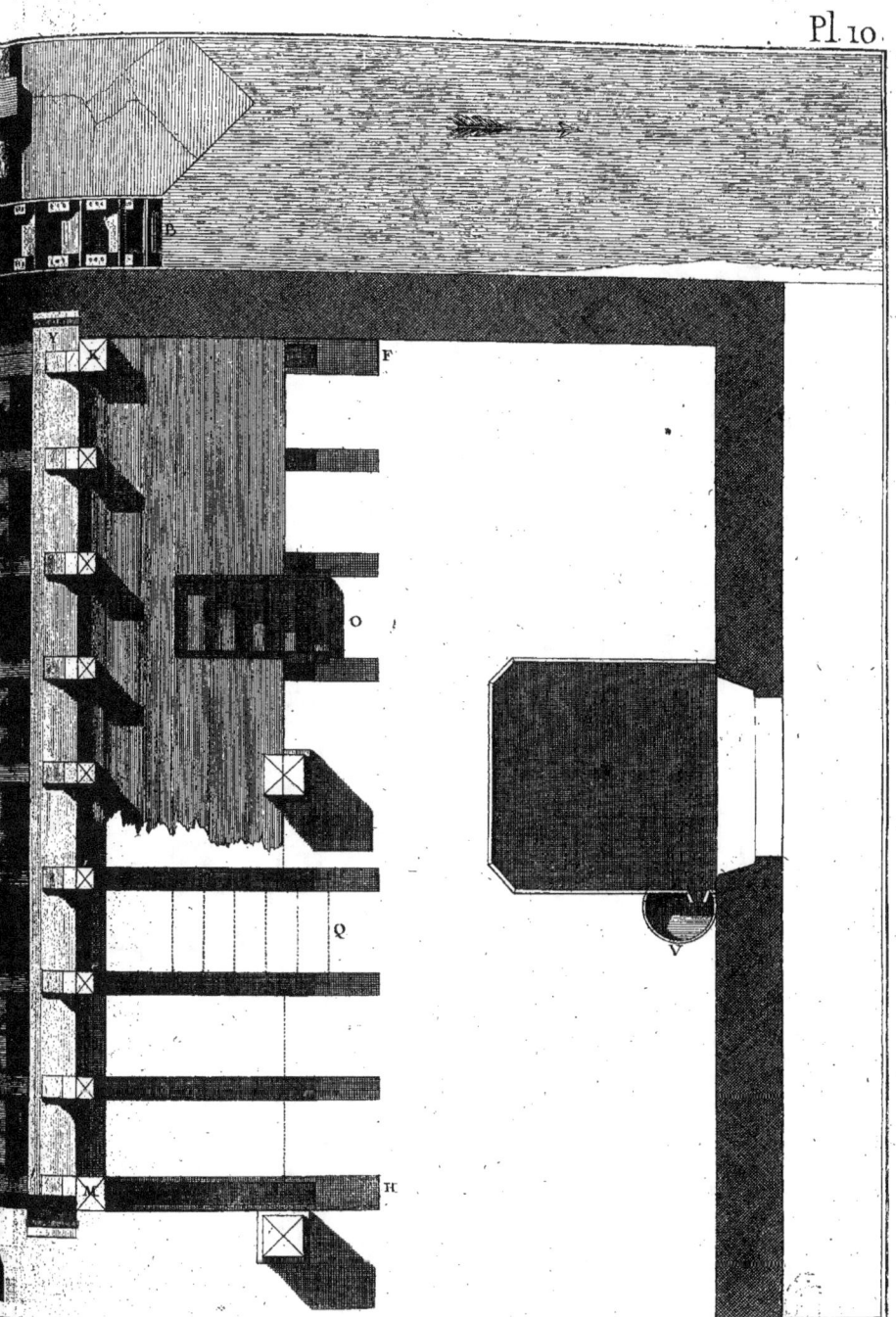

Benard Direxit.

Moulin pour les Buffles.

43.

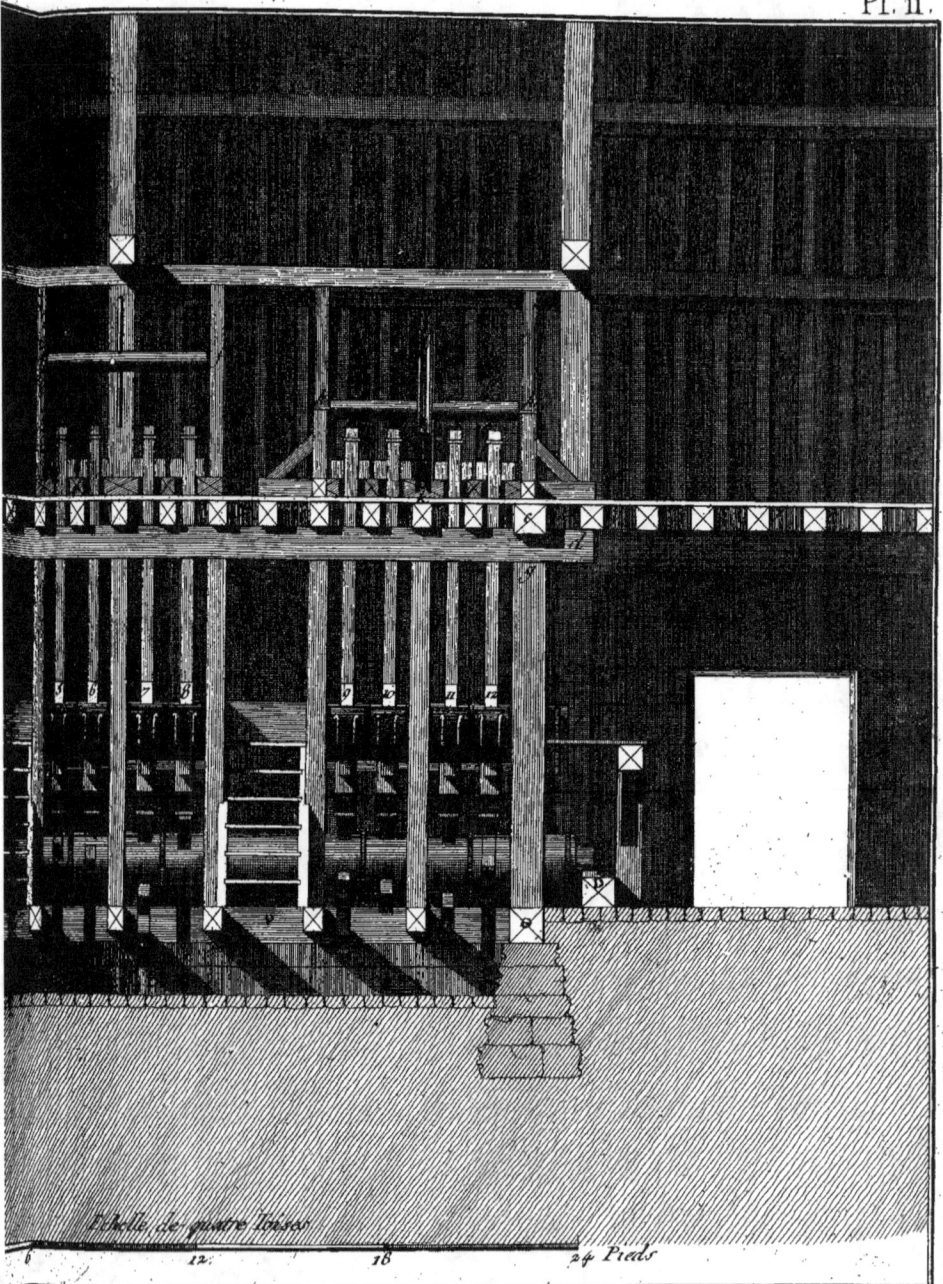

Pl. 11.

Echelle de quatre Toises.

6            12.            18            24 Pieds

*Benard Direxit.*

...n du Moulin pour les Buffles.

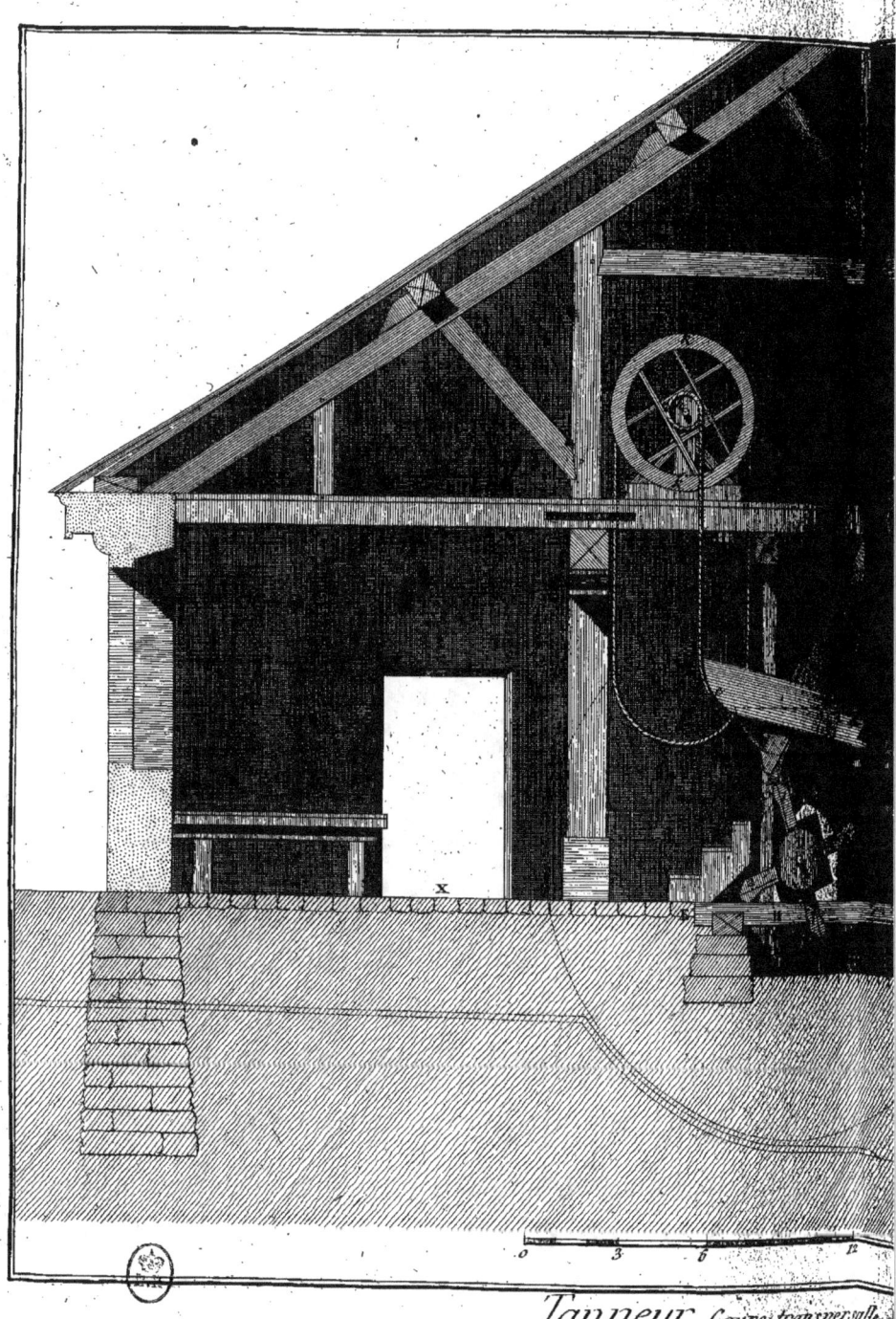

*Tanneur*, *Coupe transversalle* 0

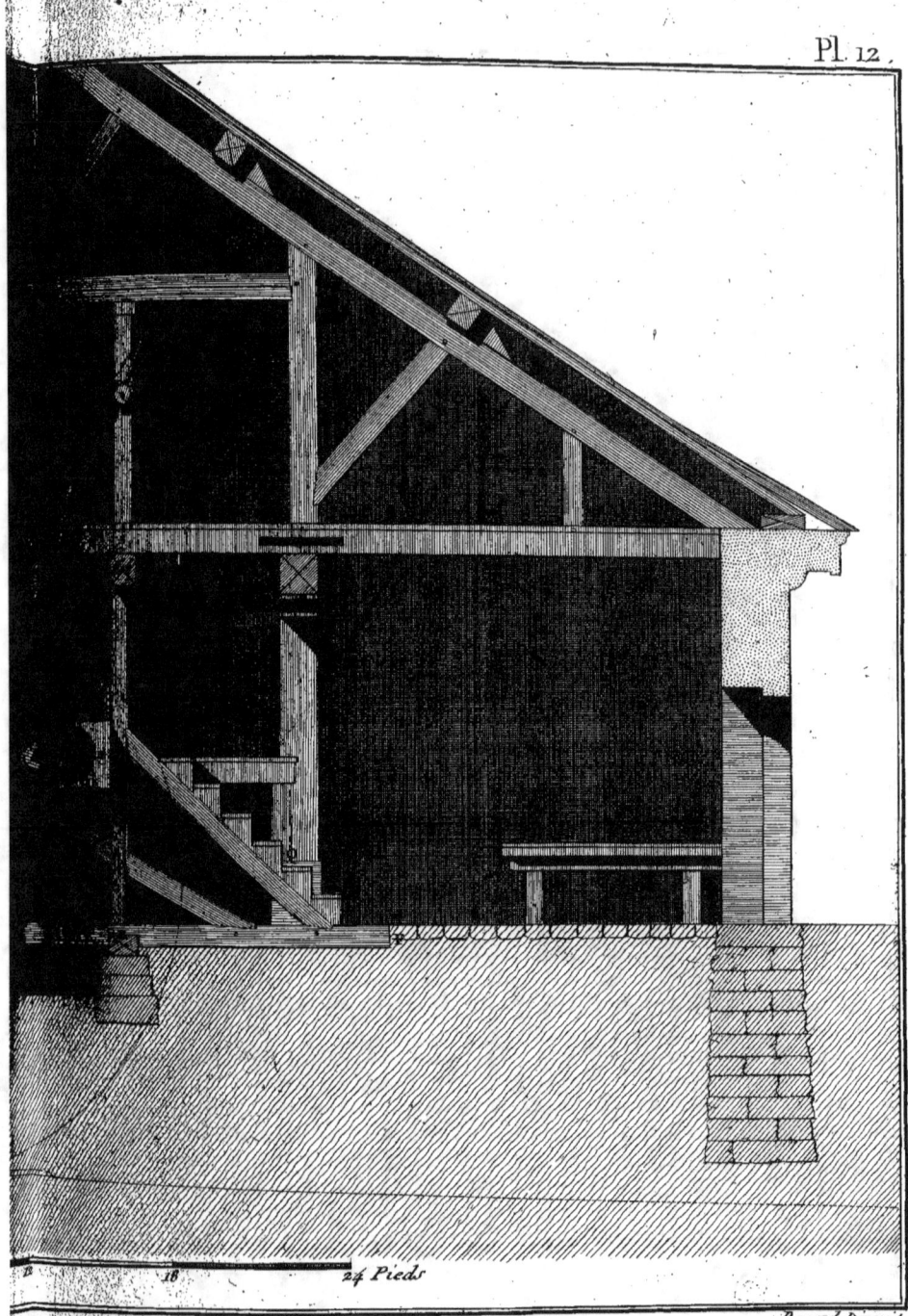

Pl. 12.

24 Pieds

*Benard Direxit.*

...ersalle du Moulin pour les Buffles.

45.

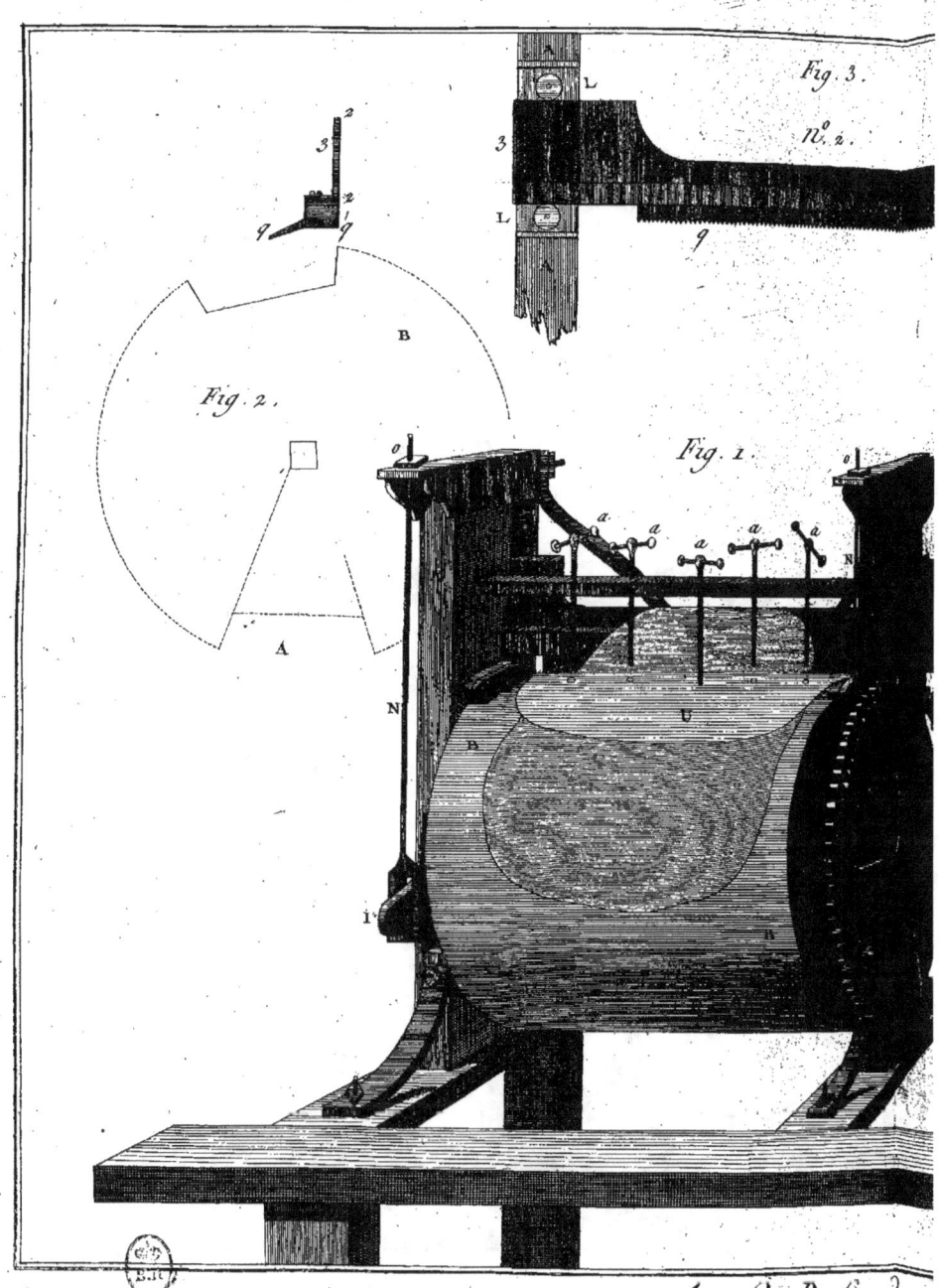

Fig. 3.

n°. 2.

Fig. 2.

Fig. 1.

Art de Refendre.

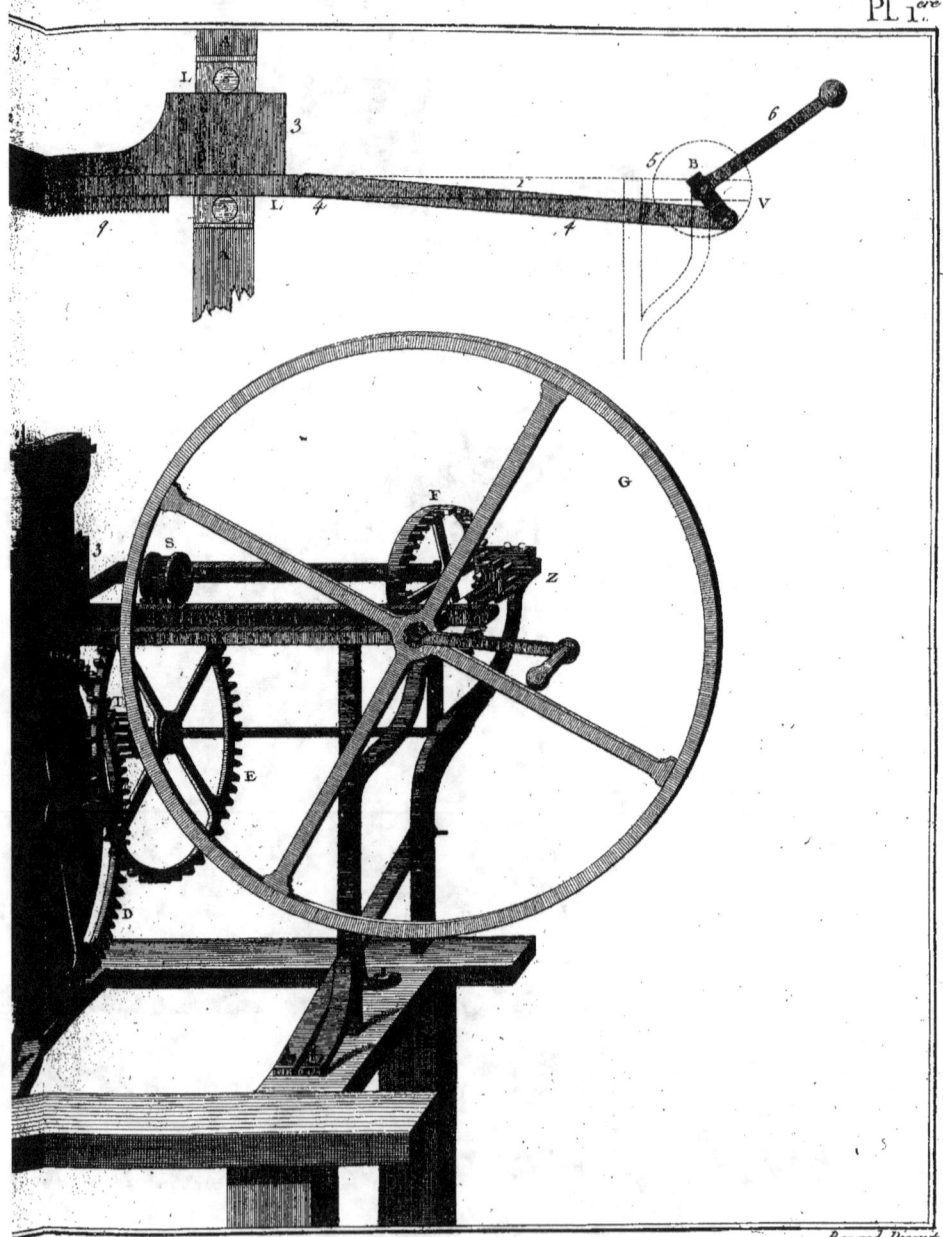

Pl. 1.ere

fendre les Cuirs.

Benard Direxit.

46.

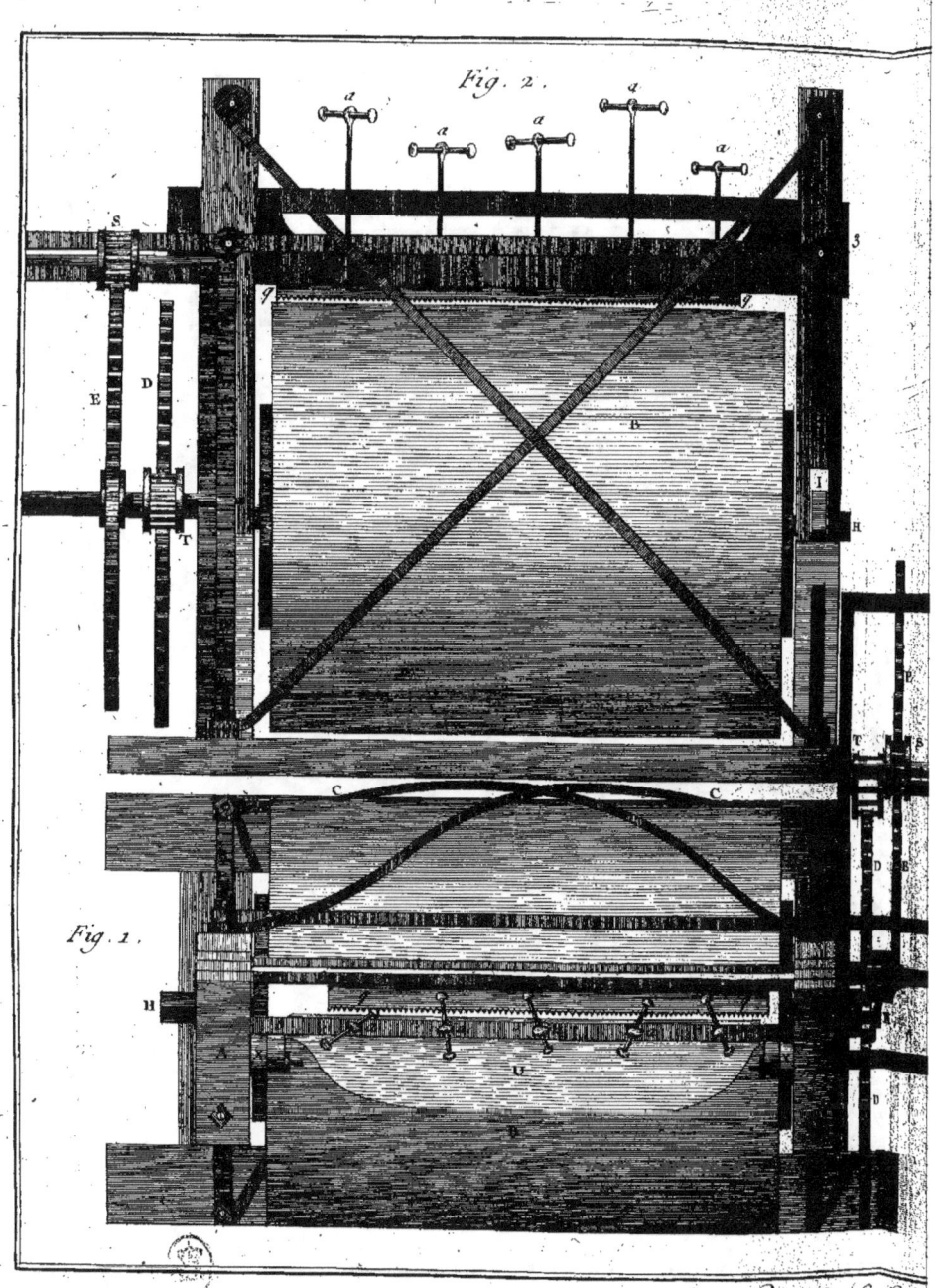

Fig. 2.

Fig. 1.

Art de Refendre

Pl. 2.

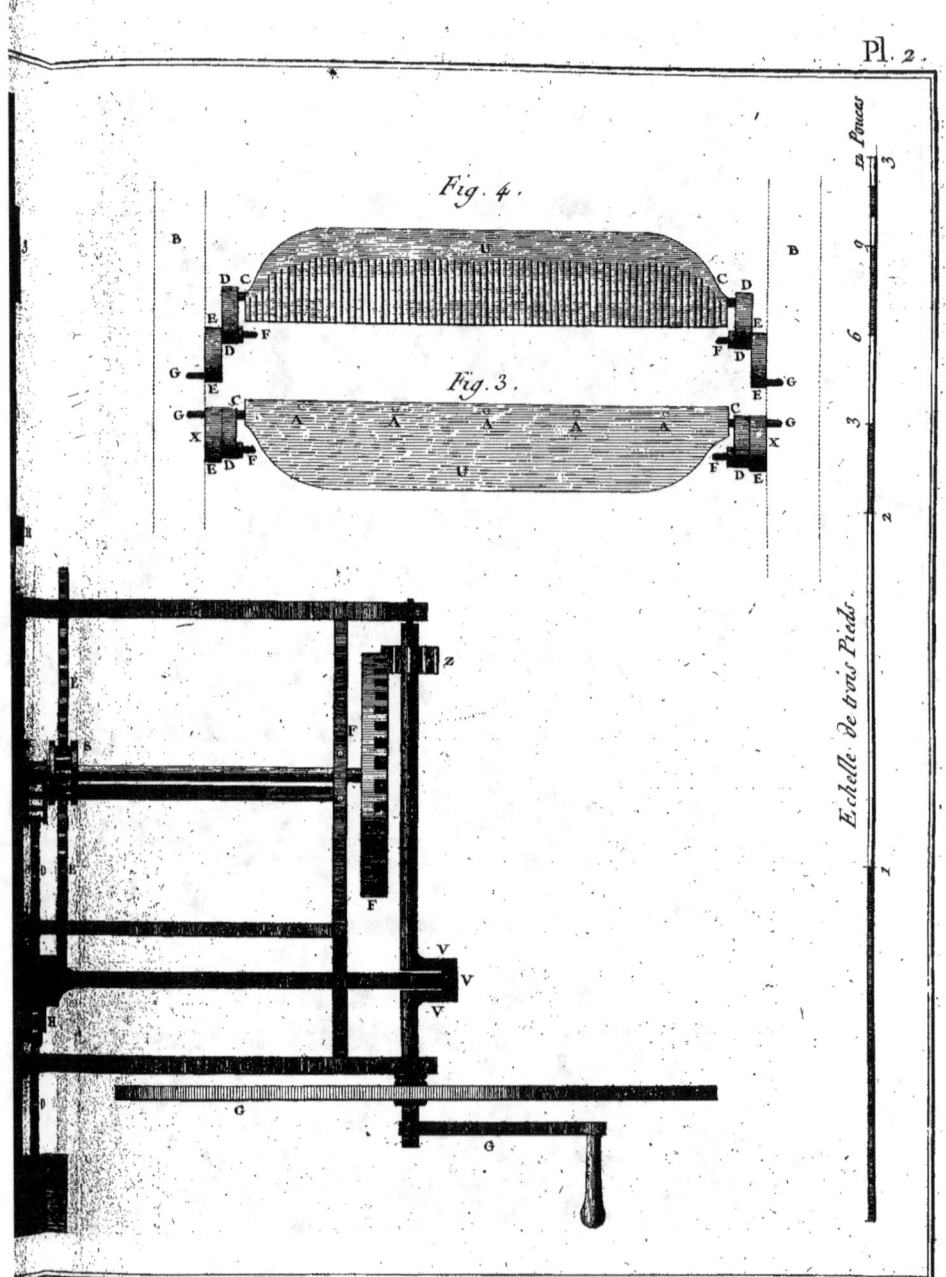

Fig. 4.

Fig. 3.

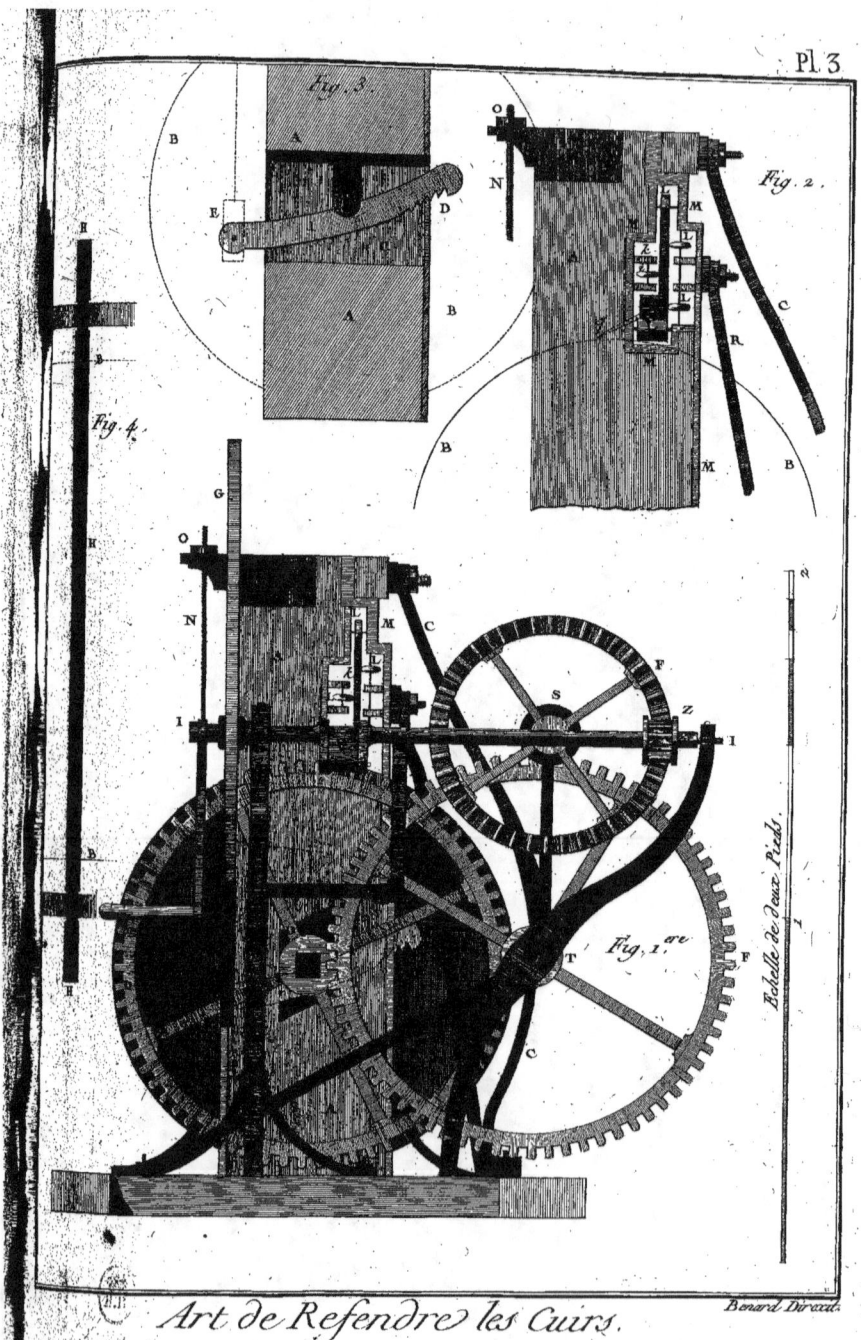

Pl. 3

Fig. 3.

Fig. 2.

Fig. 4.

Fig. 1.ᵉʳᵉ

Echelle de Deux Pieds.

*Art de Refendre les Cuirs.*

Benard Direxit.

Pl. 1.

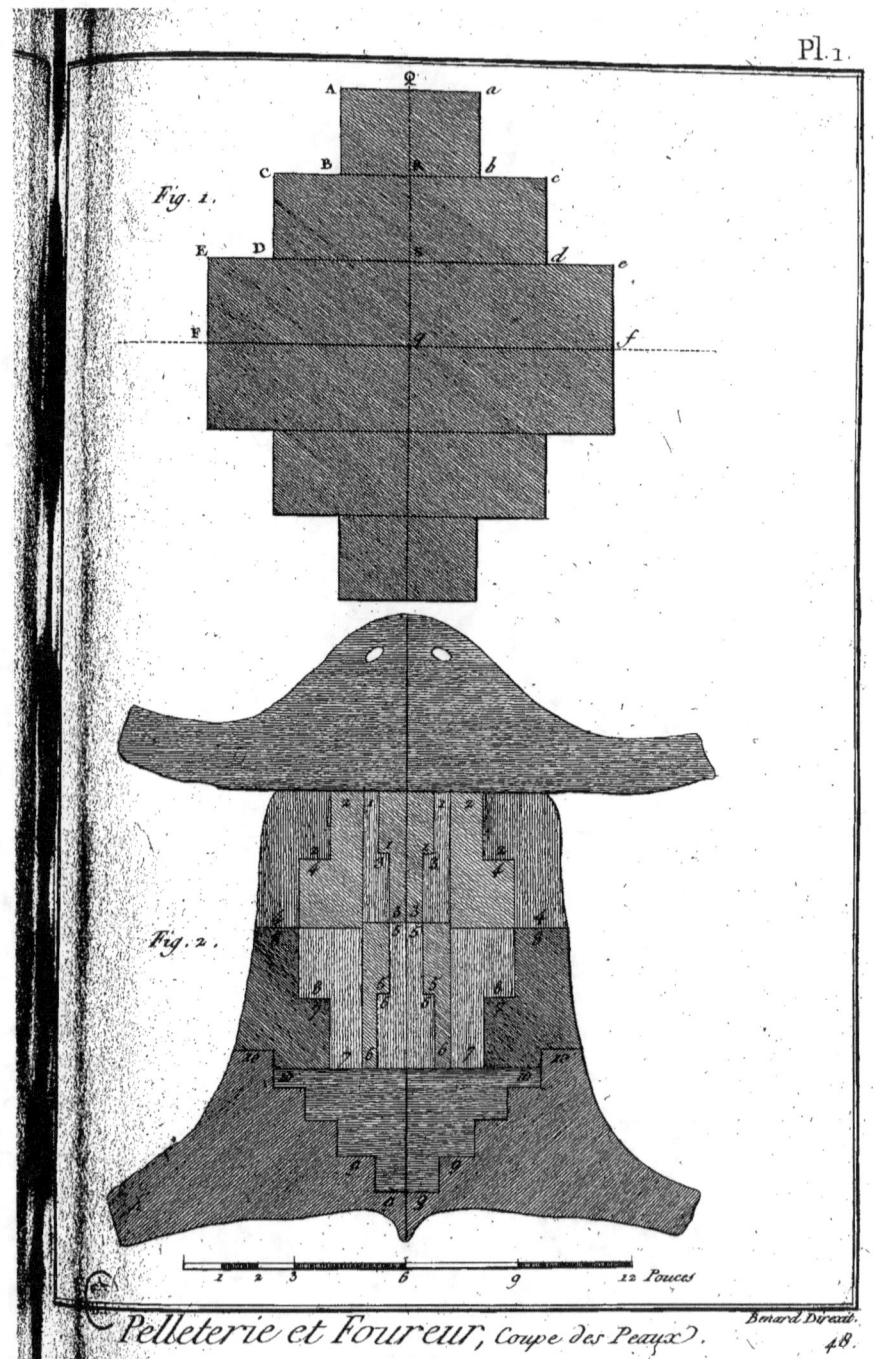

Fig. 1.

Fig. 2.

1 2 3 6 9 12 Pouces

Pelleterie et Foureur, Coupe des Peaux.

48.

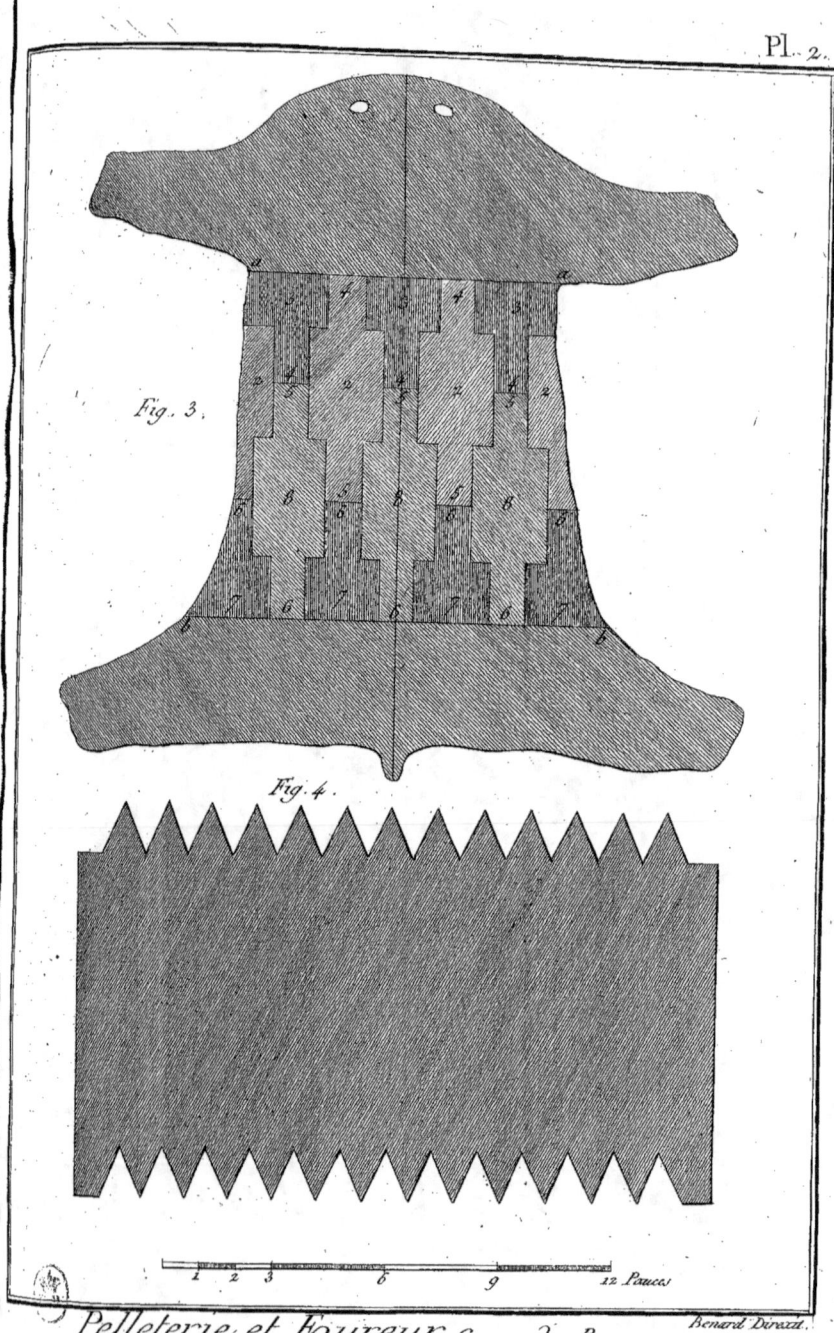

Pl. 2.

*Fig. 3.*

*Fig. 4.*

1  2  3  6  9  12 *Pouces*

*Pelleterie et Foureur,* Coupe des Peaux.

Benard Direxit.

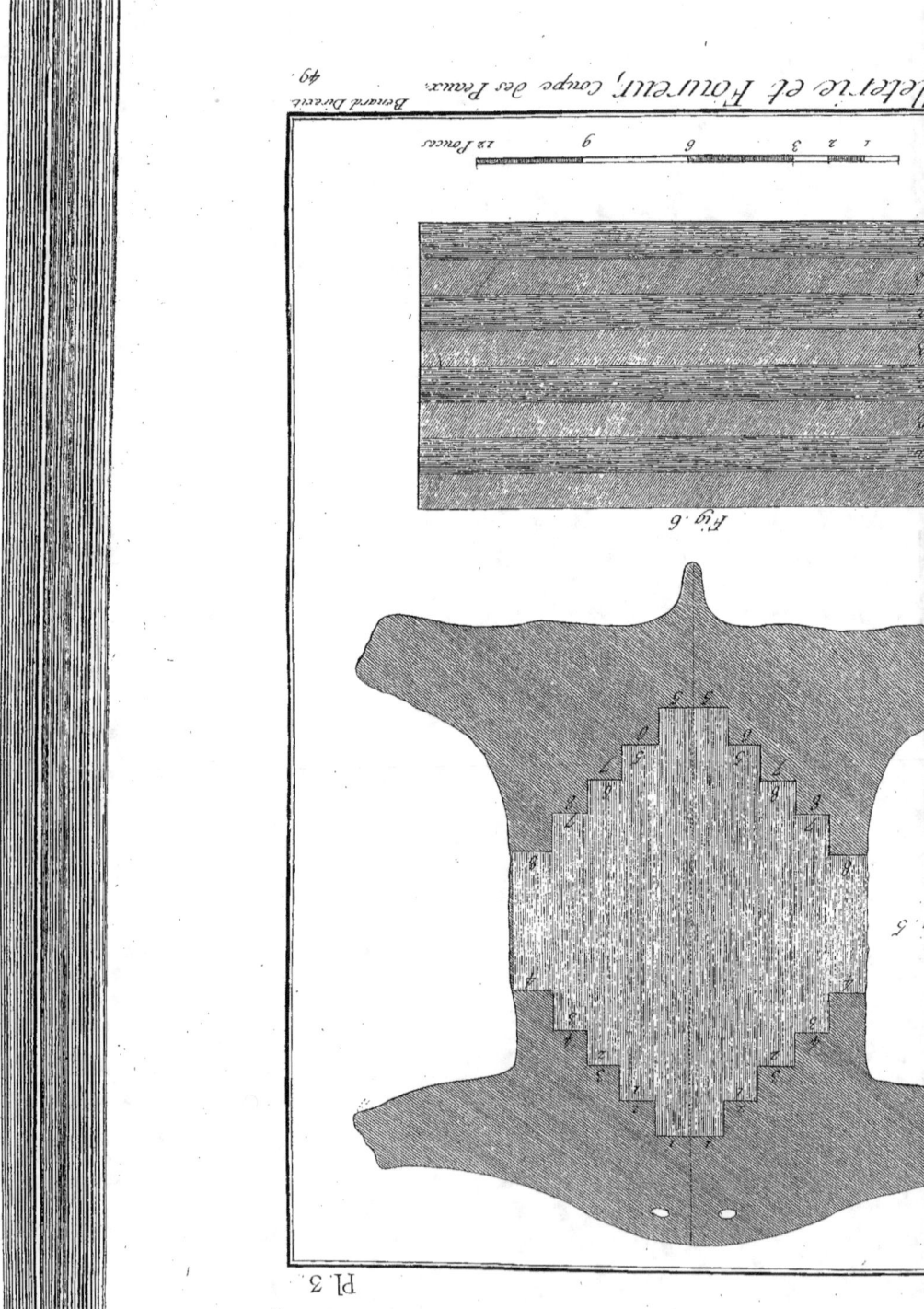

12 Pouces  9  6  3  2  1 Pouces

Fig. 6

Pl. 3

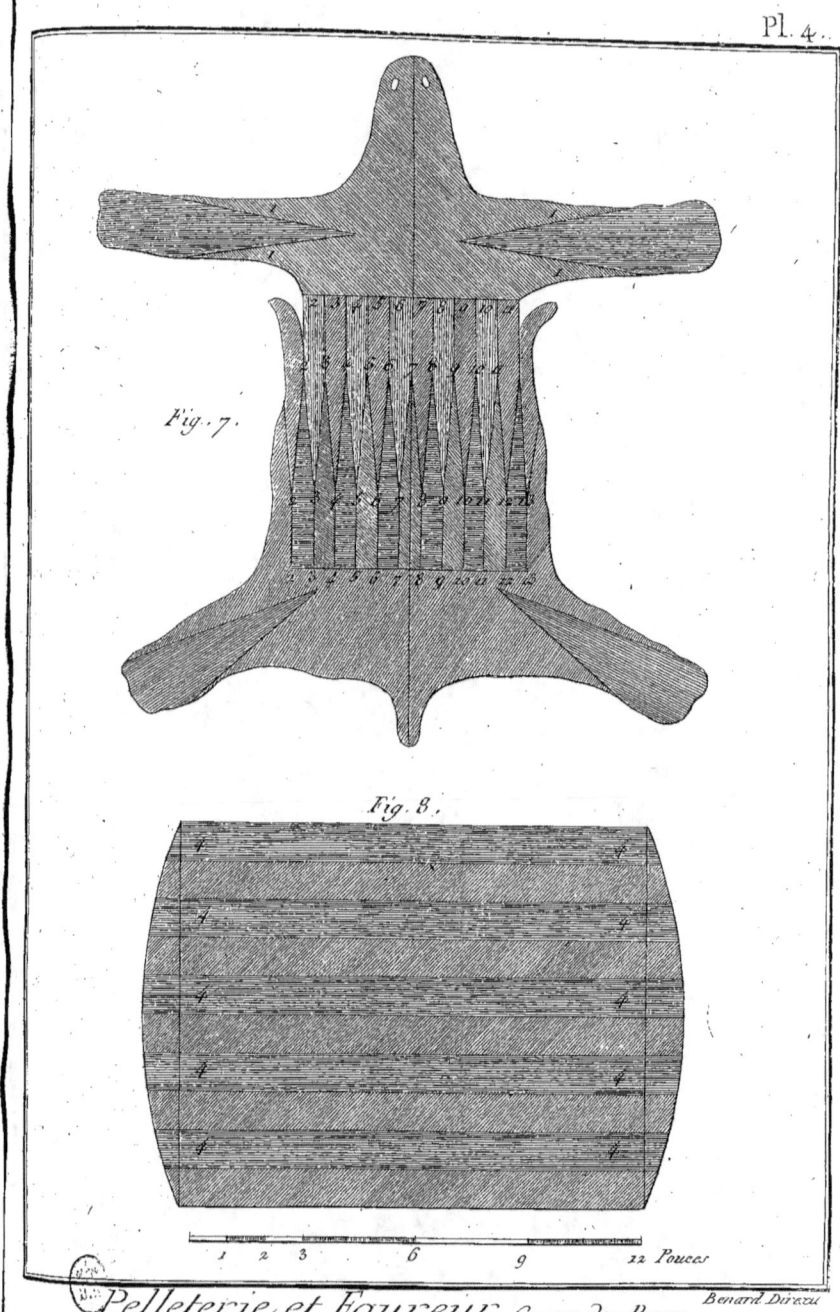

Pl. 4.

*Fig. 7.*

*Fig. 8.*

1 2 3 6 9 *12 Pouces*

*Pelleterie et Fourreur*, *Coupe des Peaux*.

*Benard Direxit*

*Fig.2*

*Fig.1*

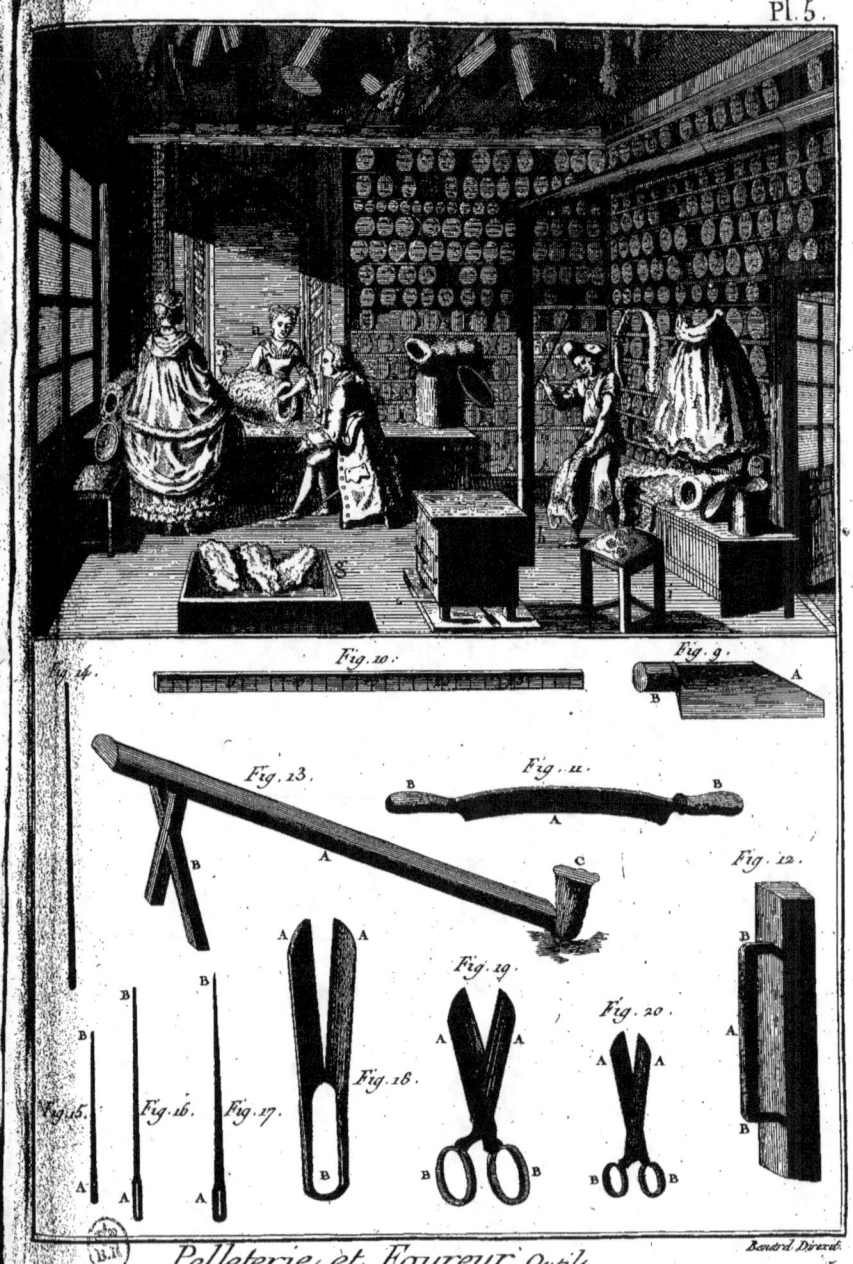

Pl. 5.

*Pelleterie et Foureur, Outils.*

Benard Direxit.

50.

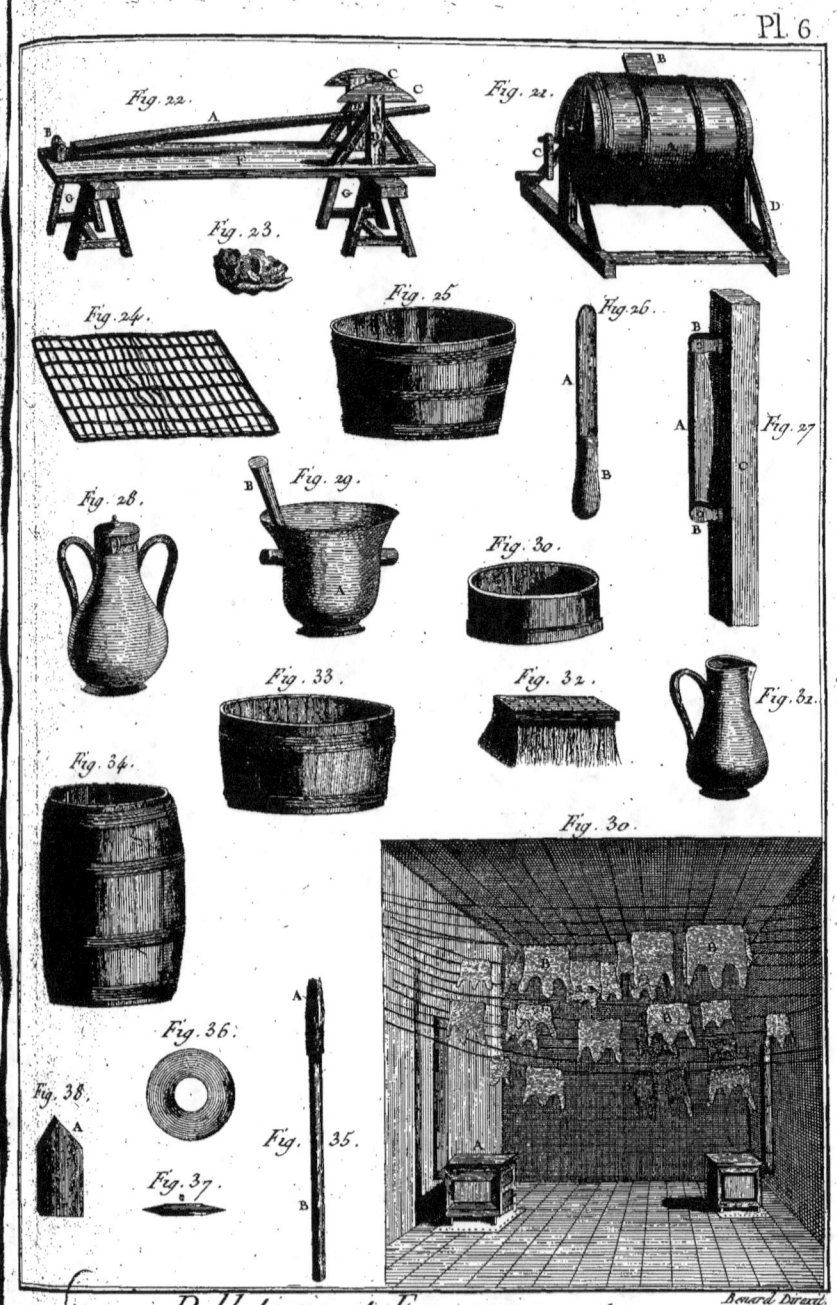

Pl. 6

Fig. 22.

Fig. 21.

Fig. 23.

Fig. 24.

Fig. 25.

Fig. 26.

Fig. 27.

Fig. 28.

Fig. 29.

Fig. 30.

Fig. 33.

Fig. 32.

Fig. 31.

Fig. 34.

Fig. 30.

Fig. 36.

Fig. 35.

Fig. 38.

Fig. 37.

Bouard Direxit.

*Pelleterie et Foureur, Outils.*

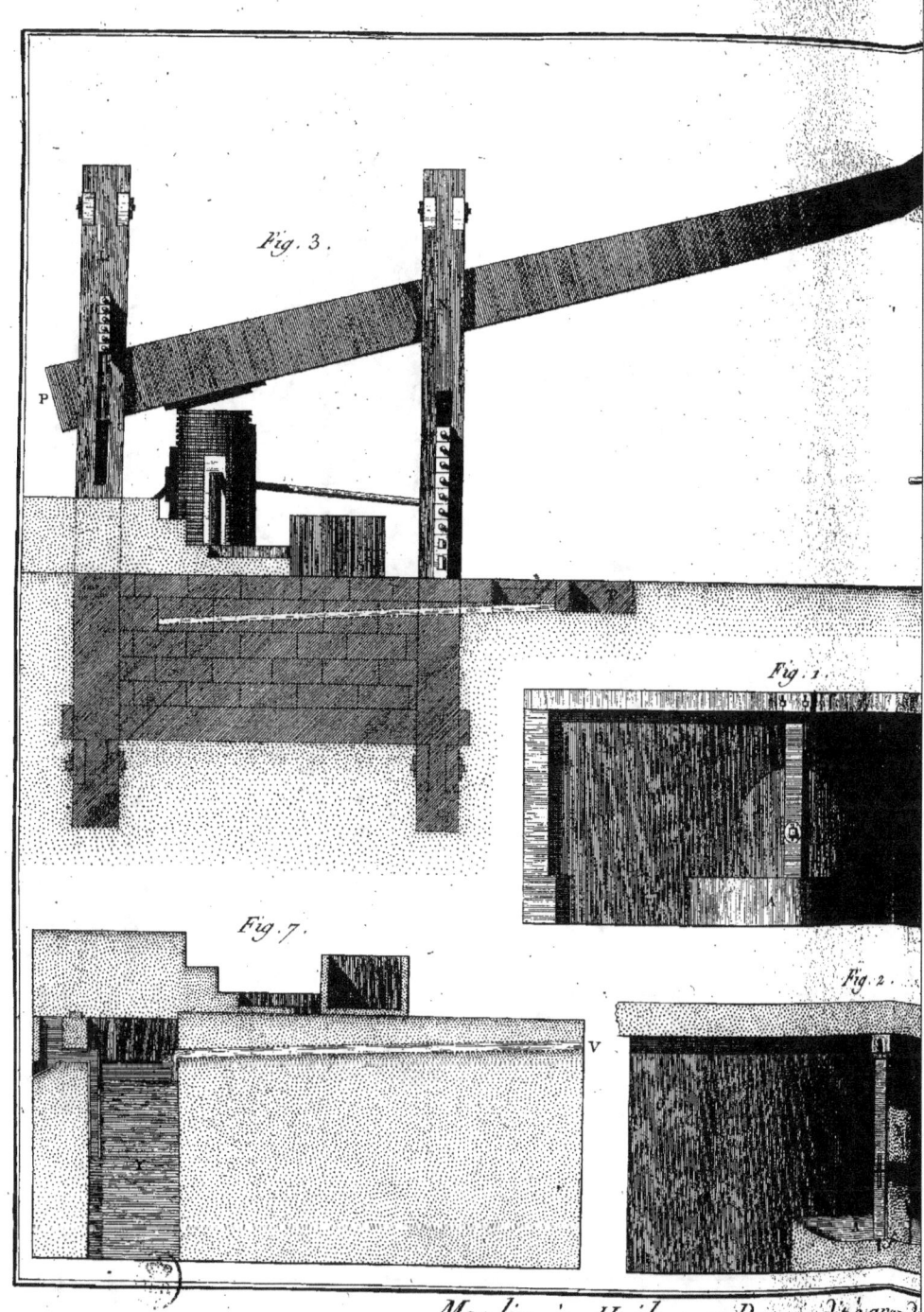

Fig. 3.

P

Fig. 1.

Fig. 7.

V

Fig. 2.

Moulin à Huile avec Pressoir dit à grand

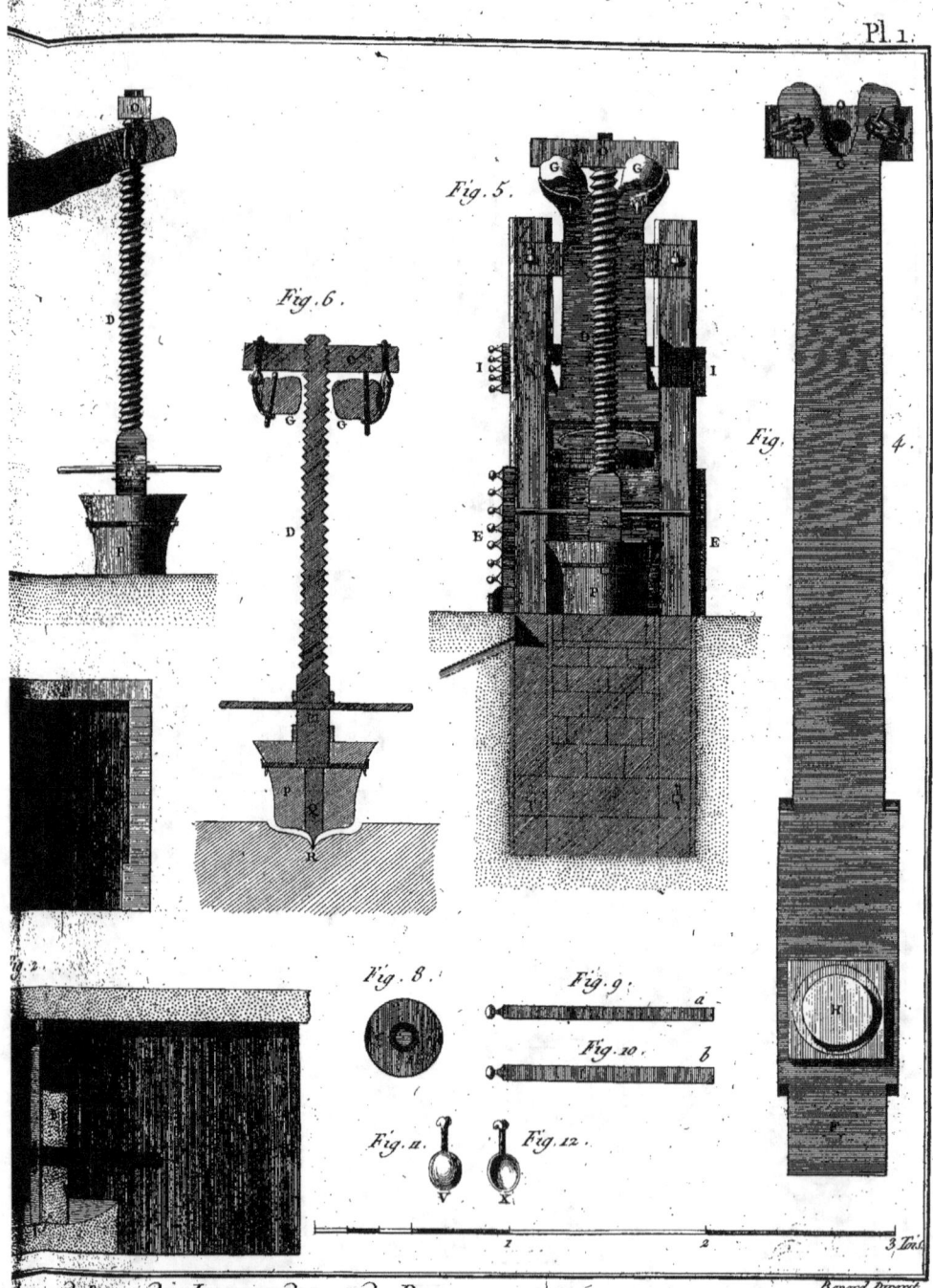

Pl. 1.

Fig. 5.

Fig. 6.

Fig. 4.

Fig. 8.  Fig. 9.

Fig. 10.

Fig. 11.  Fig. 12.

1  2  3 Tois.

grand Banc de Languedoc et de Provence.

Benard Direxit.

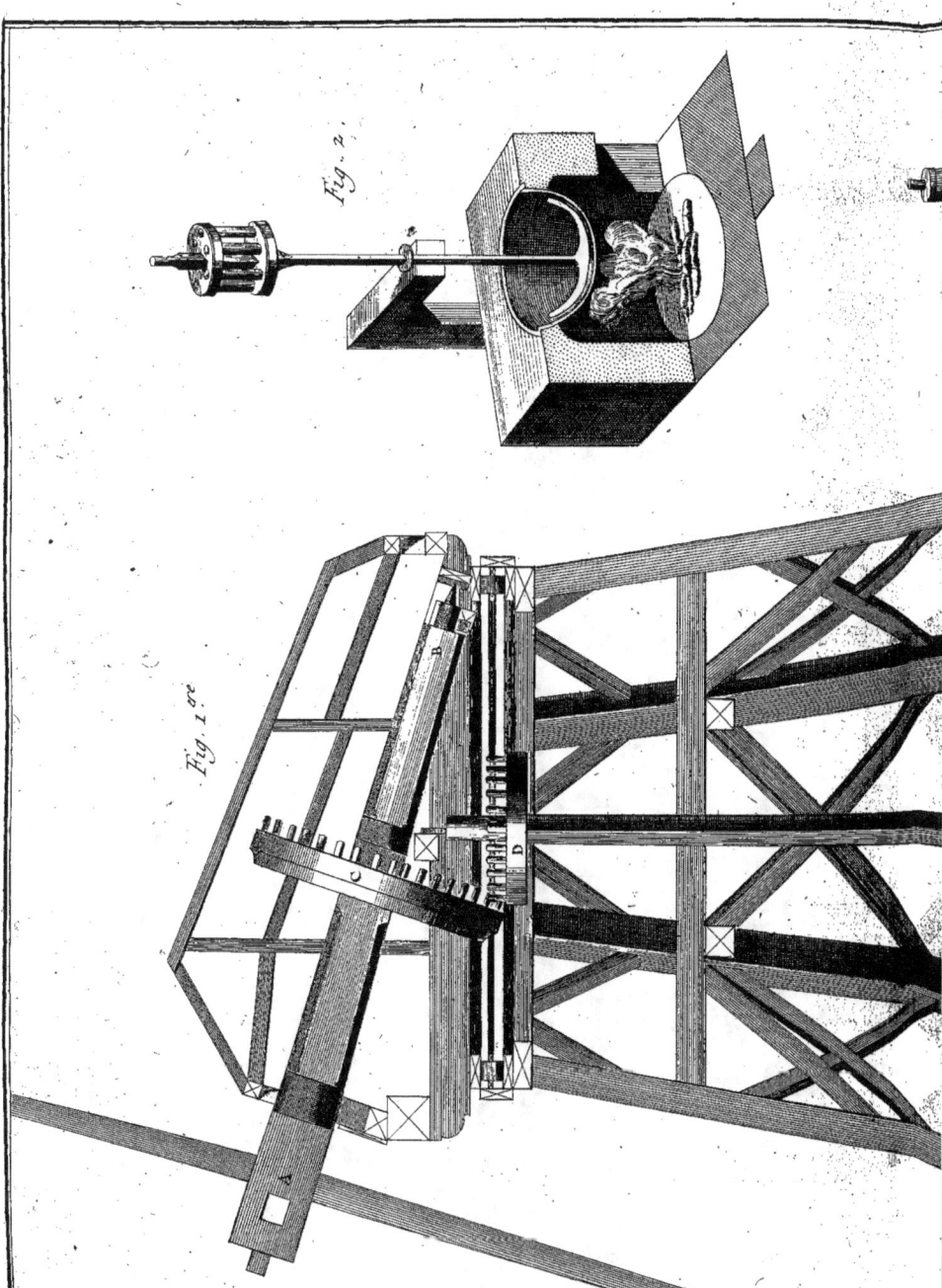

Fig. 1ᵉʳᵉ

Fig. 2.

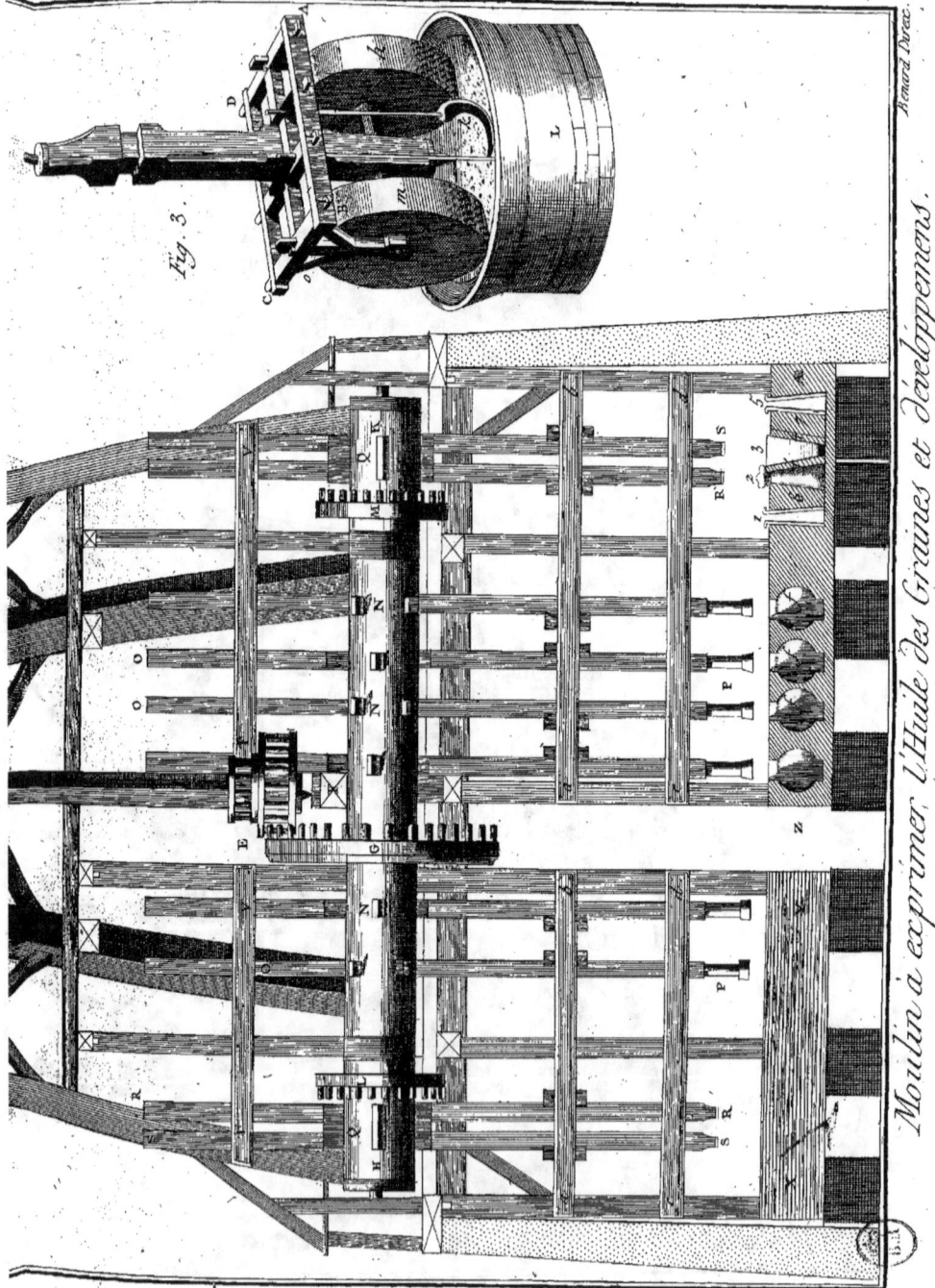

Pl. 2

Fig. 3.

*Bernard Direx.*

*Moulin à exprimer l'Huile des Graines et Développemens.*

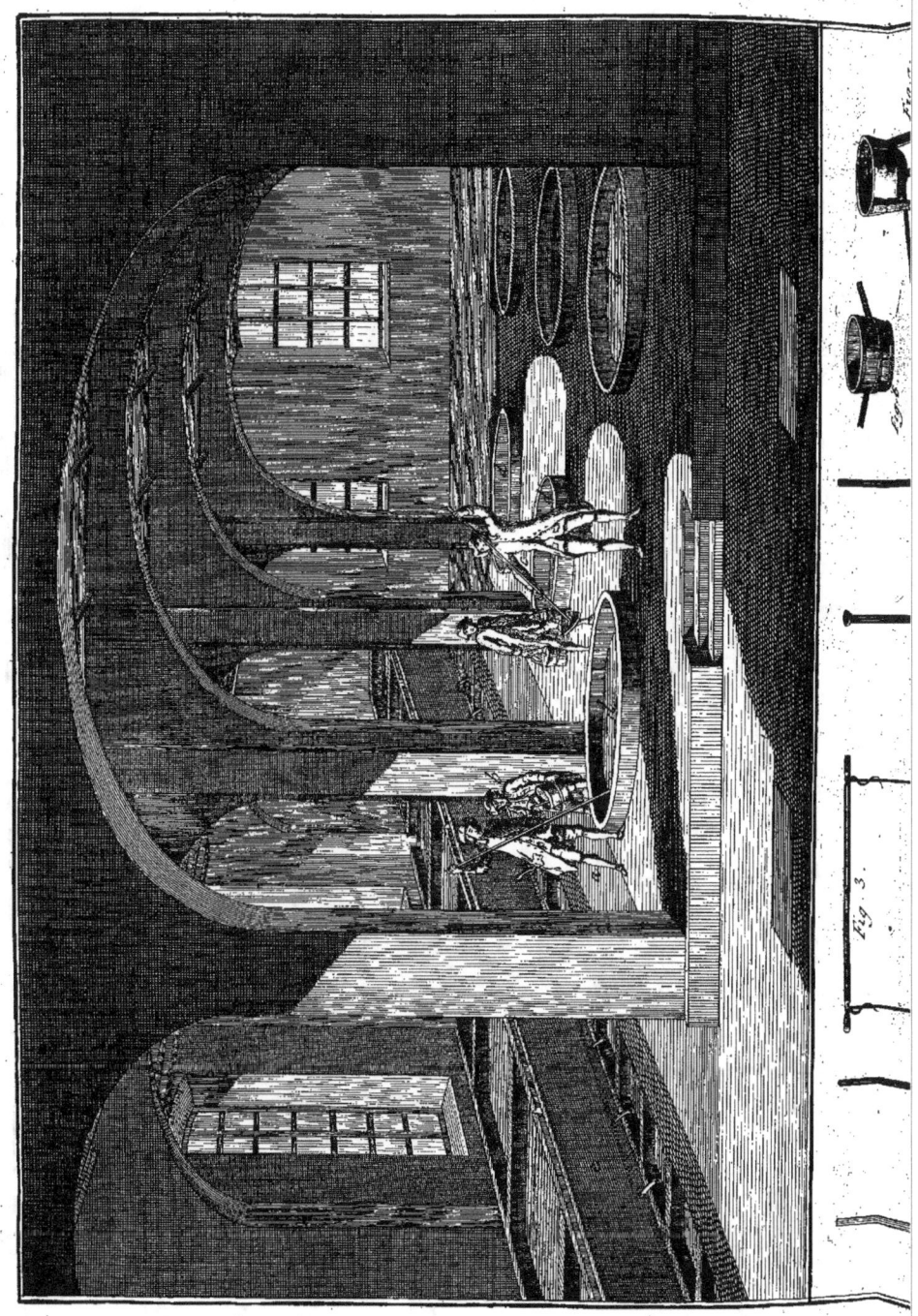

Fig. 3.

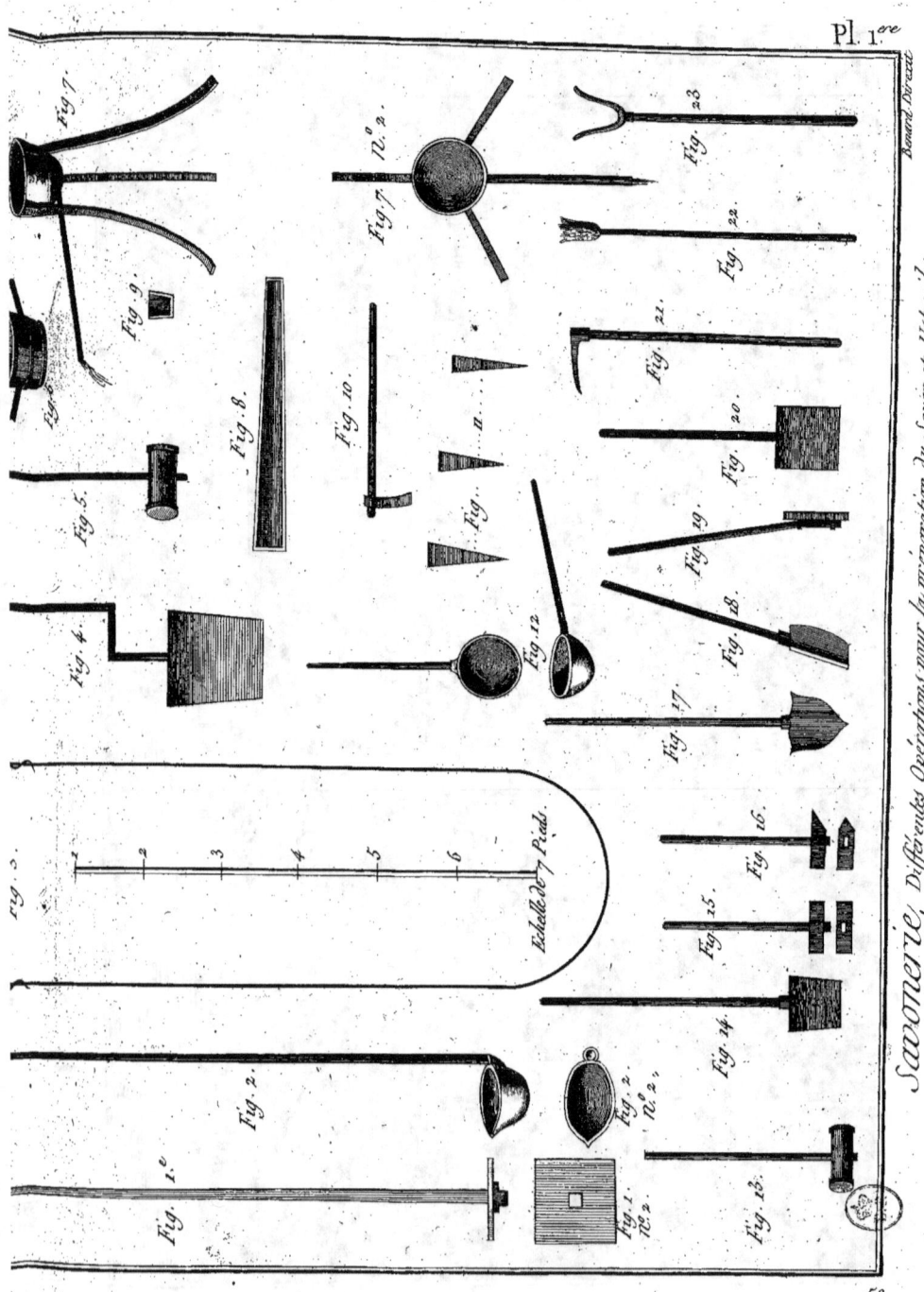

Savonerie, *Différentes Opérations pour la préparation du Savon et Ustenciles.*

Benard Direxit

53.

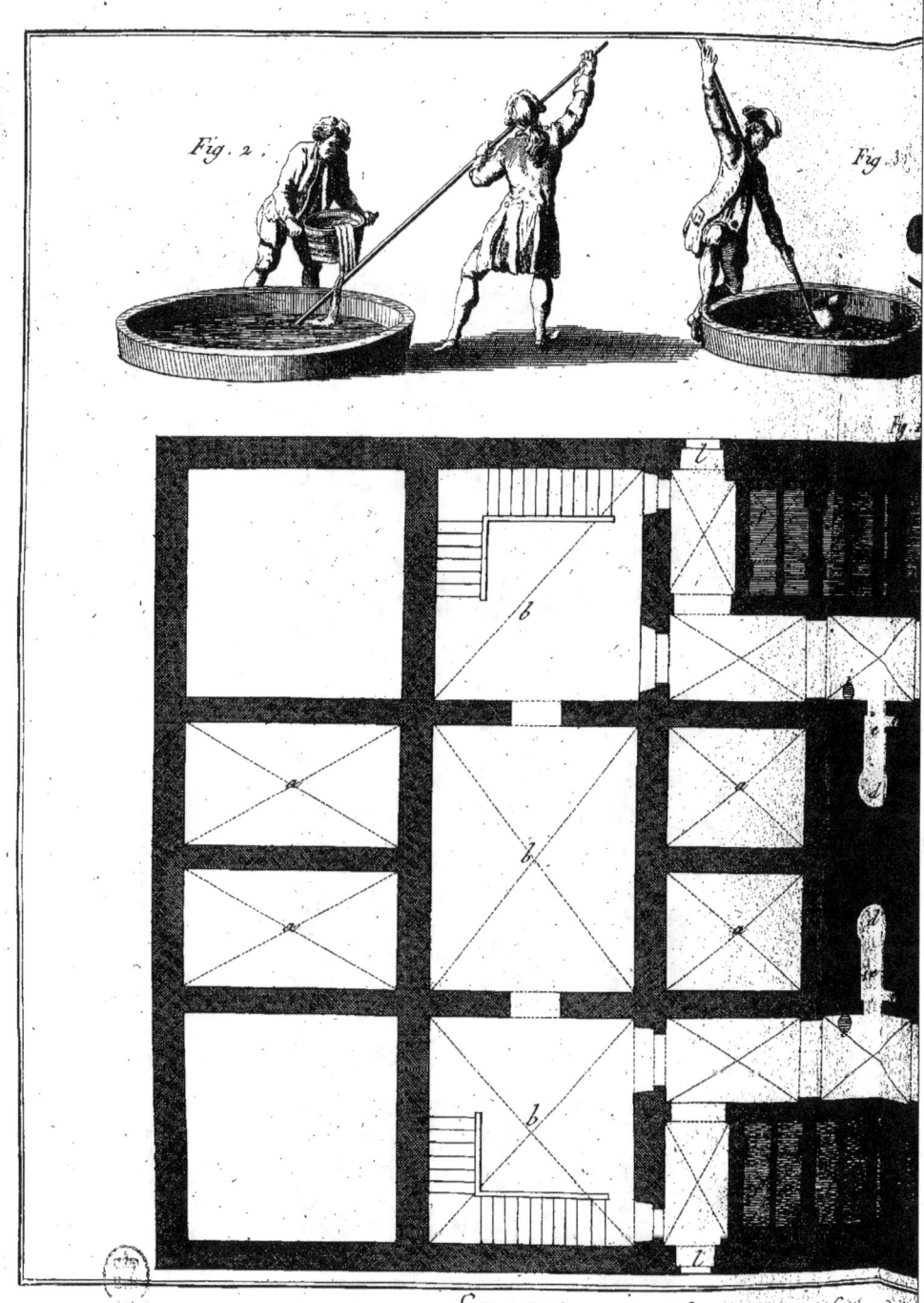

Fig. 2

Fig. 2

Fig. 3

*Savonerie*, *Plan de la Manufacture de Sa...*

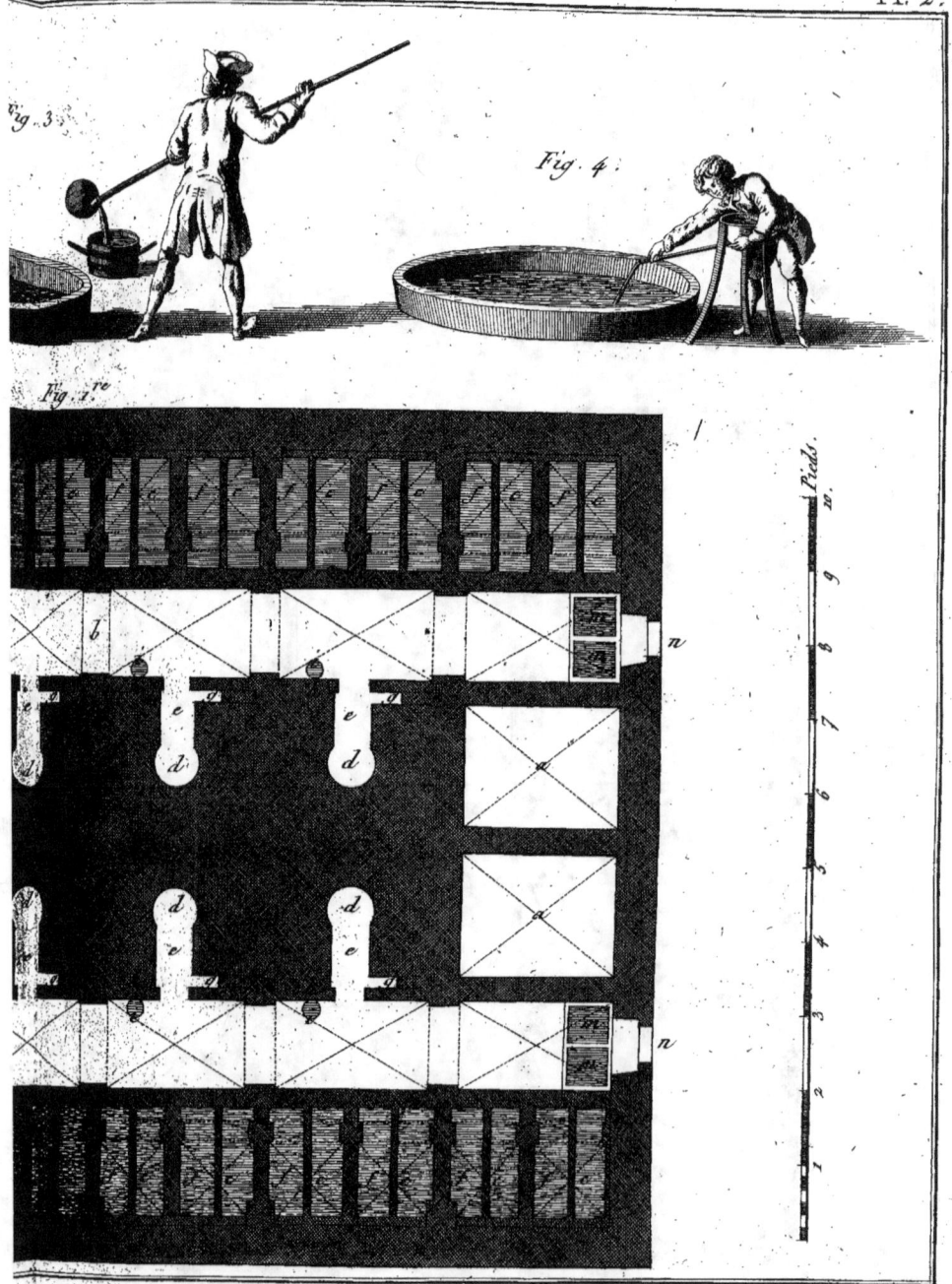

Pl. 2.

Fig. 3.

Fig. 4.

Fig. 1.re

Pieds.

re de Savon et Opérations pour faire le Savon.

Benard Direxit

54.

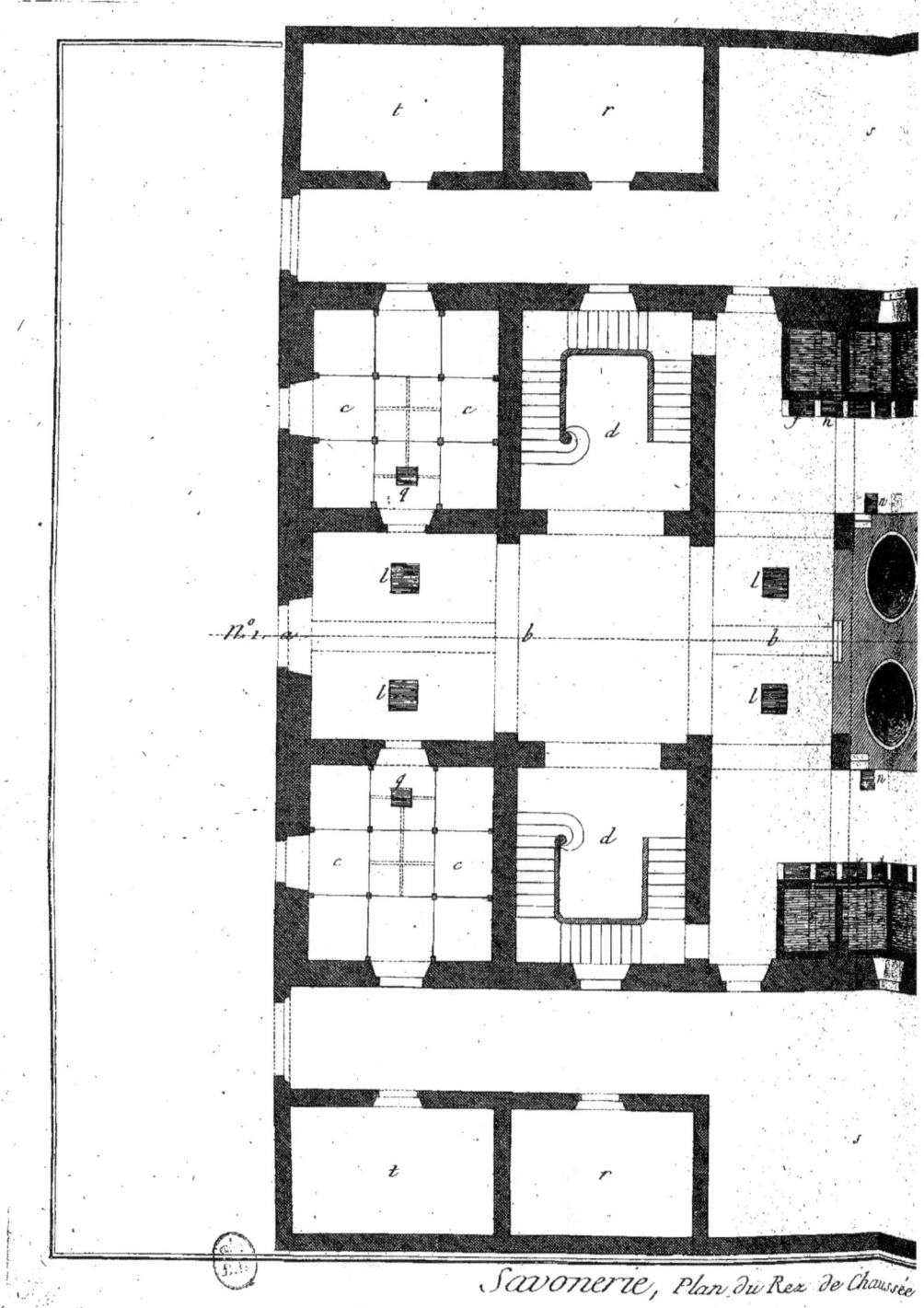

*Savonerie*, Plan du Rez de Chaussée

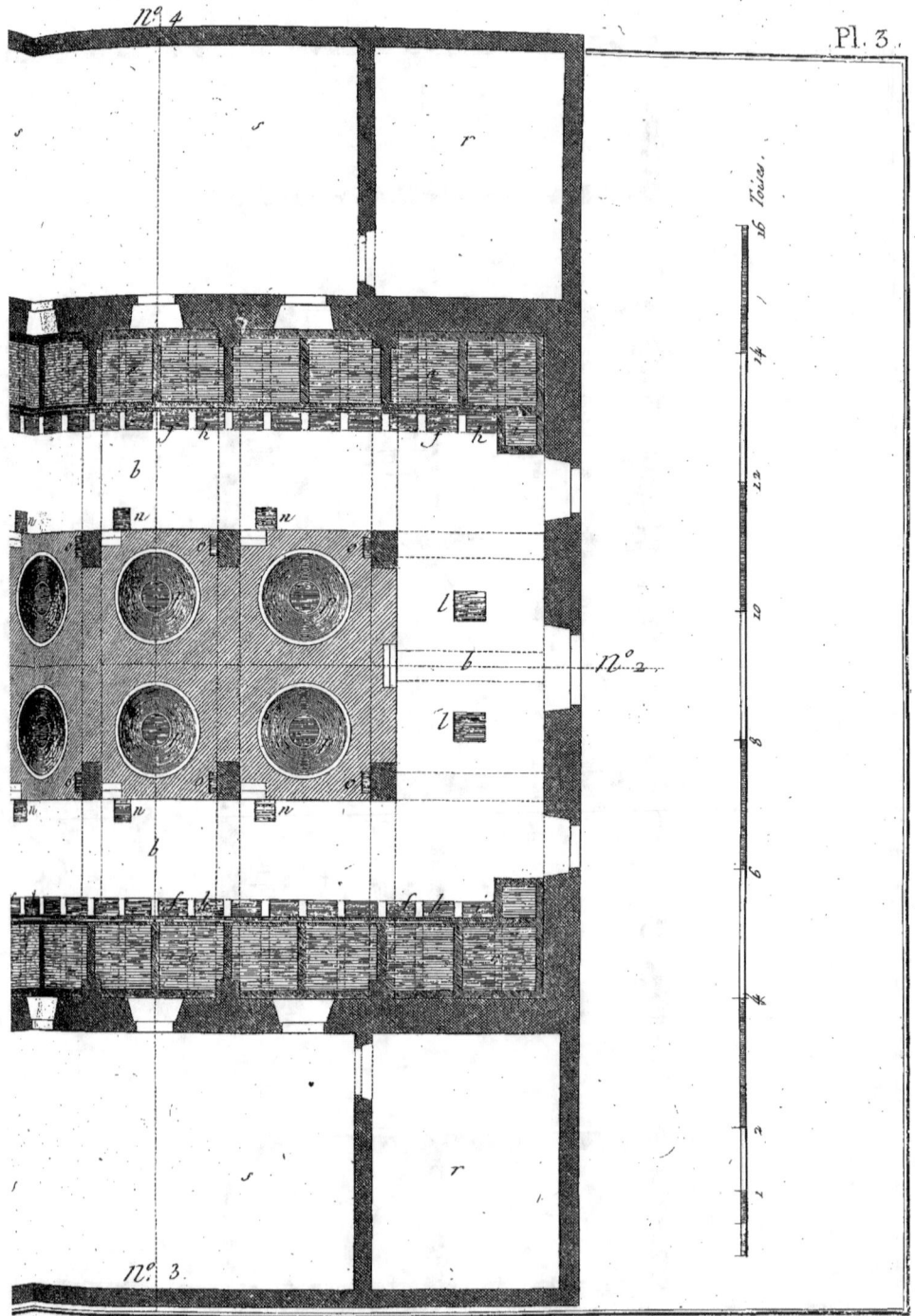

Pl. 3.

N°. 4.

N°. 2.

N°. 3.

16 Toix.

Chaussée d'une Manufacture de Savon.

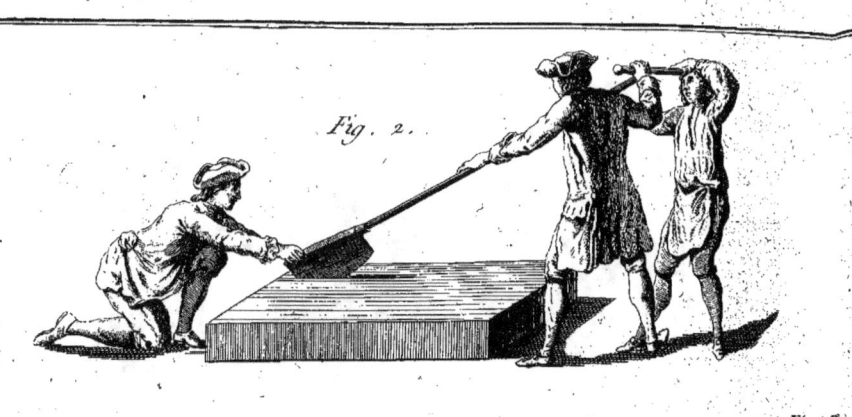

Fig. 2.

Fig. 1.

*b*
*c*
*d*        *e*        *b*
                     *c*
           *b*       *b*

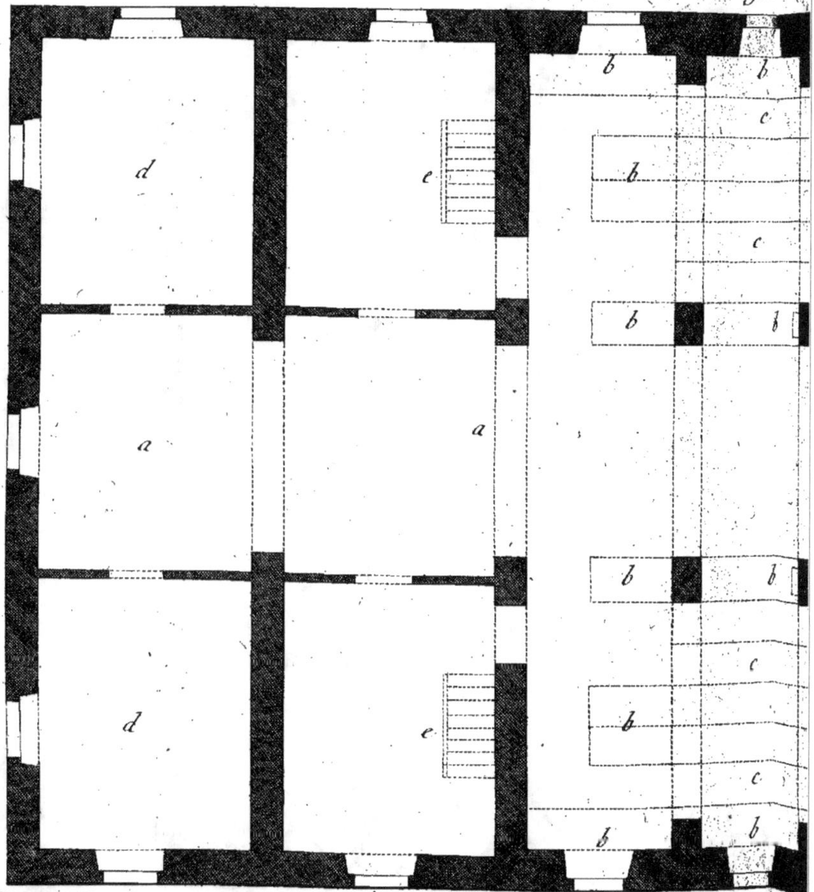

n.° 1        *a*        *a*

                     *b*       *b*

*d*        *e*       *b*       *c*

                     *b*       *c*
                              *b*

*Savonerie, Plan du premier Étage d'une Manufacture de Savon, etc.*

Pl. 4.

Fig. 3.

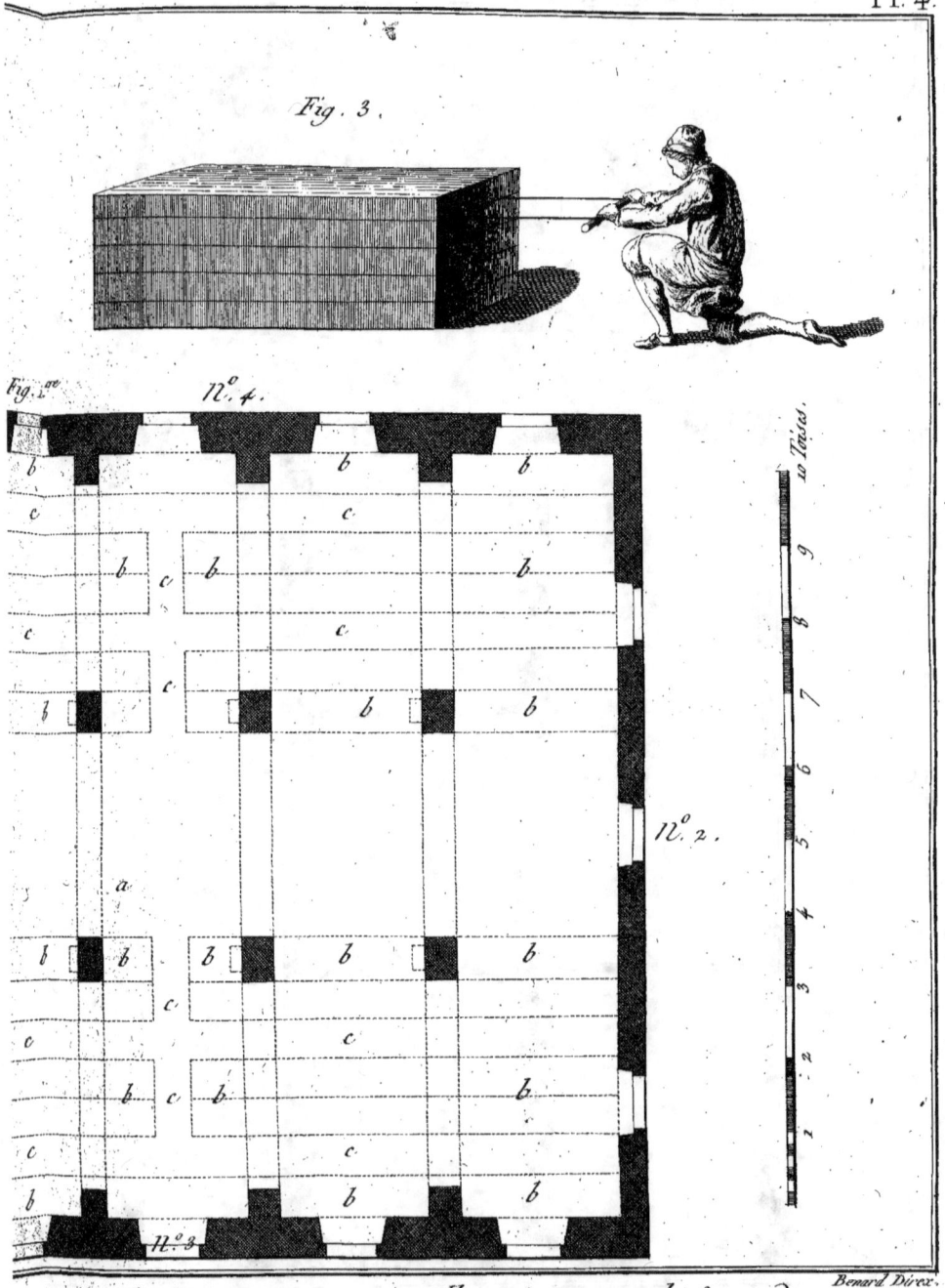

Fig. 1.<sup>re</sup>    N.° 4.

N.° 2.

10 Toises.

N.° 3.

Savon, et Opérations pour partager egallement et couper le Savon.

Benard Direx.

56.

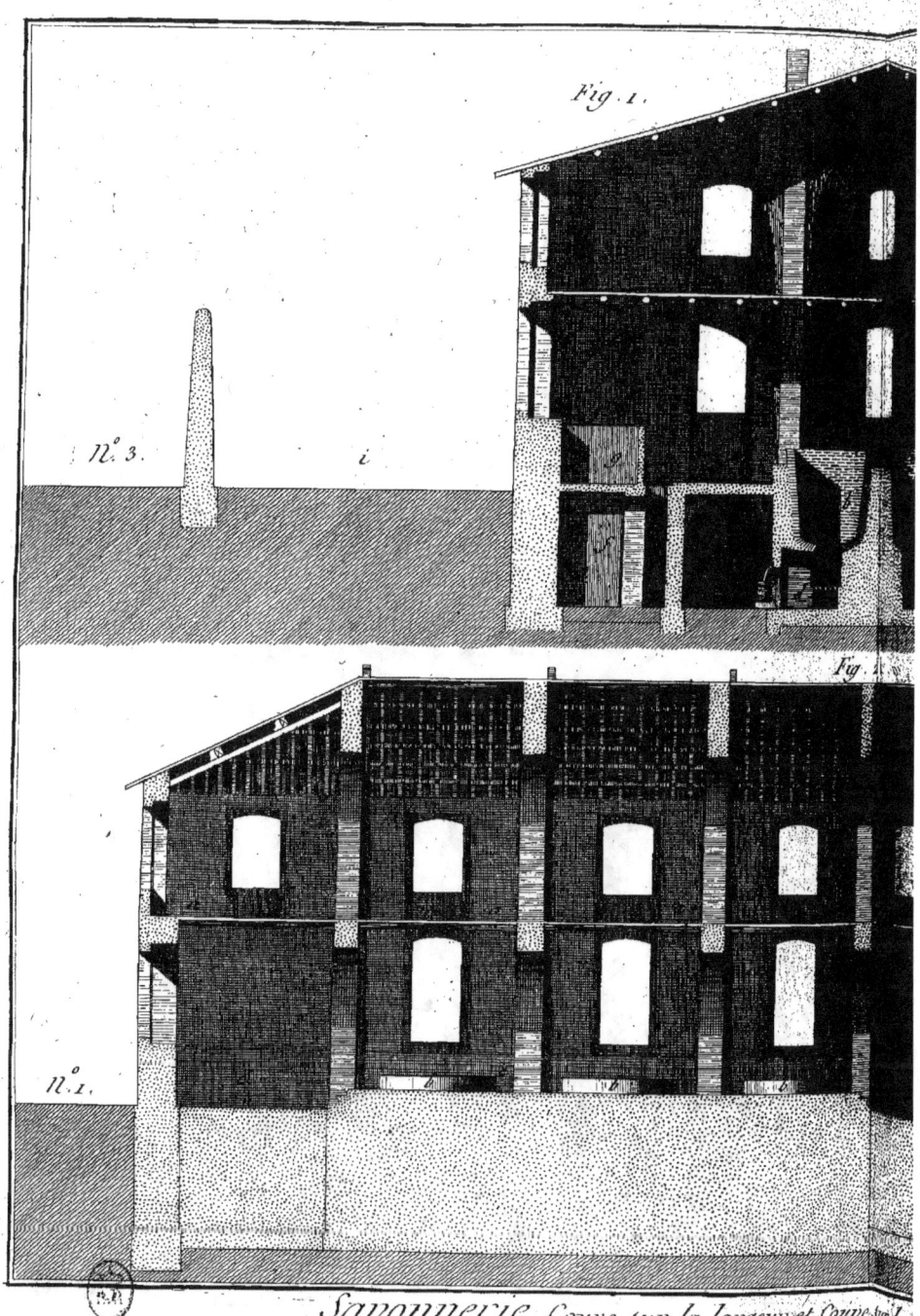

Fig. 1.

N°. 3.

i

Fig.

N°. 1.

*Savonnerie, Coupe sur la largeur et Coupe sur la*

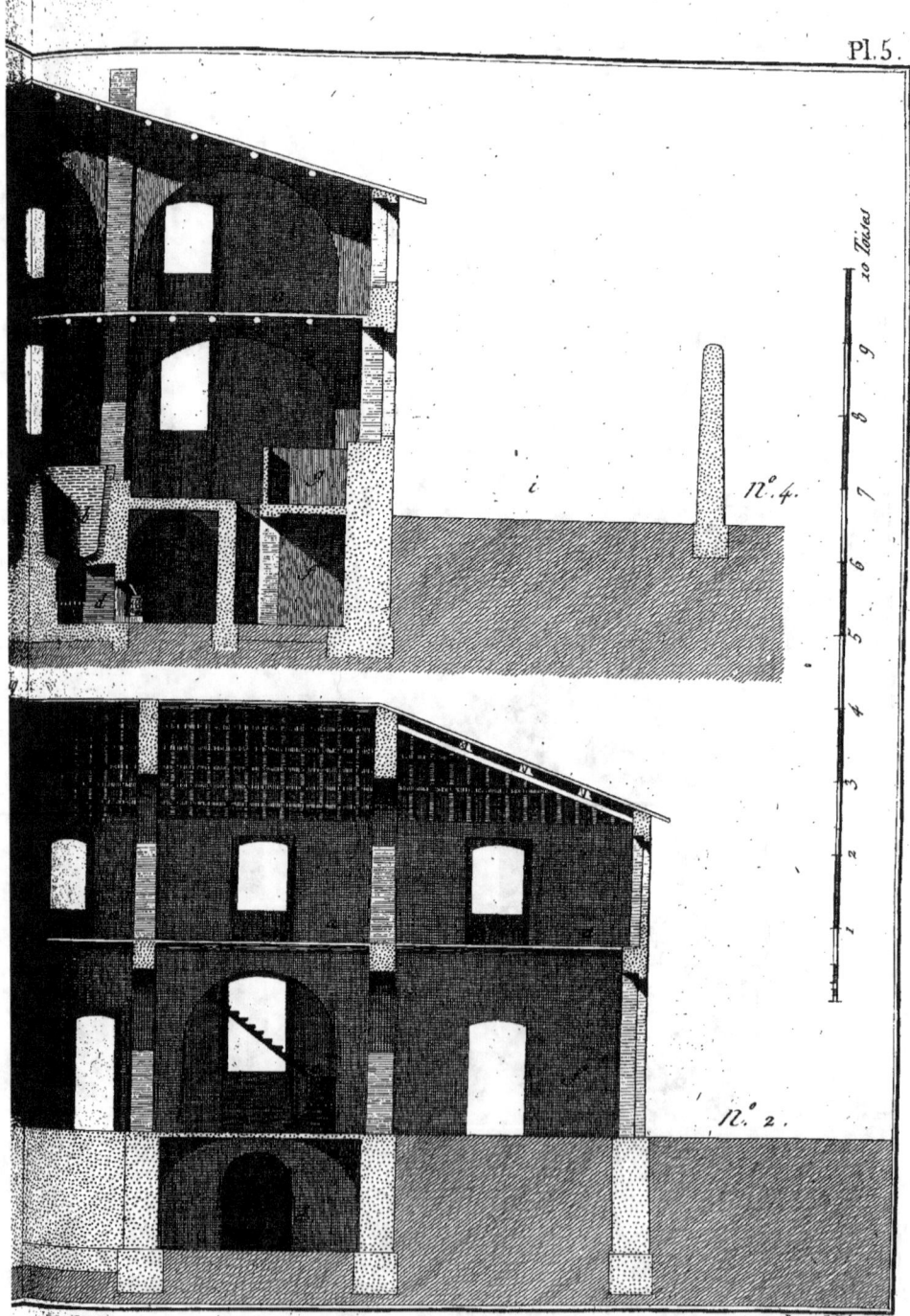

Pl. 5.

N.° 4.

N.° 2.

10 Toises

...sur la longueur d'une Manufacture de Savon.

Benard Direxit.

57

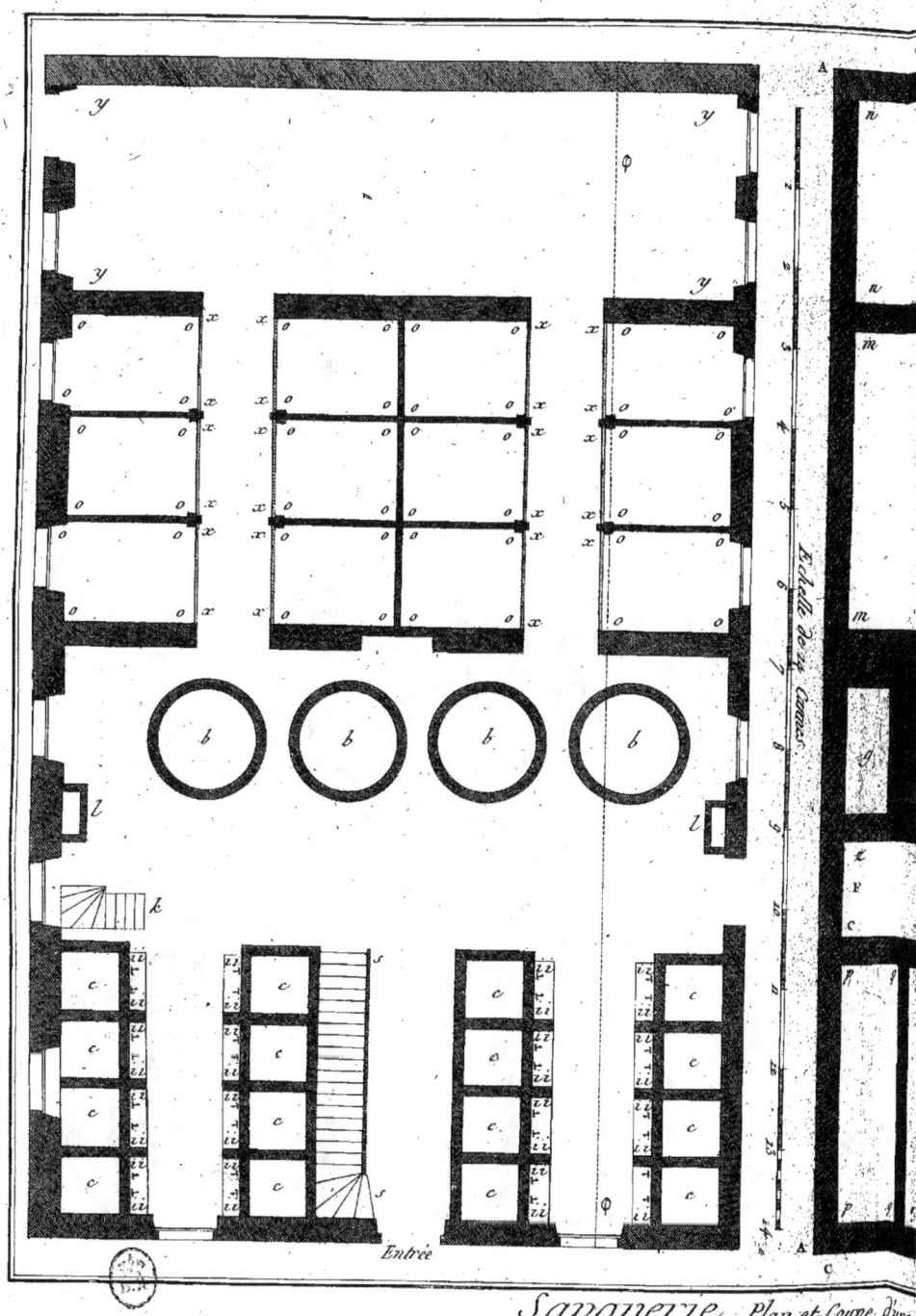

Pl 6.

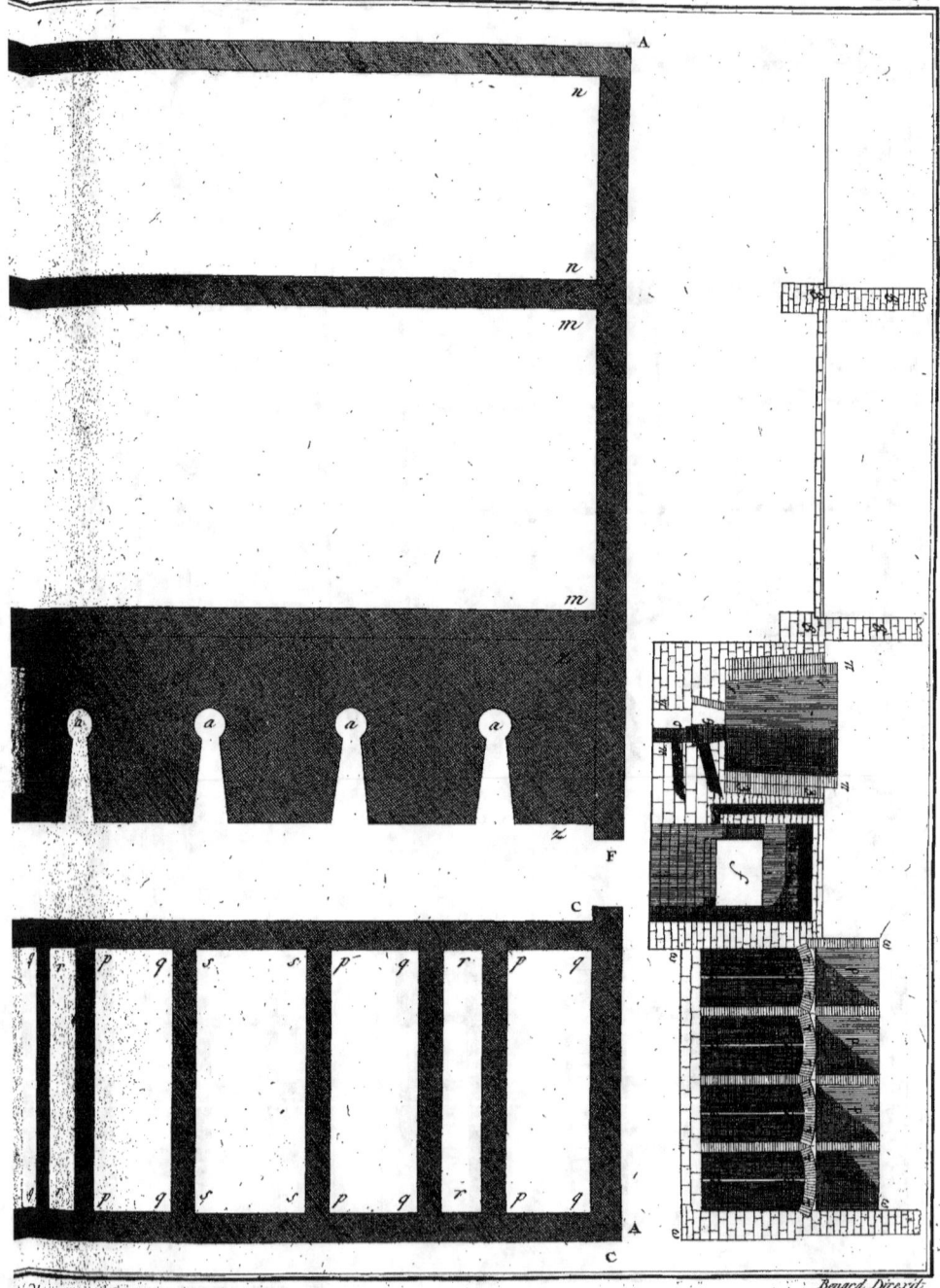

Plan d'une grande Manufacture de Savon

Benard Direxit

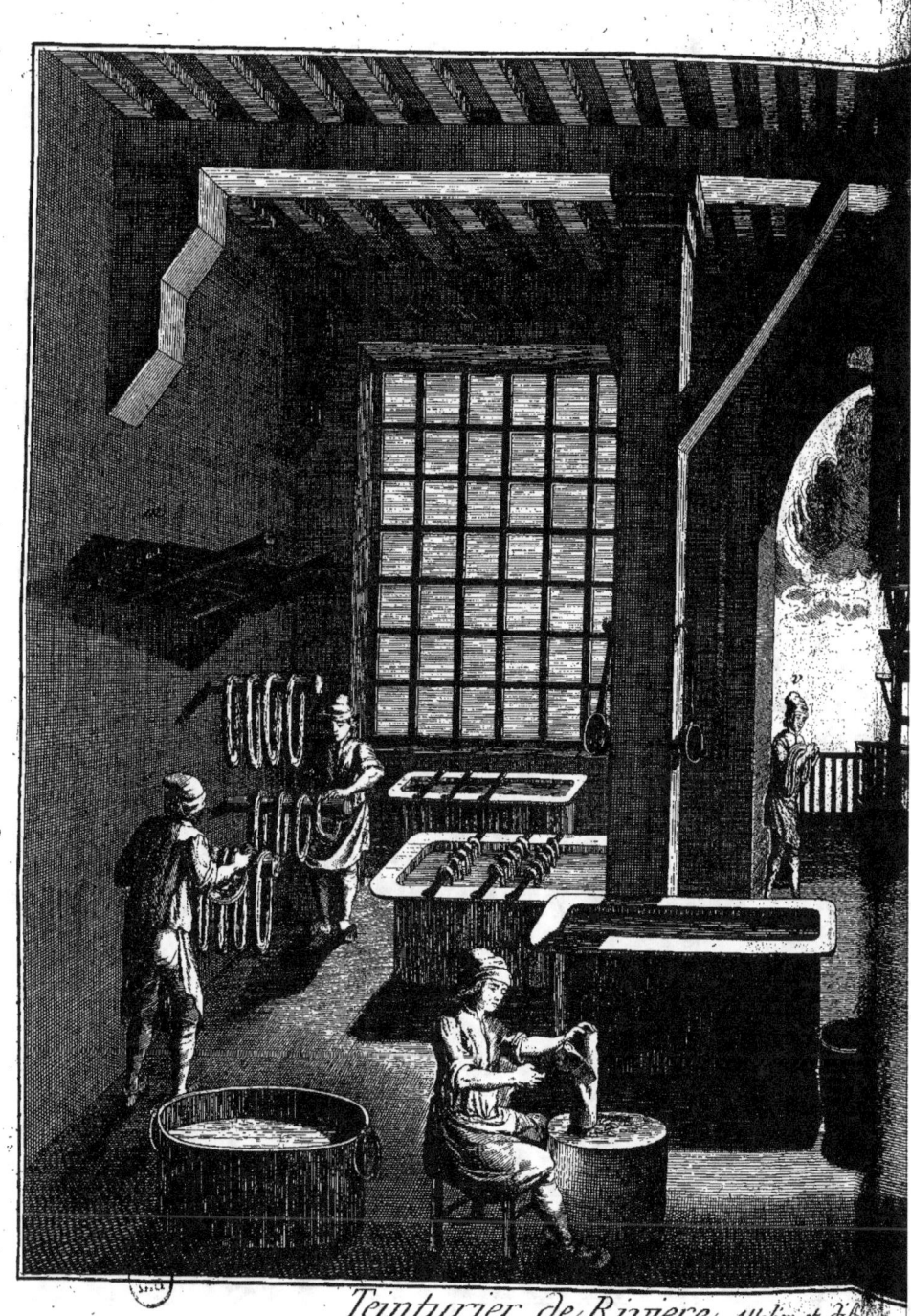

*Teinturier de Riviere, Attelier et different O...*

Pl. 1.

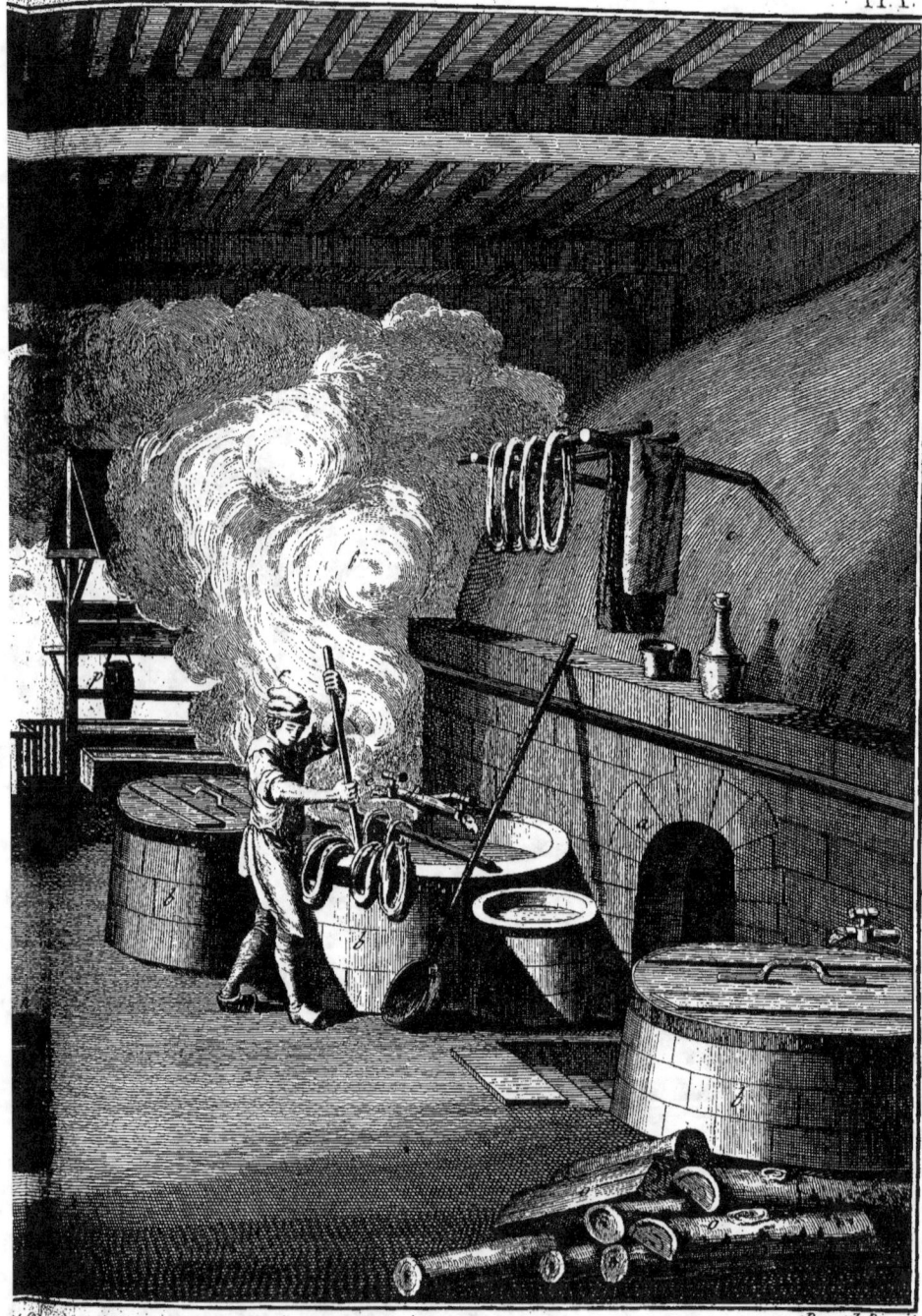

*fferentes Opérations pour la Teinture des Soies.*

Benard Direxit
59.

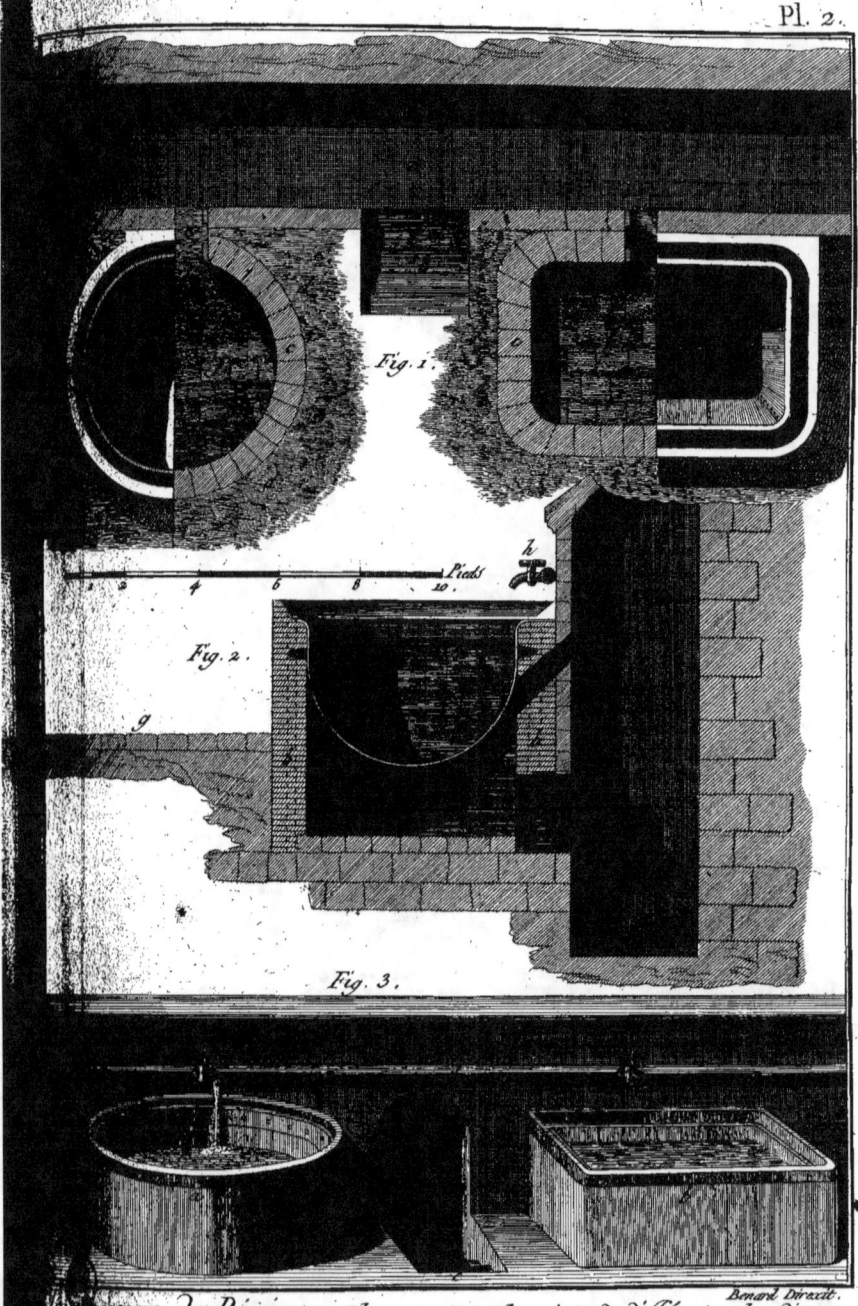

Pl. 2

*Fig. 1.*

*Pieds*

*h*

*Fig. 2.*

*g*

*Fig. 3.*

Benard Direxit.

...rier de Riviere, Plans, Coupe et Elevations de différentes Chaudieres. 60.

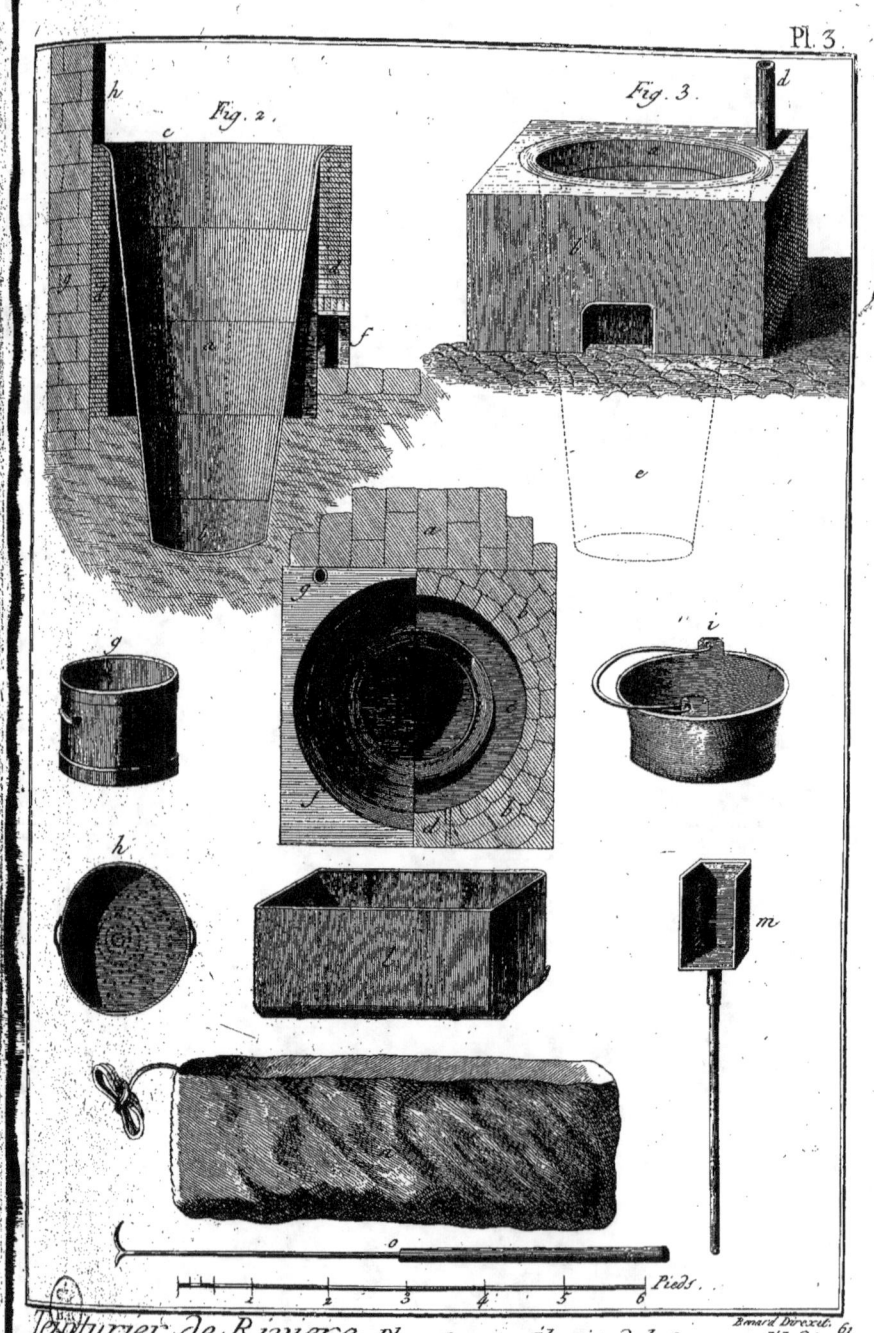

Pl. 3.

Fig. 2.

Fig. 3.

Pieds

Tinturier de Riviere, Plans, Coupe et Élevation de la Cuve pour l'Indigo.

Benard Direxit. 61.

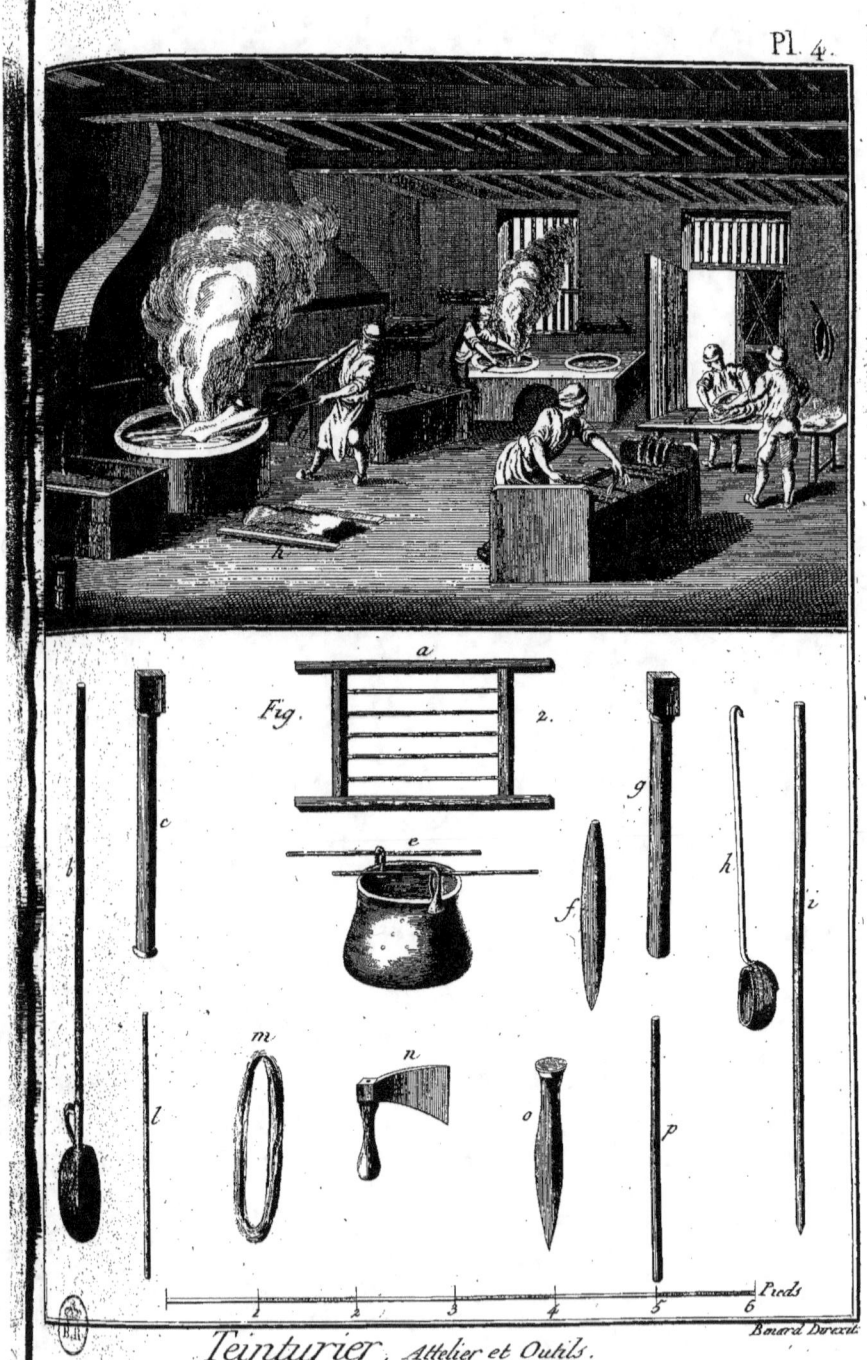

Pl. 4.

*Fig.* 2.

*a*

*b* *c* *e* *f* *g* *h* *i*

*l* *m* *n* *o* *p*

Pieds

Benard Direxit

*Teinturier, Attelier et Outils.*

Pl. 5.

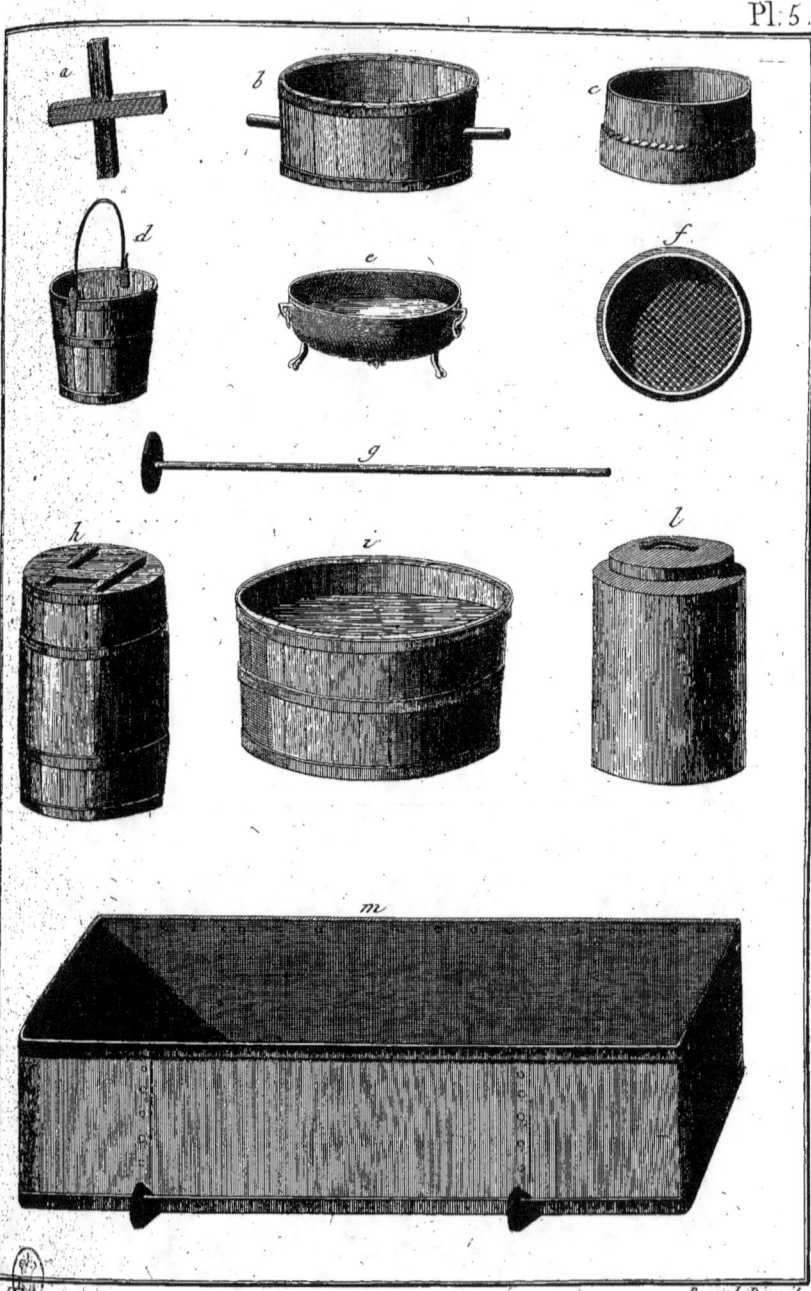

Tenturier en Soie, Différens Ustenciles pour la Teinture en Soie.

Renard Direxit

Pl. 6.

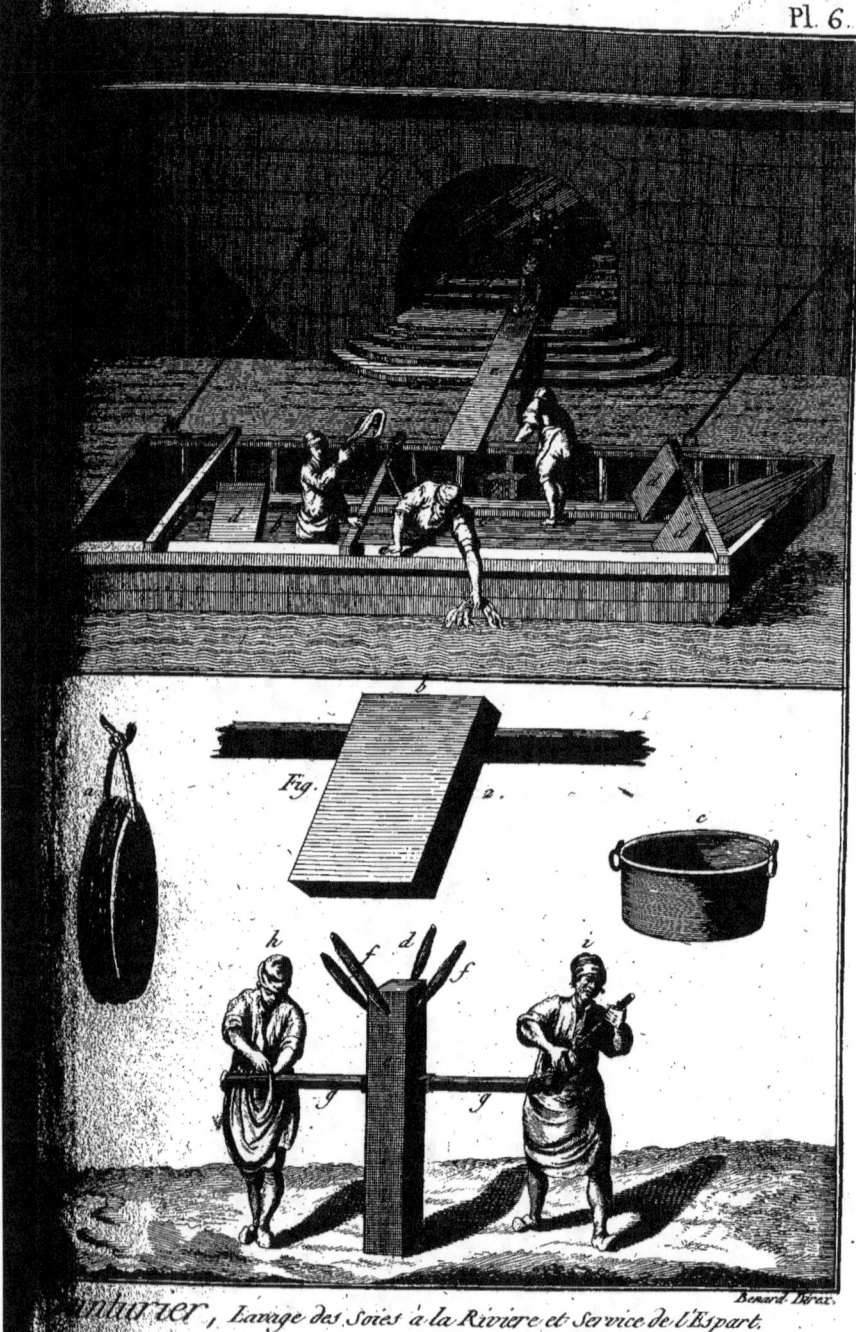

Fig. 2.

Teinturier, Lavage des Soies à la Rivière et Service de l'Espart.

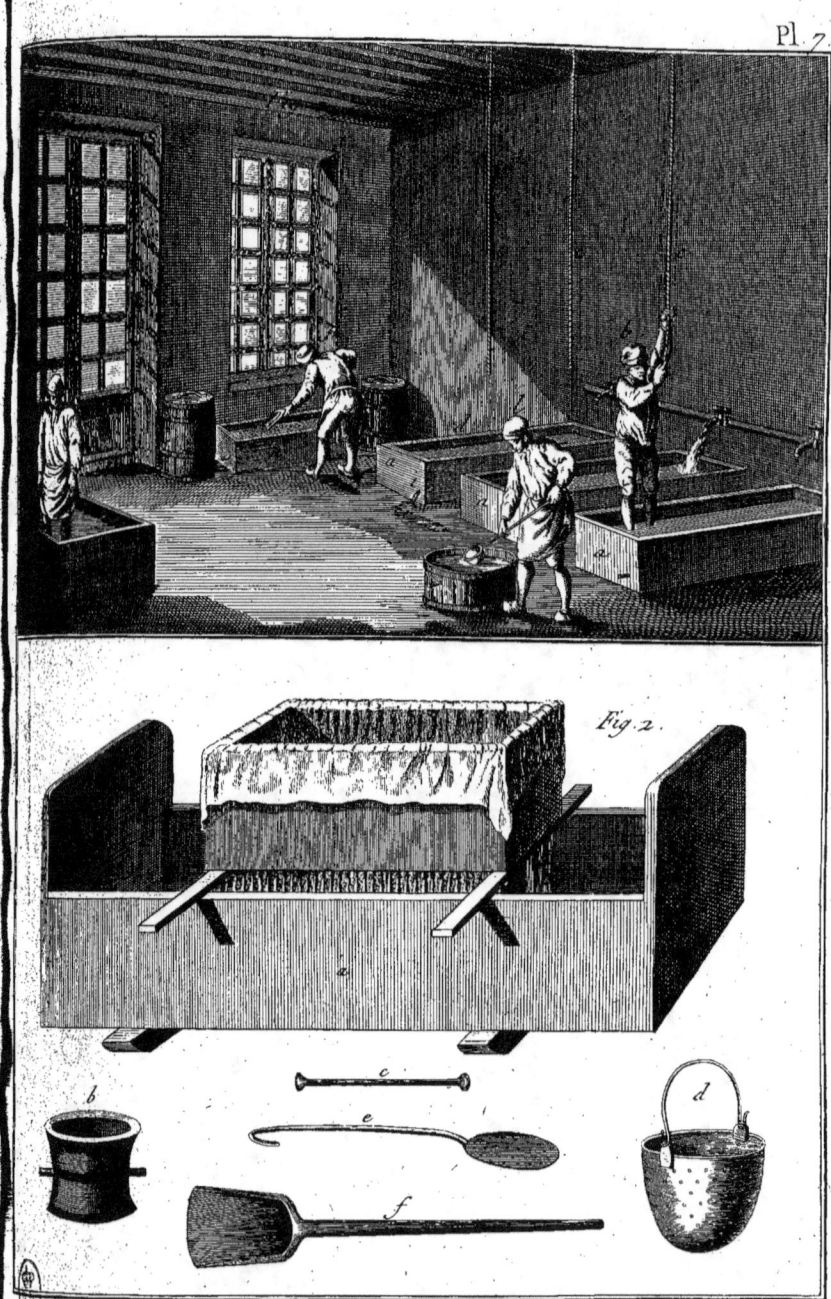

Pl. 7.

*Fig. 2.*

Benard Direxit.

*Teinturier*, Différentes préparations du Saffranum et Outils. 63.

Pl. 8.

Fig.

g Pieds.

Benard Direxit.

*Teinturier, Le Sechoir pour les Soies &c.*

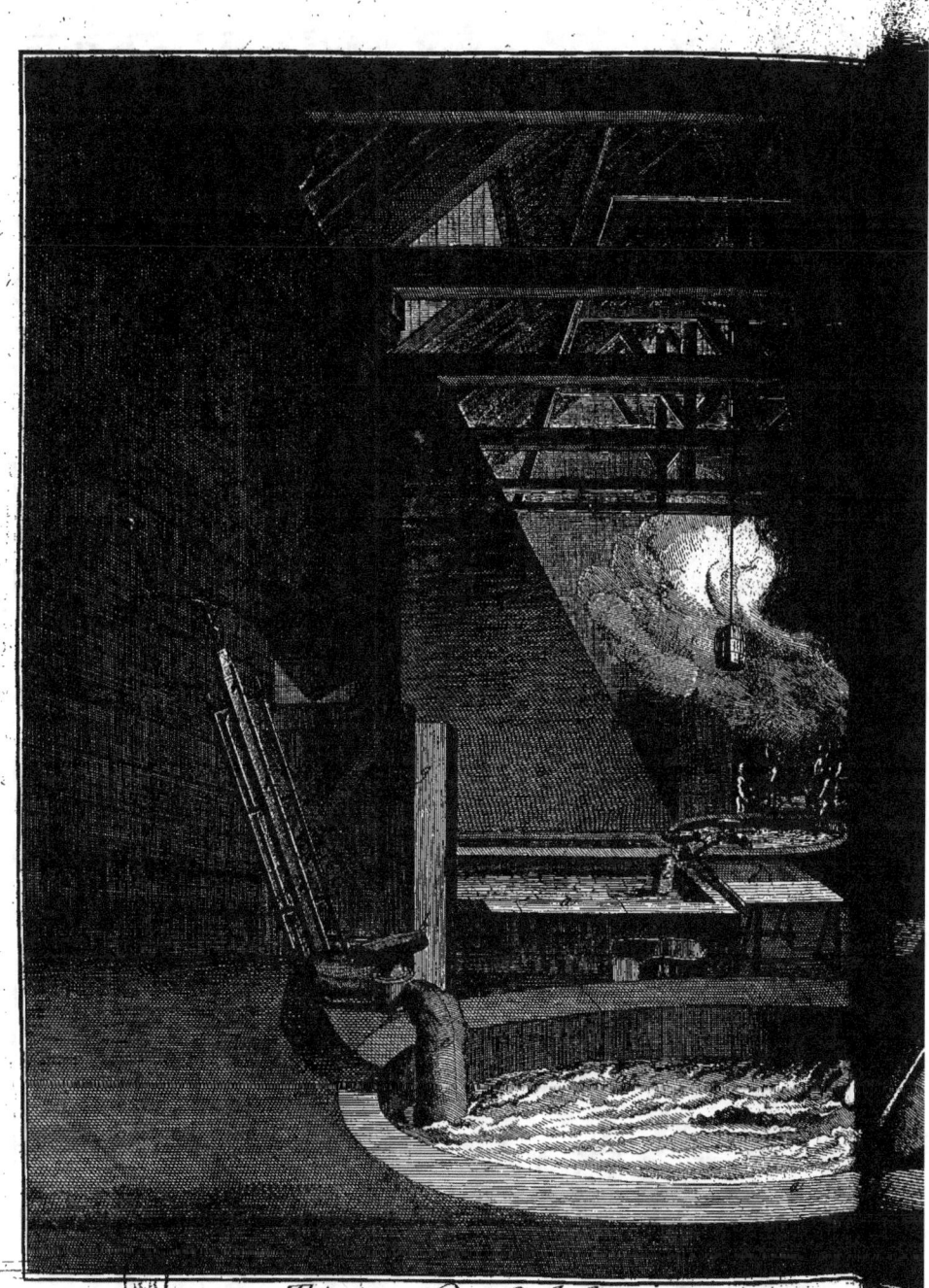

*Teinture des Gobelins,* Attelier des Teintur... *diff...*

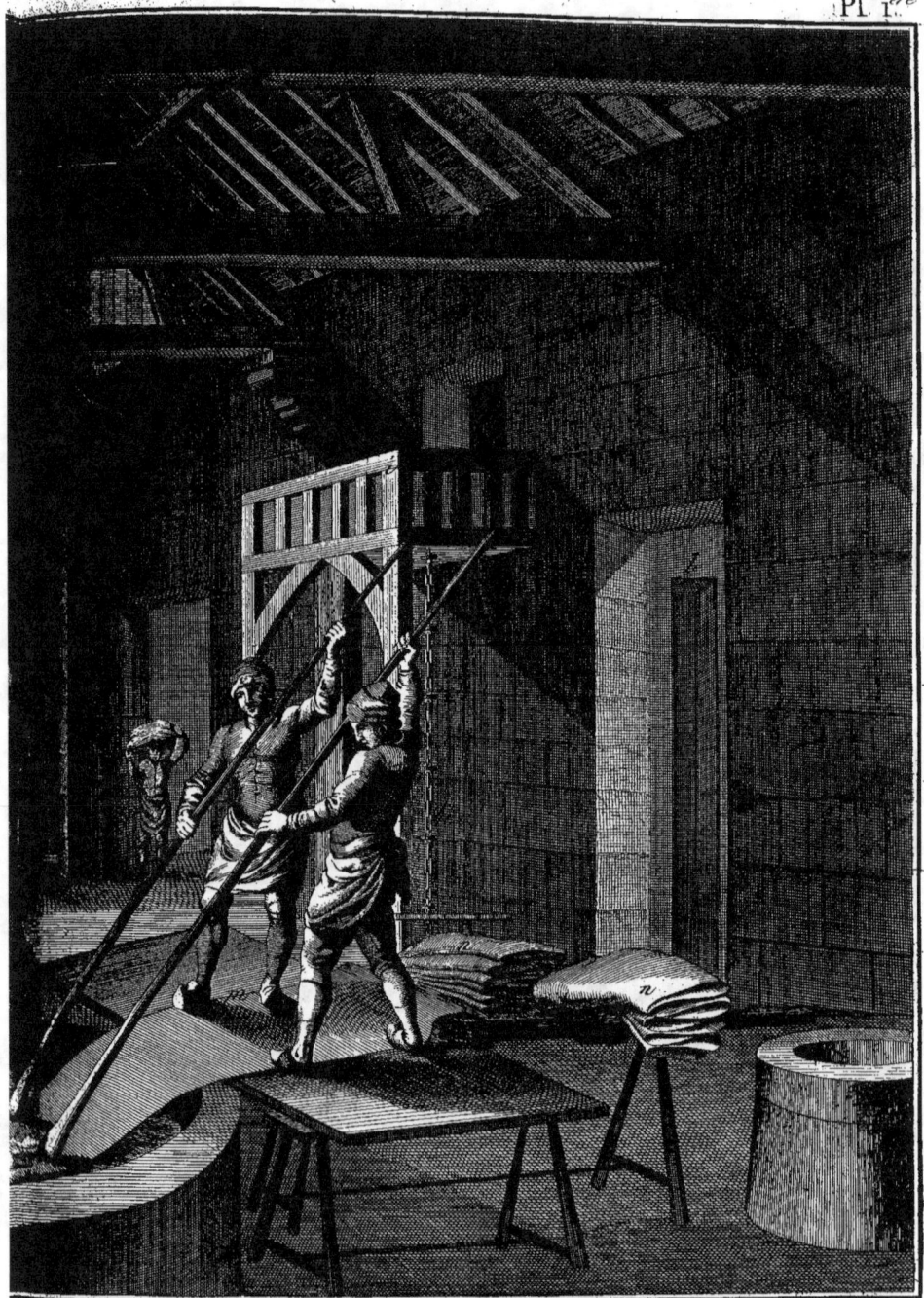

Pl. 1<sup>ere</sup>

ers et differentes Opérations pour la Teinture des Etoffes

Benard Direx.

64.

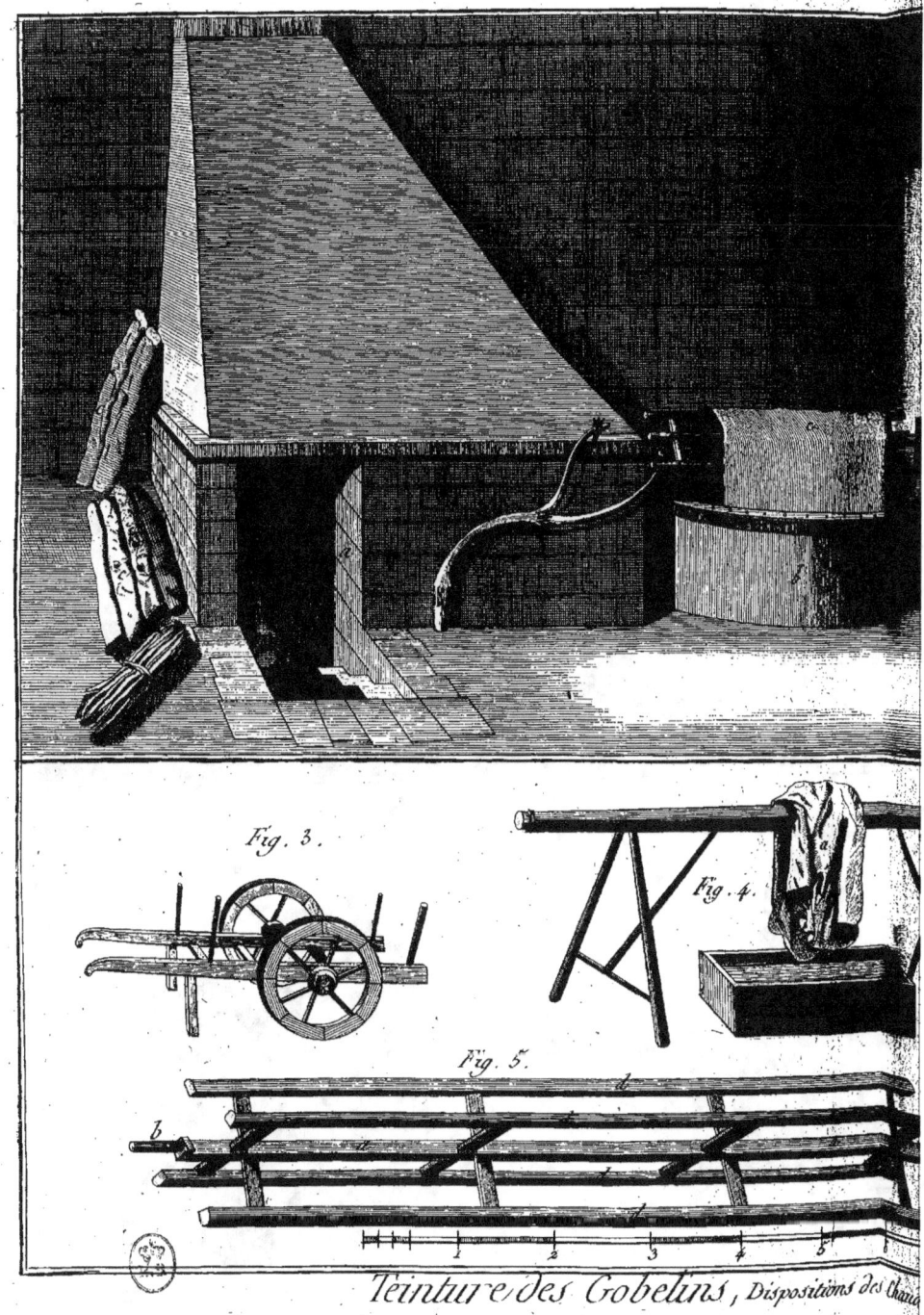

*Fig. 3.*

*Fig. 4.*

*Fig. 5.*

Teinture des Gobelins, Dispositions des Chau

Pl. 2.

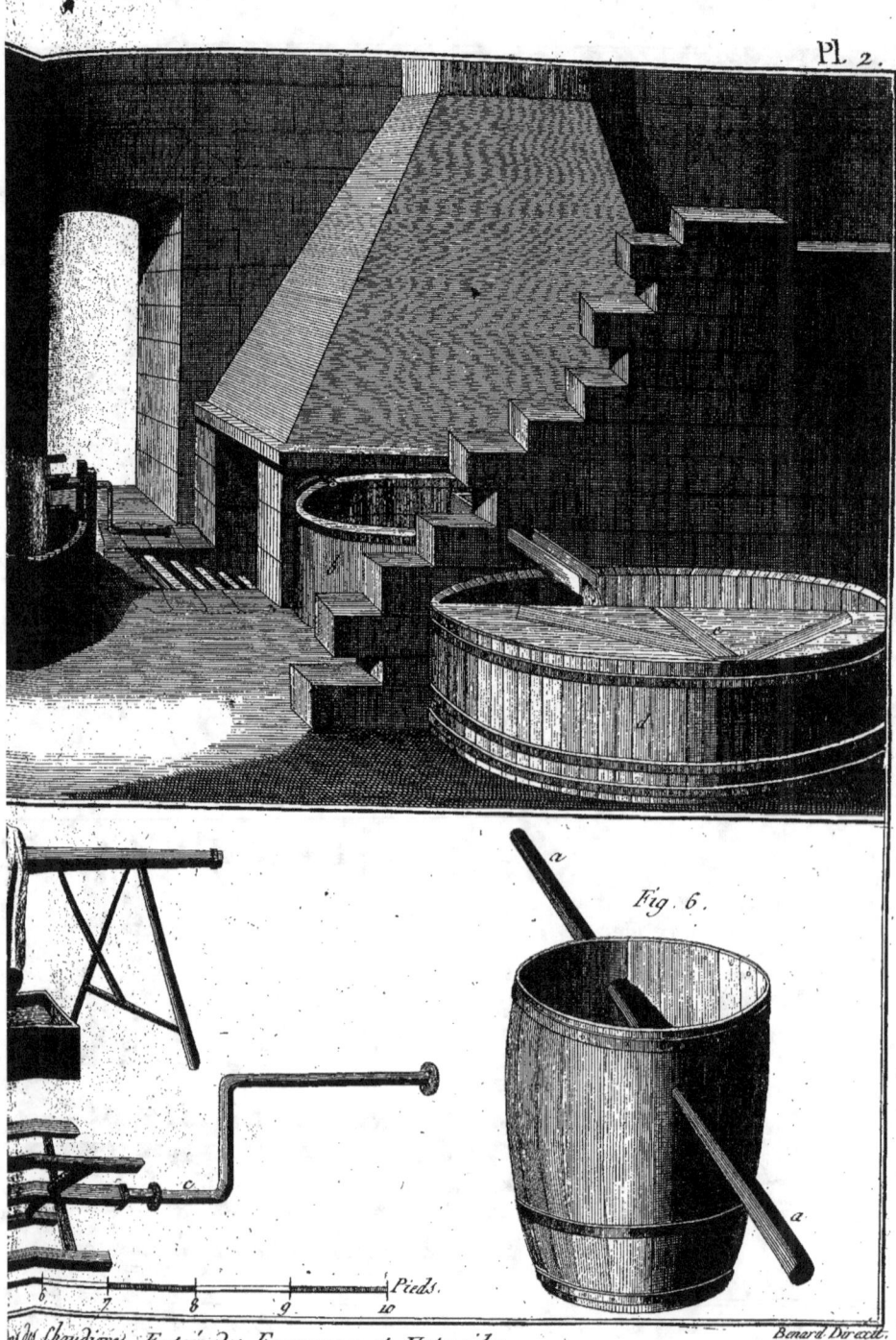

Fig. 6.

Pieds.

...ns des Chaudières, Entrée des Fourneaux et Ustenciles.

Benard Direxit.

Pl. 3.

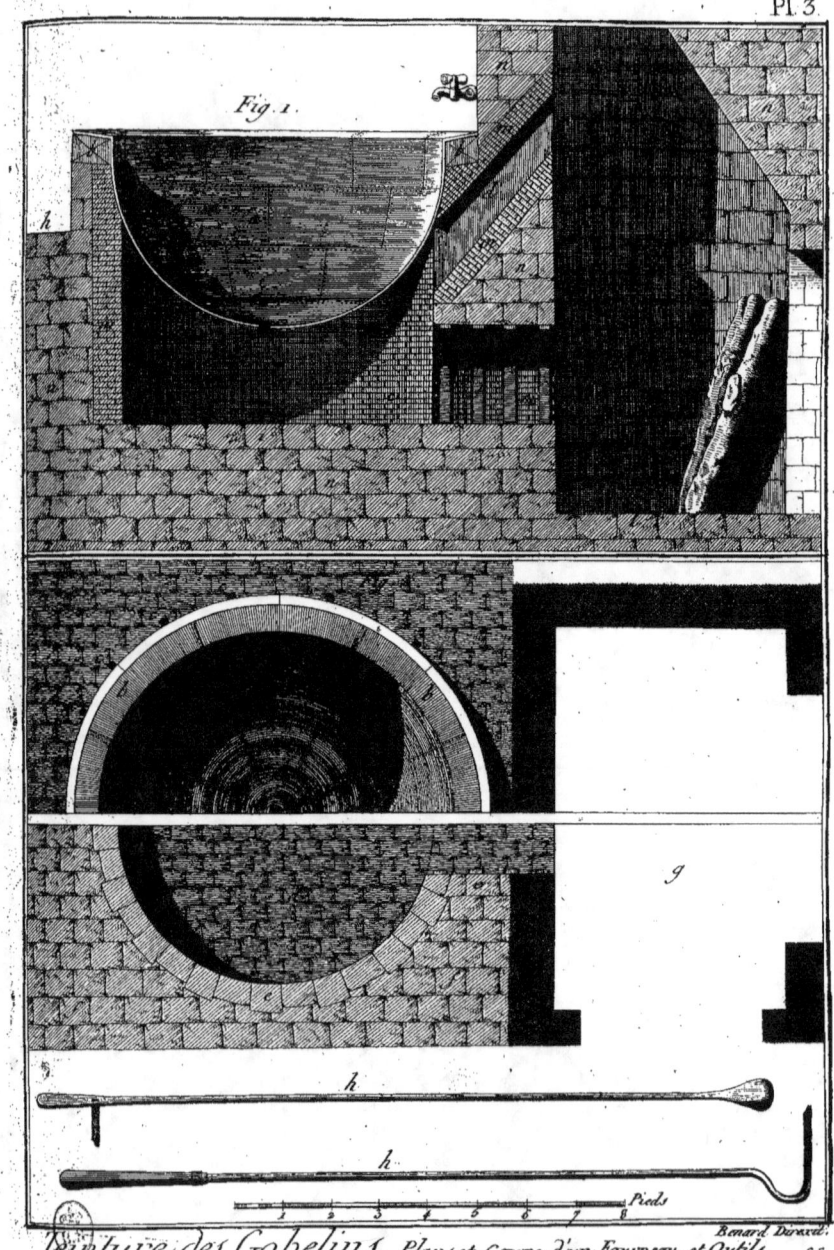

*Fig. 1.*

*Teinture des Gobelins*, Plans et Coupe d'un Fourneau, et Outils.

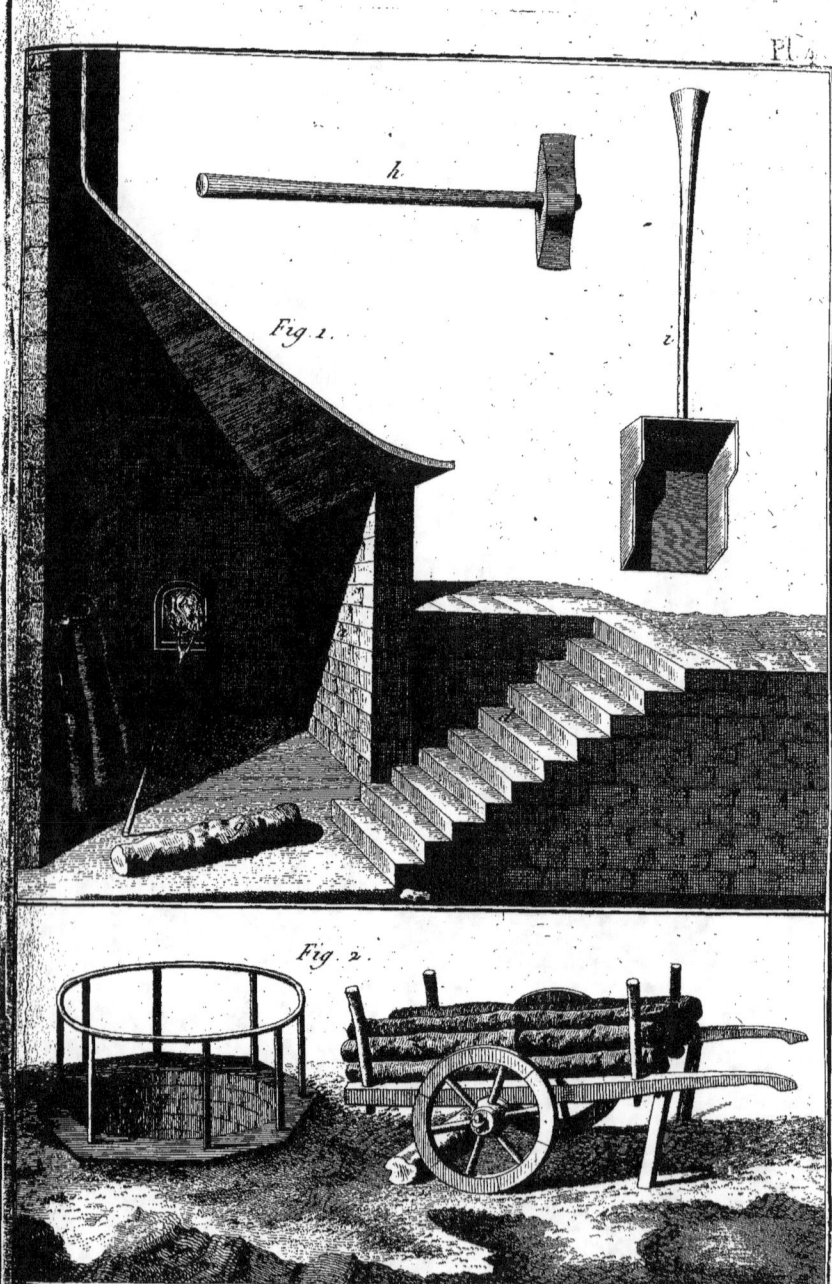

*Fig. 1.*

*h*

*i*

*Fig. 2.*

*Teinture des Gobelins*, *Intérieur d'un Fourneau, Outils &c.*

*Benard Direxit.*

Pl. 5.

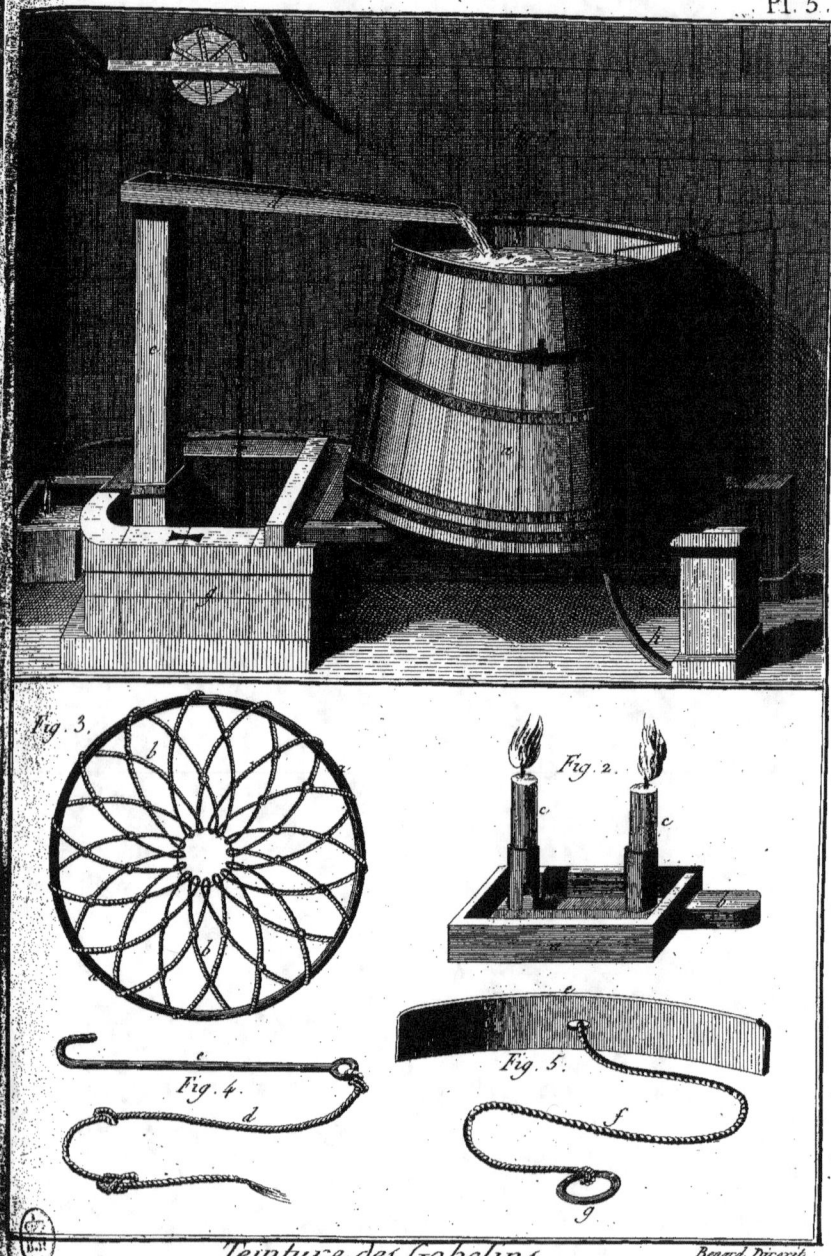

*Fig. 3.*

*Fig. 2.*

*Fig. 4.*

*Fig. 5.*

Benard Direxit.

## Teinture des Gobelins,

Pompe à chapelet pour remplir le petit Reservoir des eaux de la Citerne et Ustenciles. 67.

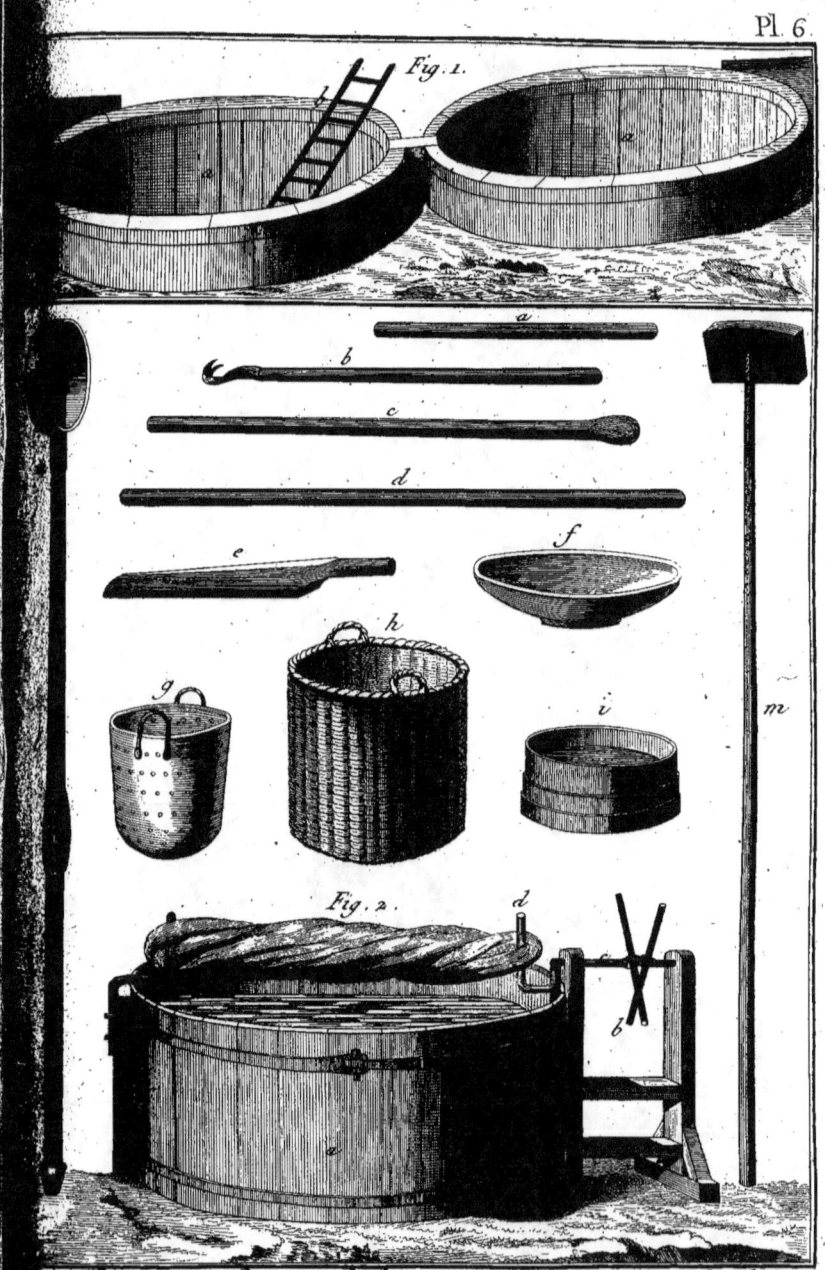

Pl. 6.

Fig. 1.

Fig. 2.

Teinture des Gobelins, Tordoir, Outils et Cuves.

Benard Direxit.

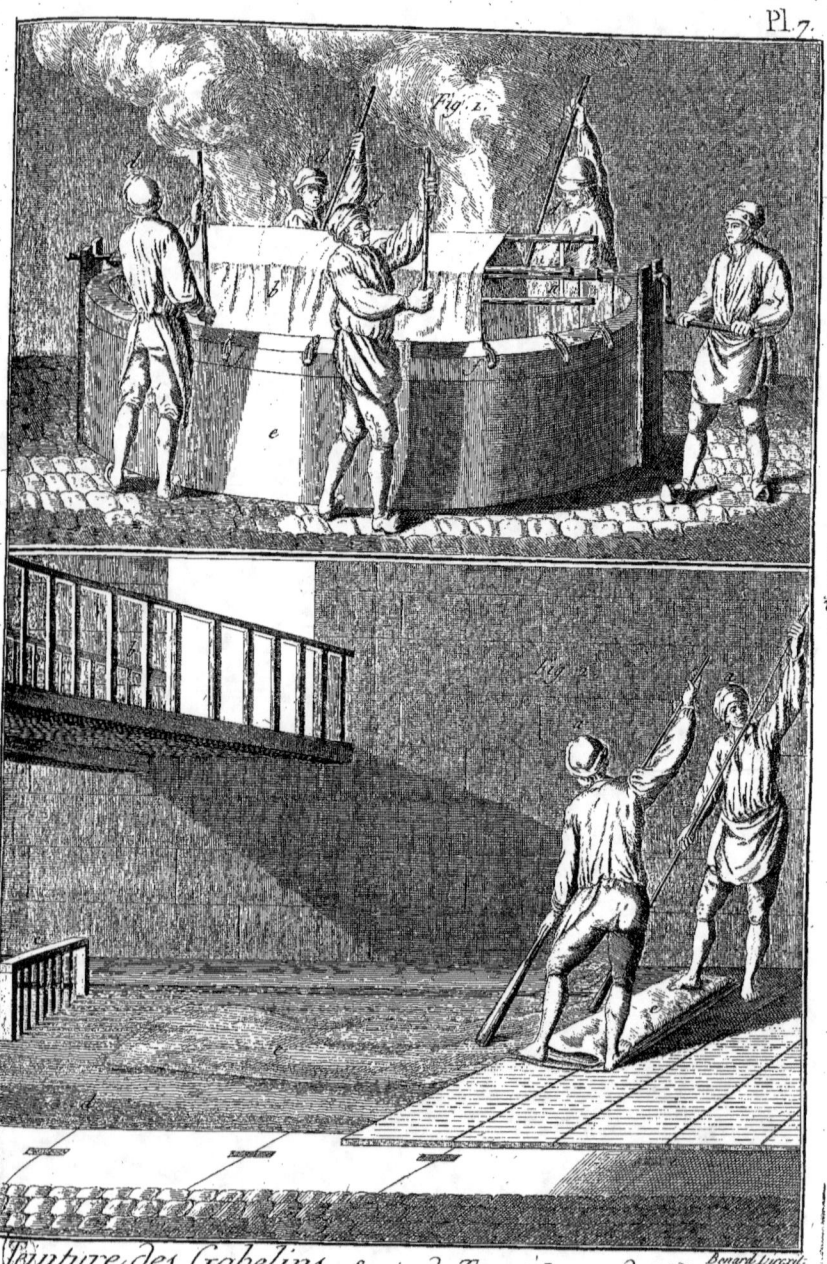

Pl. 7.

*Fig. 1.*

*Fig. 2.*

Benard Direxit.

Teinture des Gobelins, *Service du Tour et Lavage de Rivière.* 68.

Pl. 8.

Fig. 1.

Fig. 2.

Teinture des Gobelins, Service du Couchoir et le Séchoir.

Benard Direxit

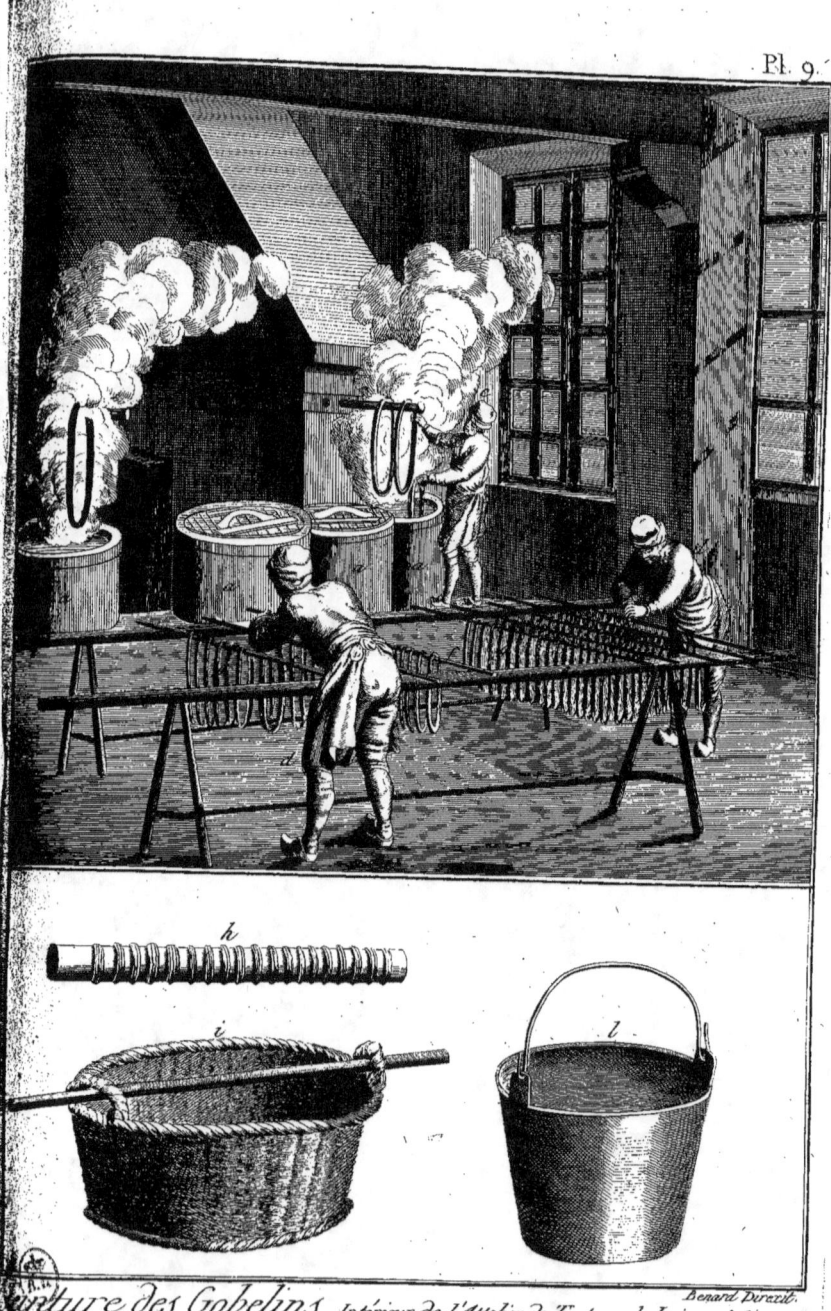

Pl. 9.

Teinture des Gobelins, *Intérieur de l'Attelier de Teinture de Laines et Soies.* 69

Benard Direxit.

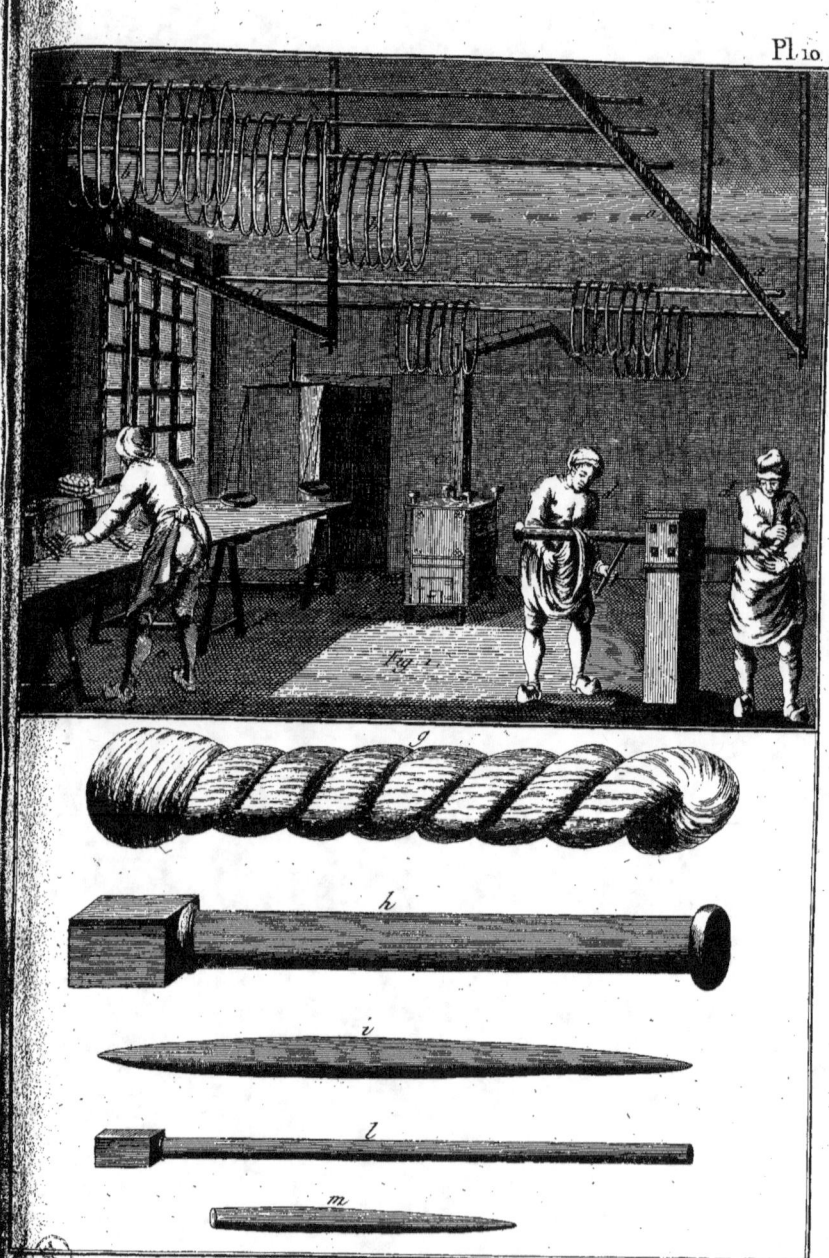

Pl. 10

*g*

*h*

*i*

*l*

*m*

Teinture des Gobelins, *Attelier du Sechoir.*

Benard Direxit

Pl. 1.re

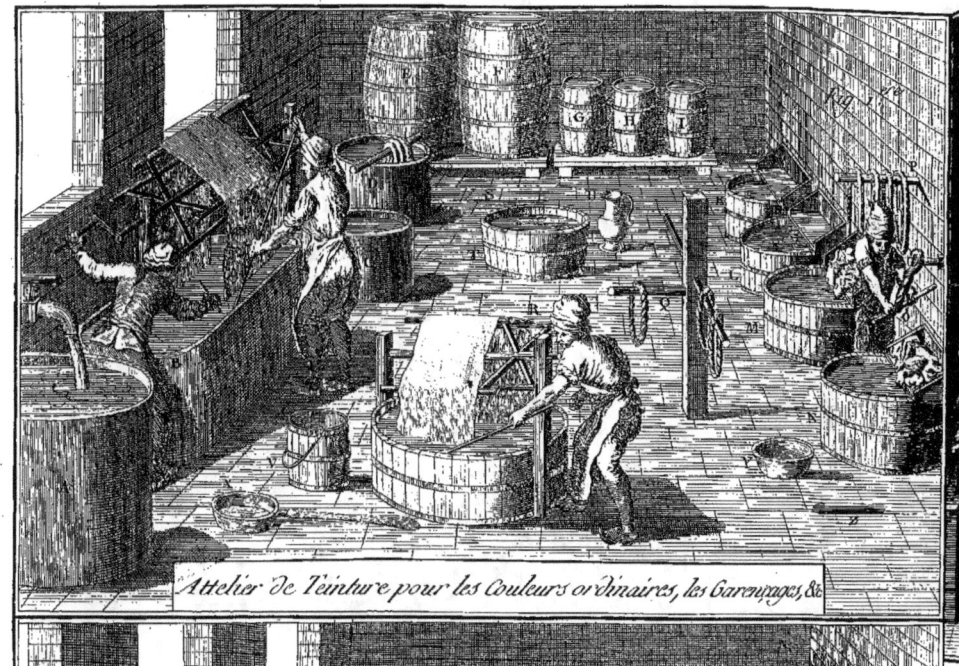

Attelier de Teinture pour les Couleurs ordinaires, les Garenpages, &c.

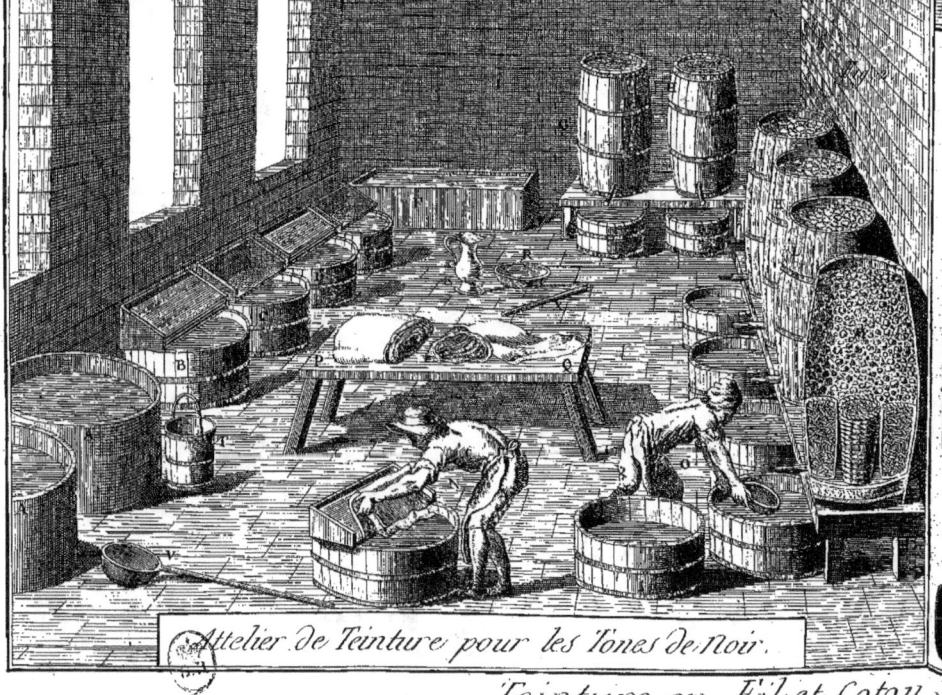

Attelier de Teinture pour les Tones de Noir.

Teinture en Fil et Coton. Differ.

Pl. 2.

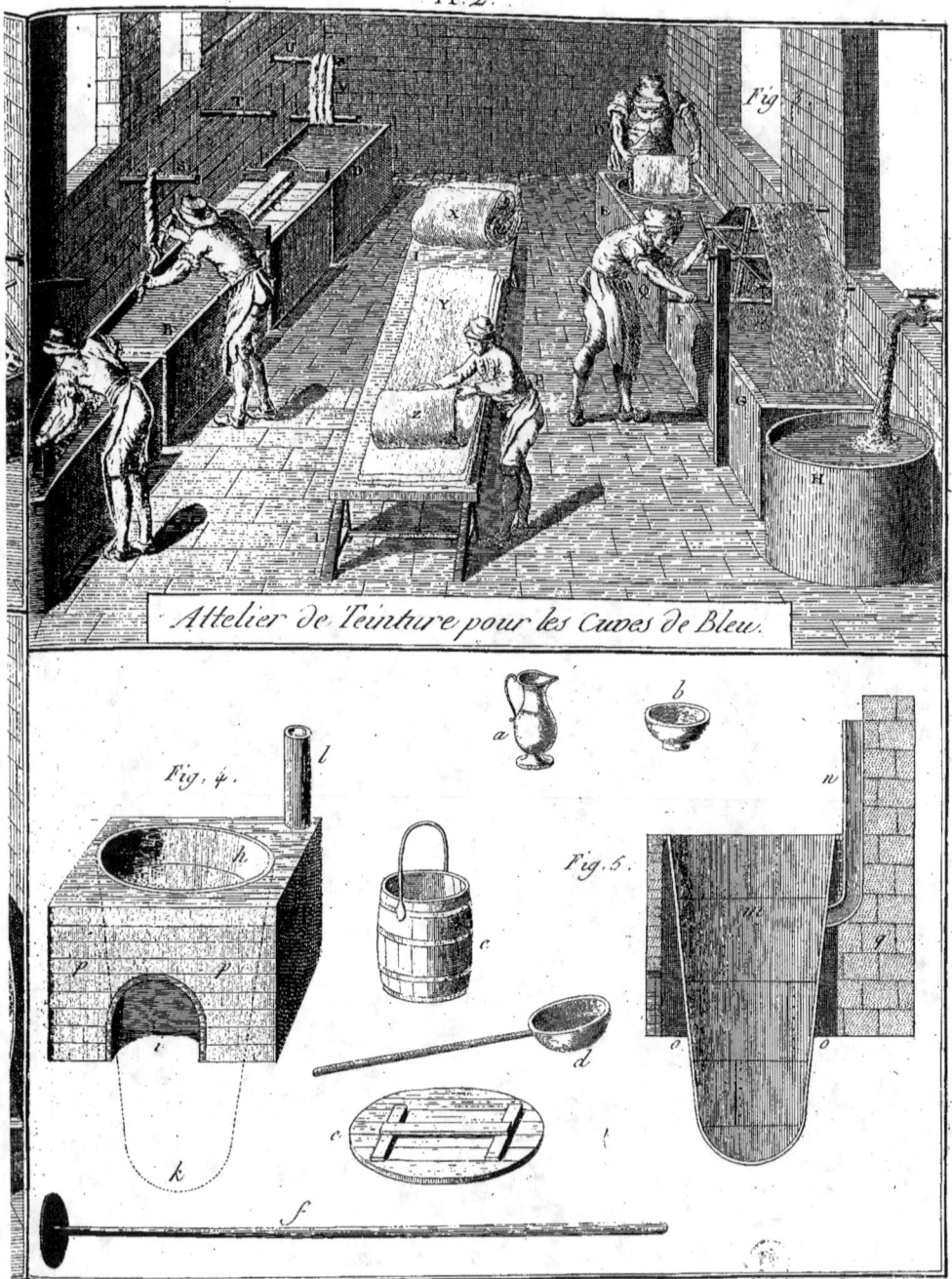

Fig. 3.

Attelier de Teinture pour les Cuves de Bleu.

Fig. 4.

Fig. 5.

Benard Direx.

2. Différens Atteliers et Ustenciles.

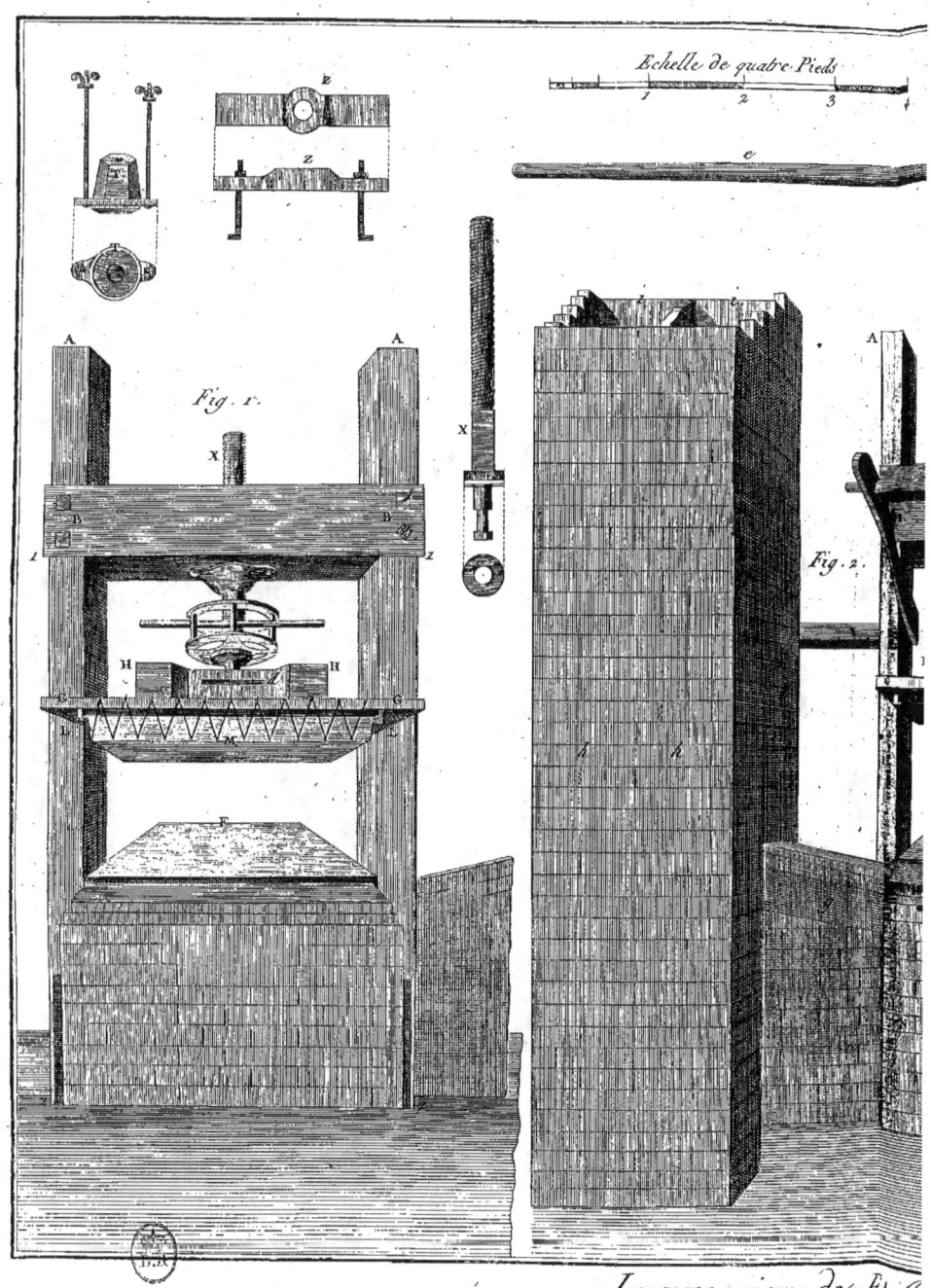

Echelle de quatre Pieds

*Fig. 1.*

*Fig. 2.*

*Impression des Etoffe*

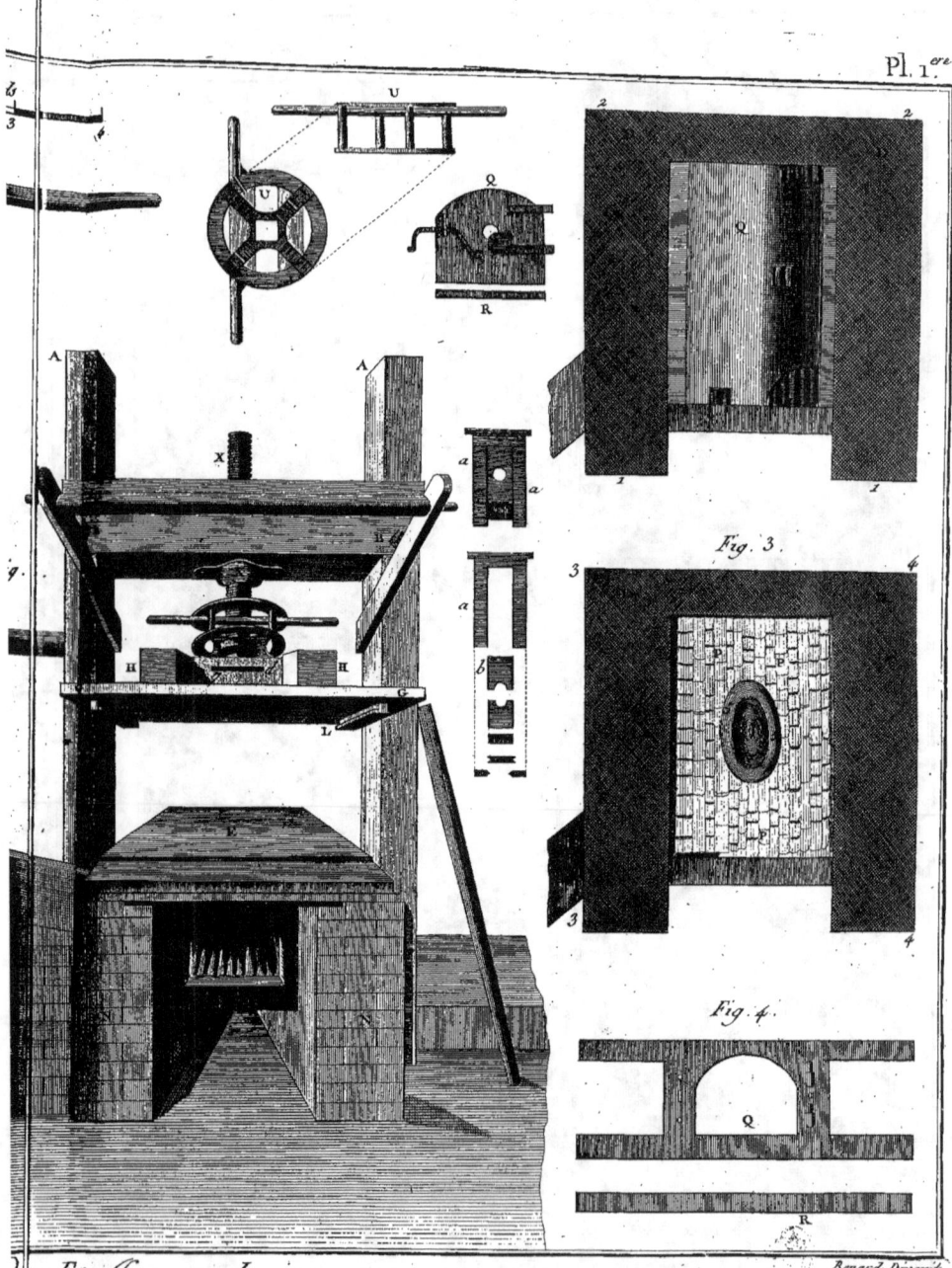

Pl. 1.<sup>ere</sup>

Fig. 3.

Fig. 4.

*la Etoffes en Laine.*

Benard Direxit

7.

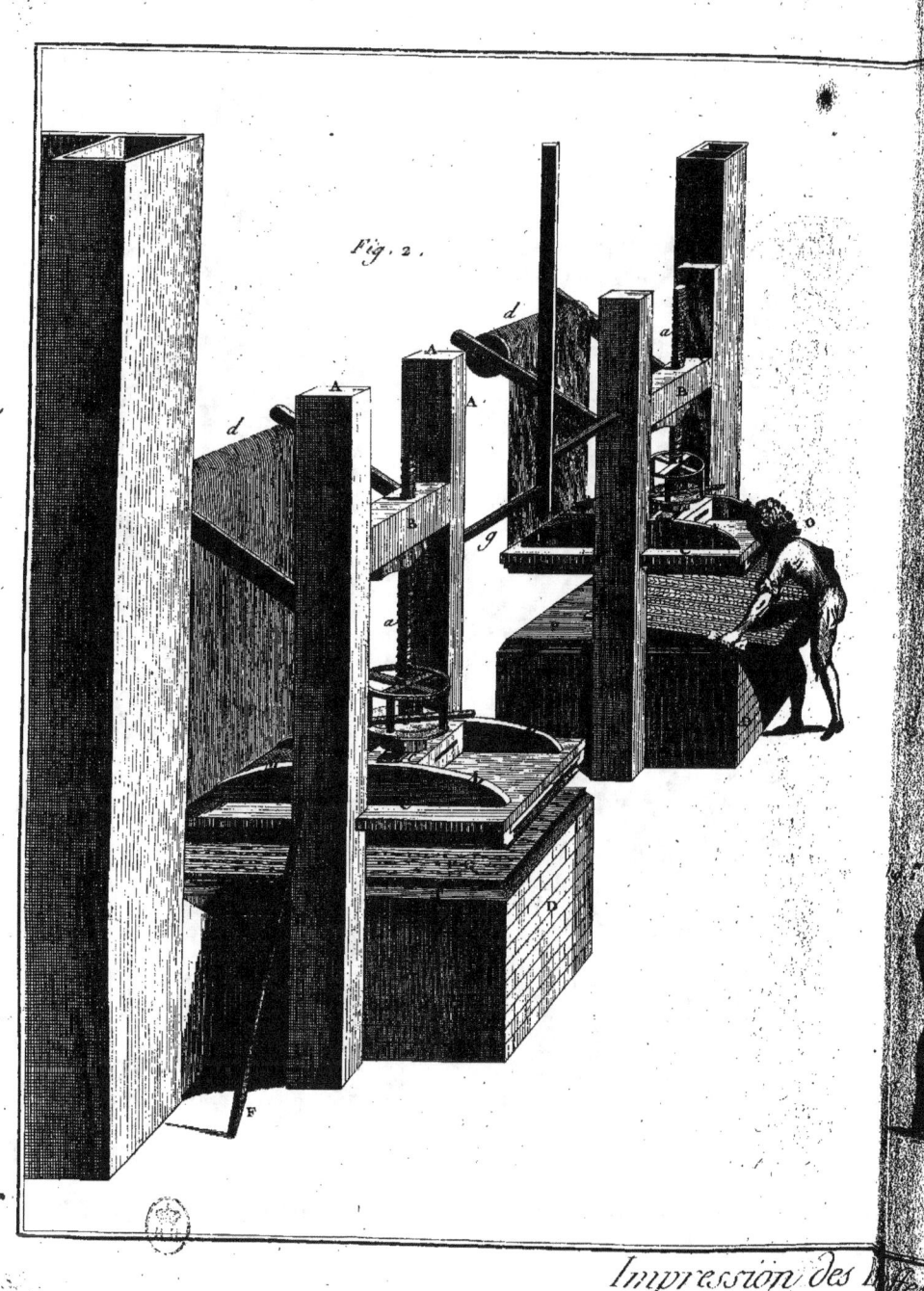

*Fig. 2.*

*Impression des E...fes*

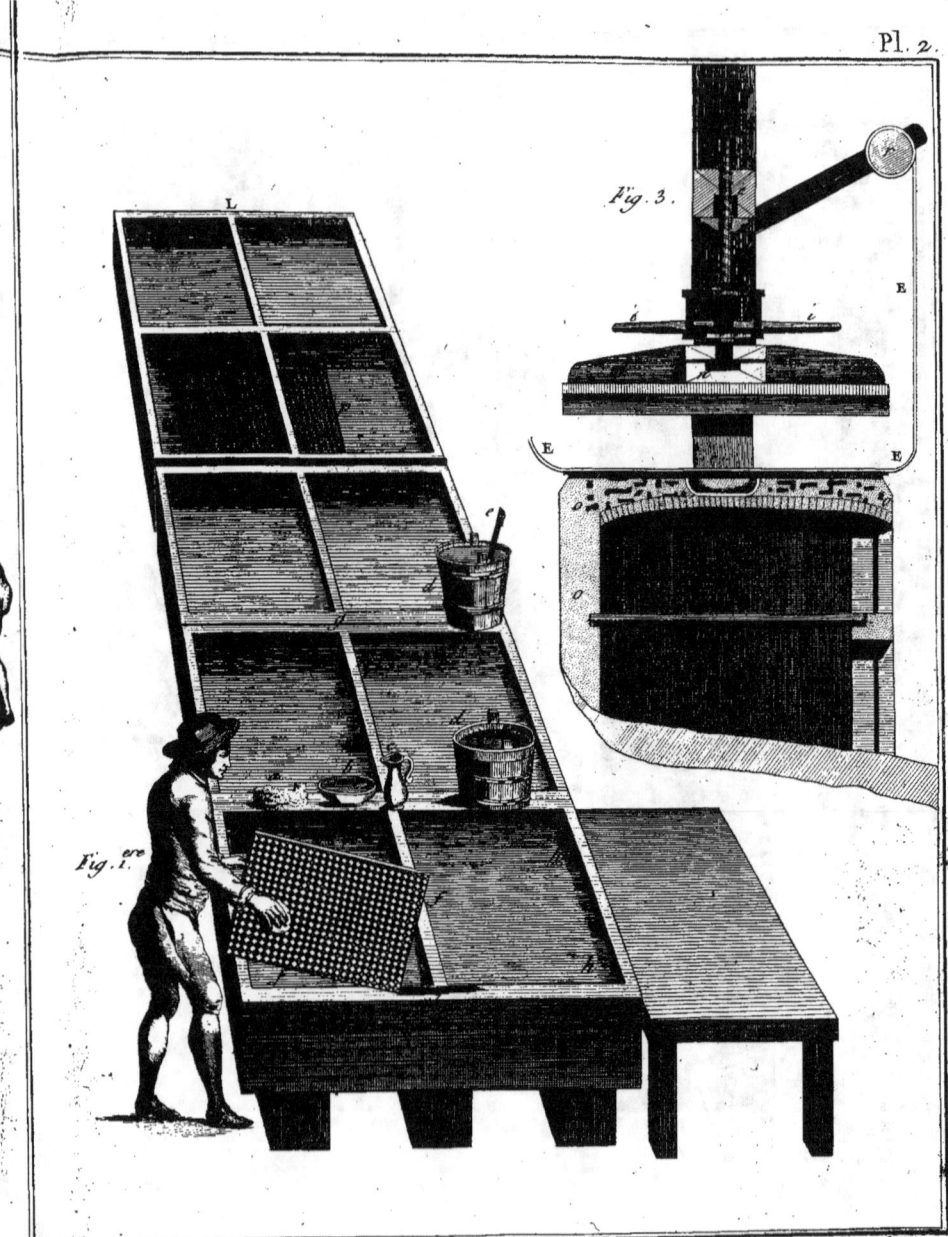

Pl. 2

Fig. 3.

L

Fig. 1.ere

Benard Direx.

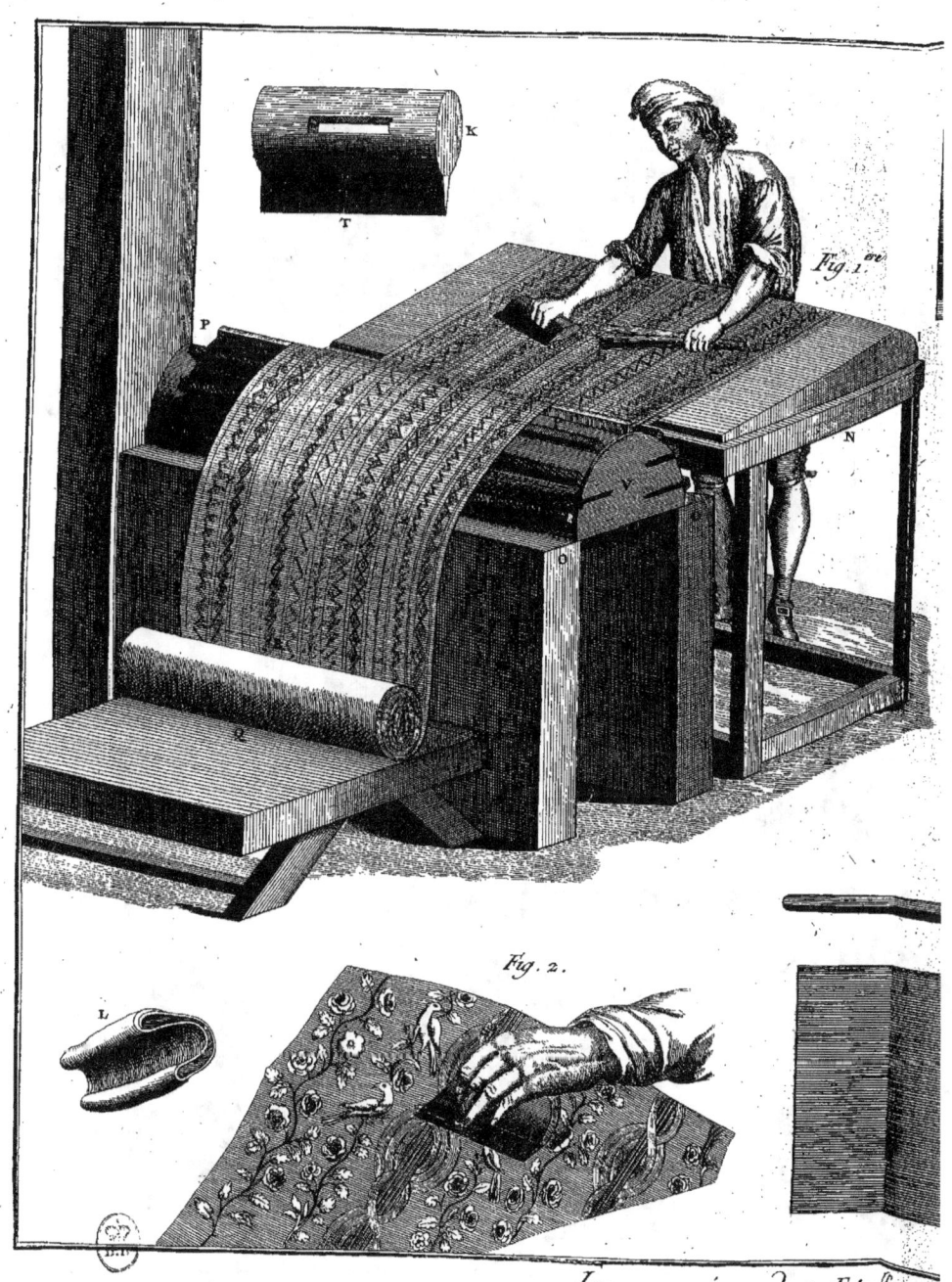

Fig. 1.ère

Fig. 2.

Impression des Etoffes en

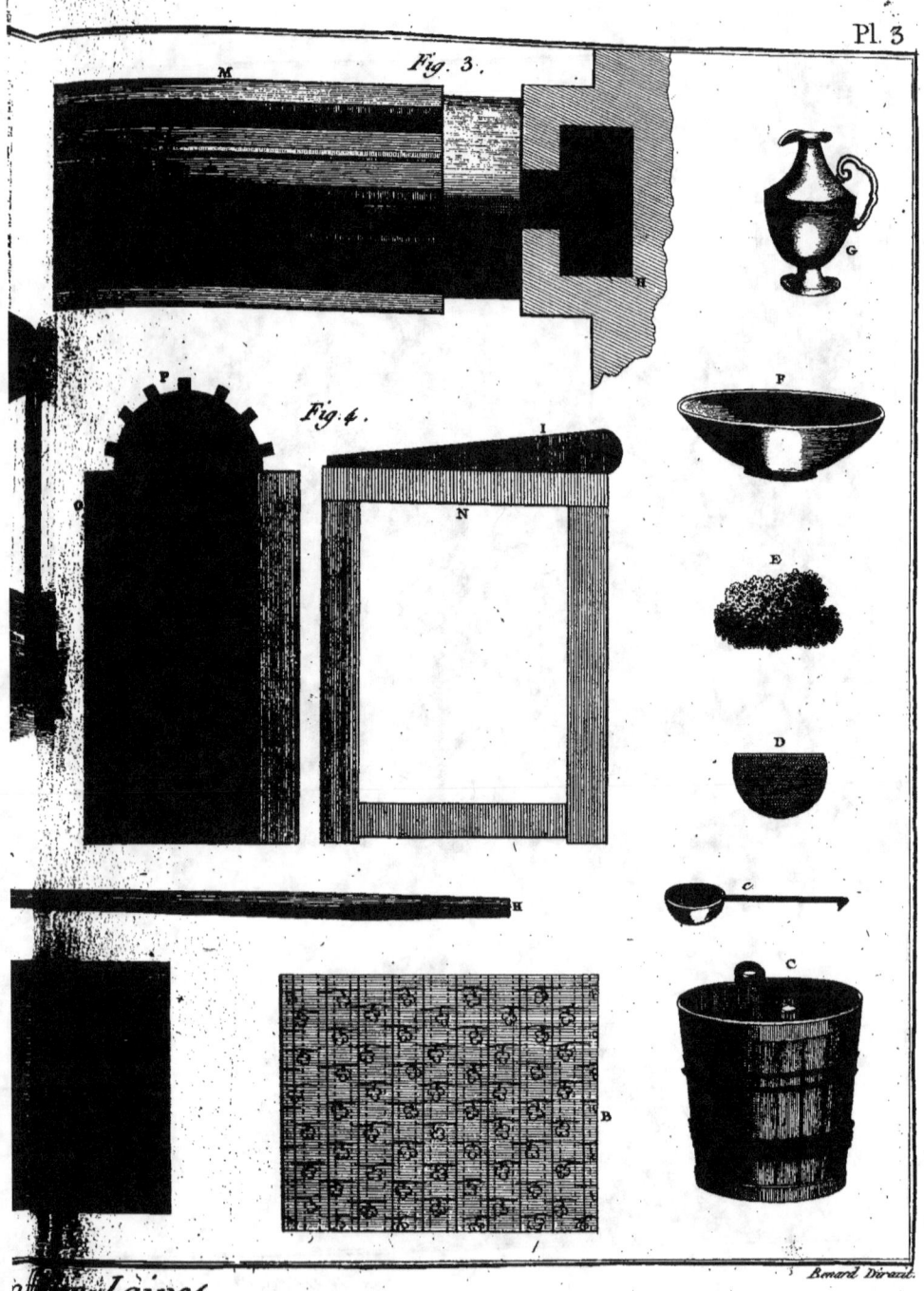

Pl. 3

Fig. 3.

Fig. 4.

Laines.

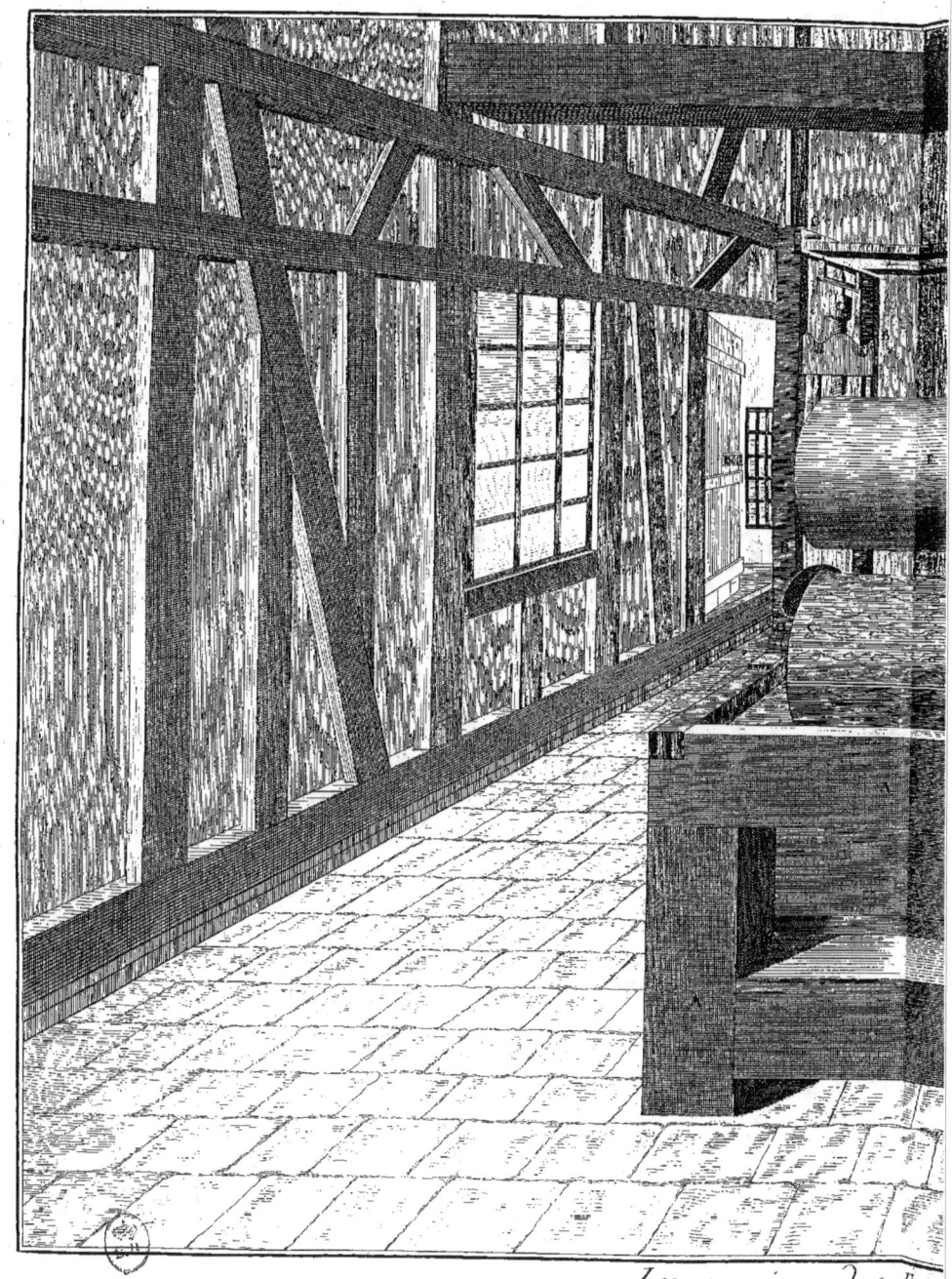

*Impression des Éto*

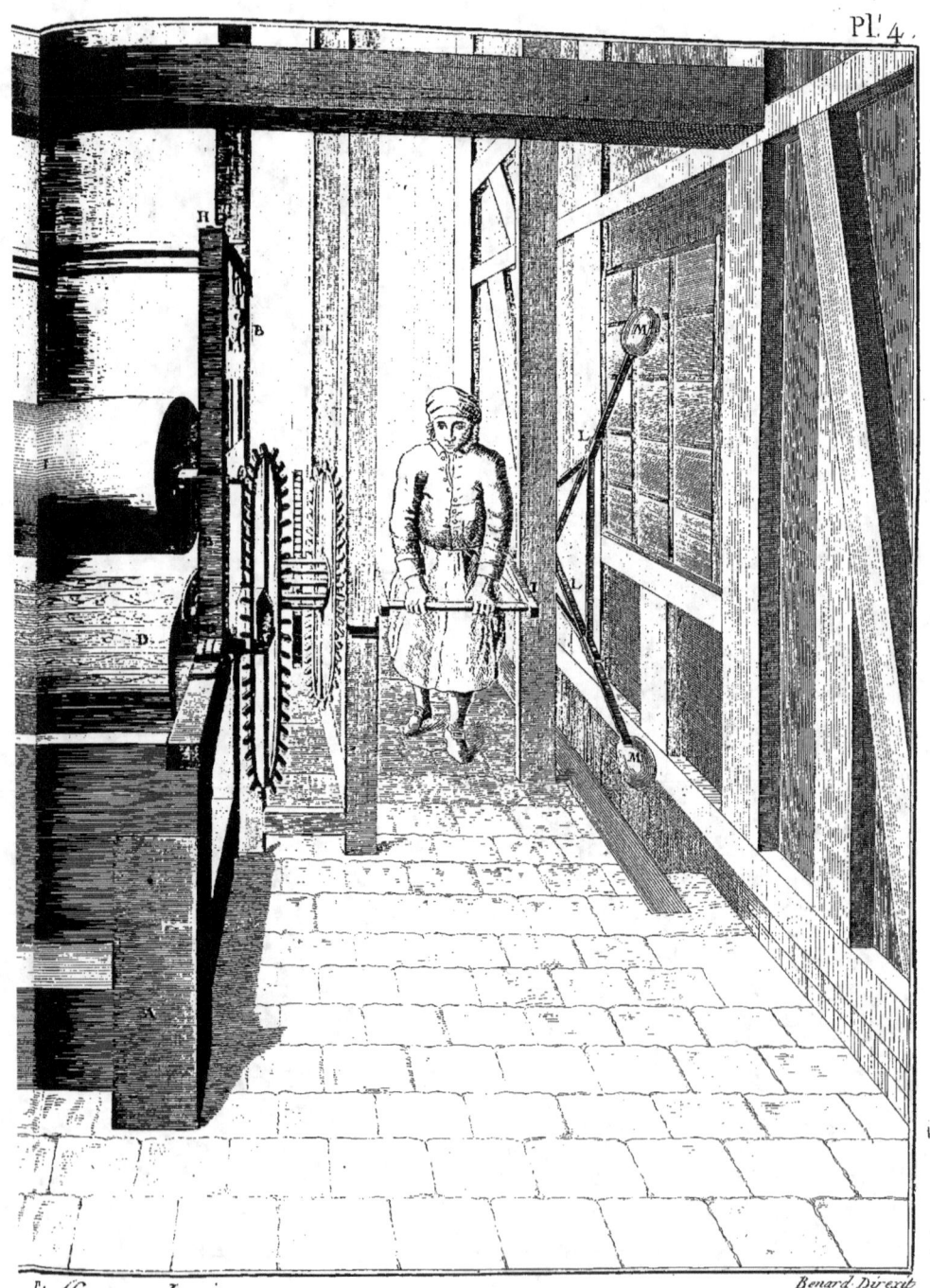

Etoffes en Laine.

Benard Direxit

74.

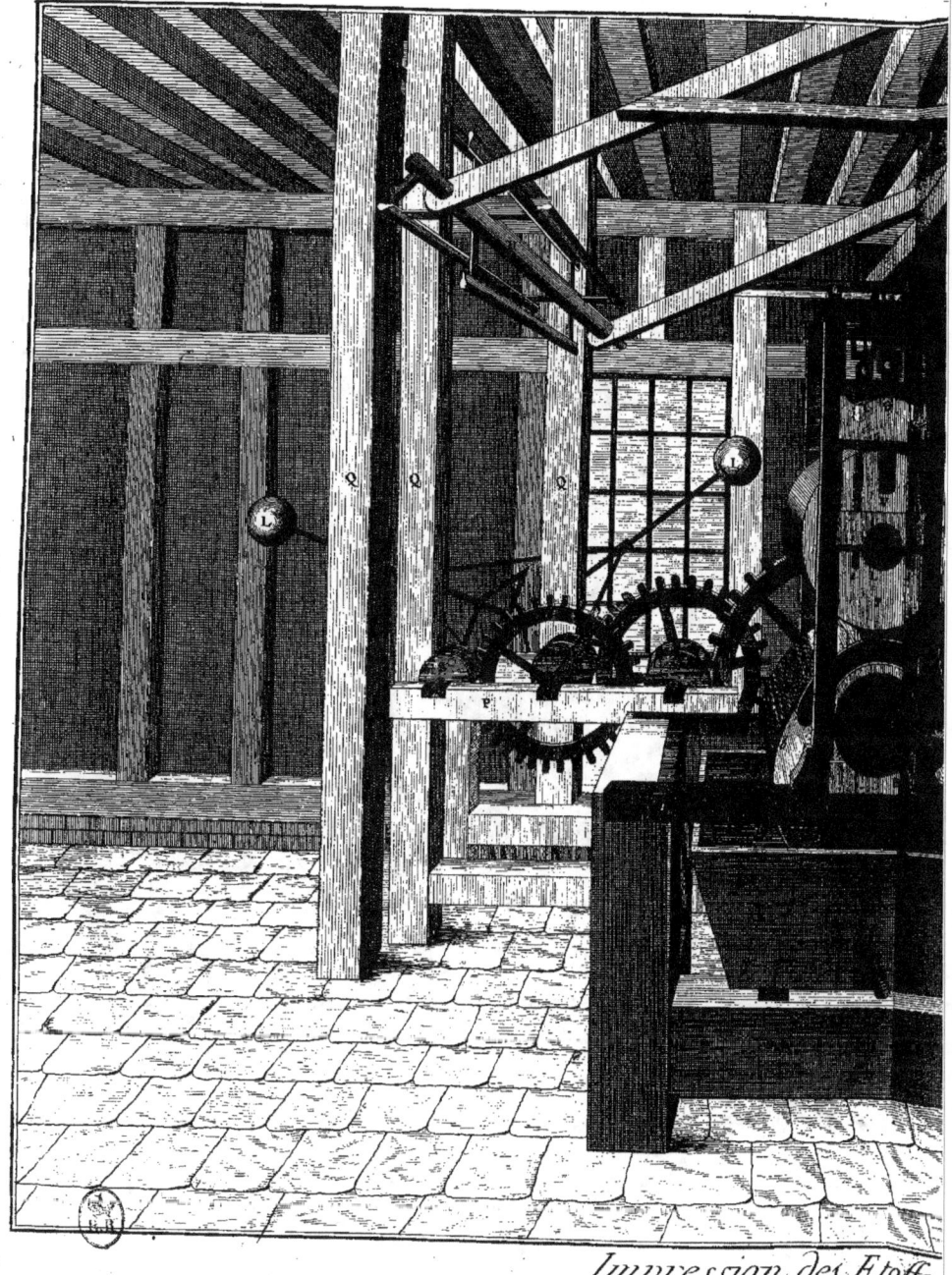

*Impression des Etoffes*

Pl. 5.

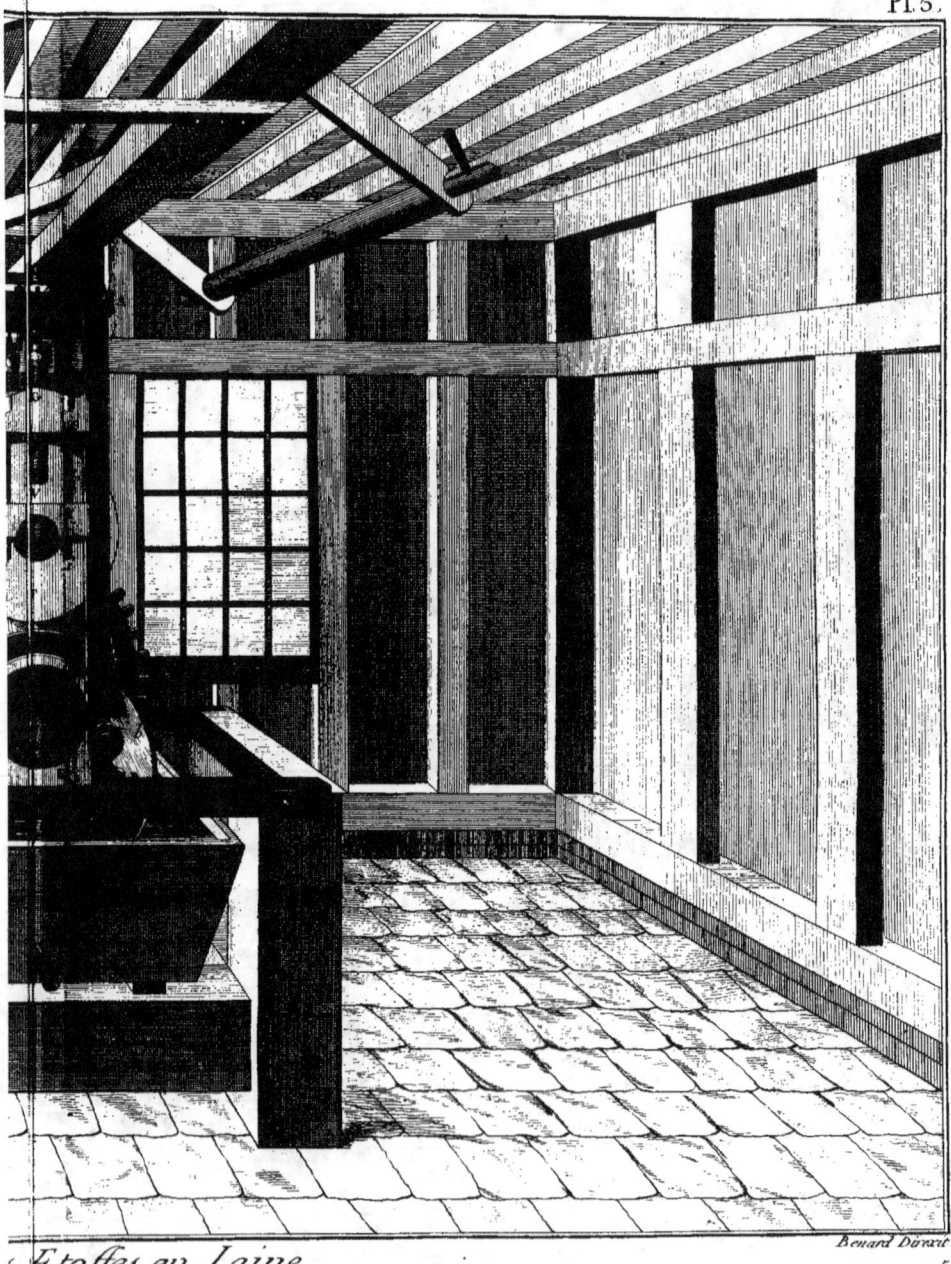

*Etoffes en Laine.*

Benard Direxit

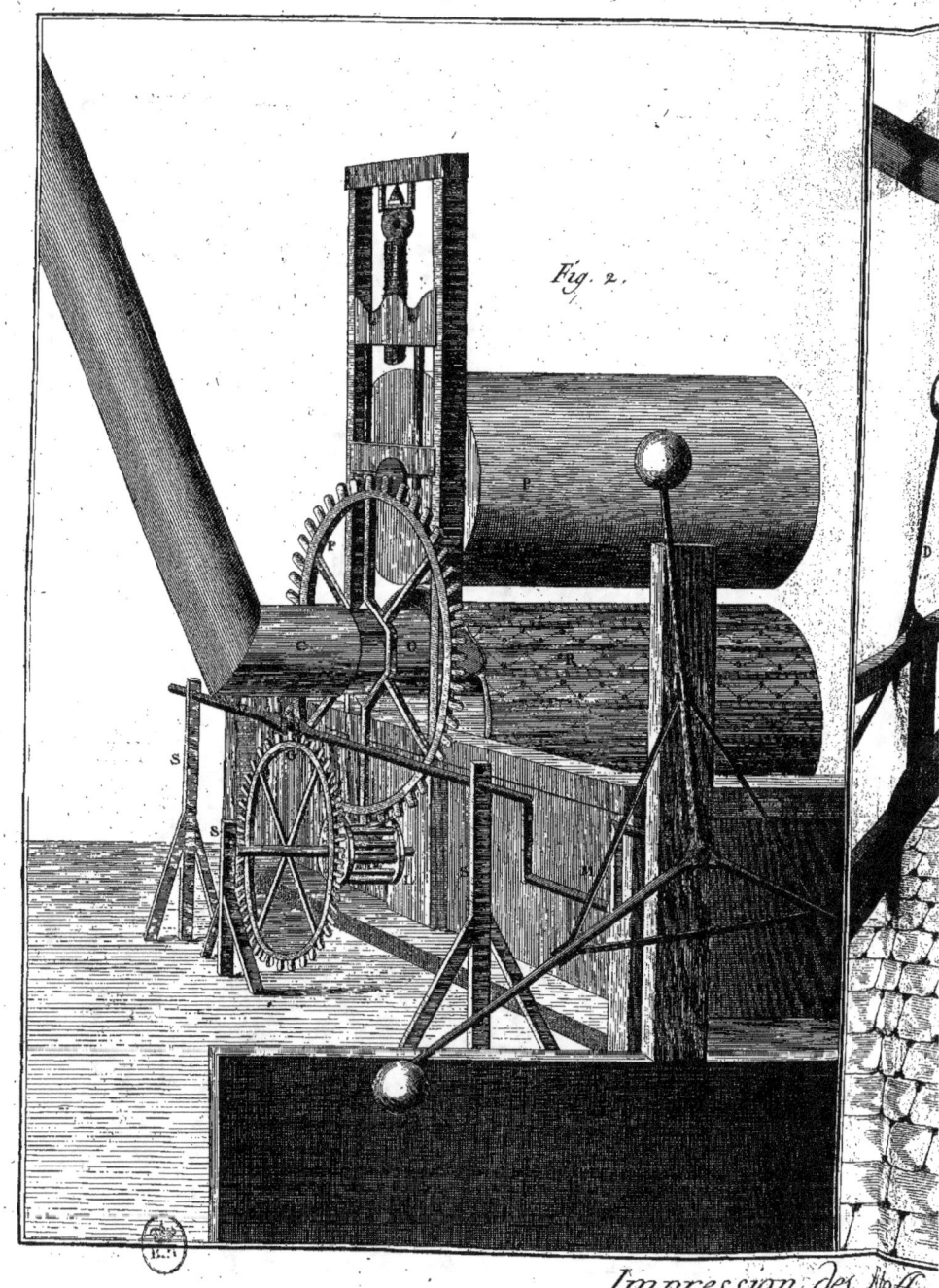

Fig. 2.

*Impression des Ptoffes*

Pl. 6.

Echelle de la Figure 1.^ere

1          2          3          Pieds.
                                4

Fig. 1.^ere

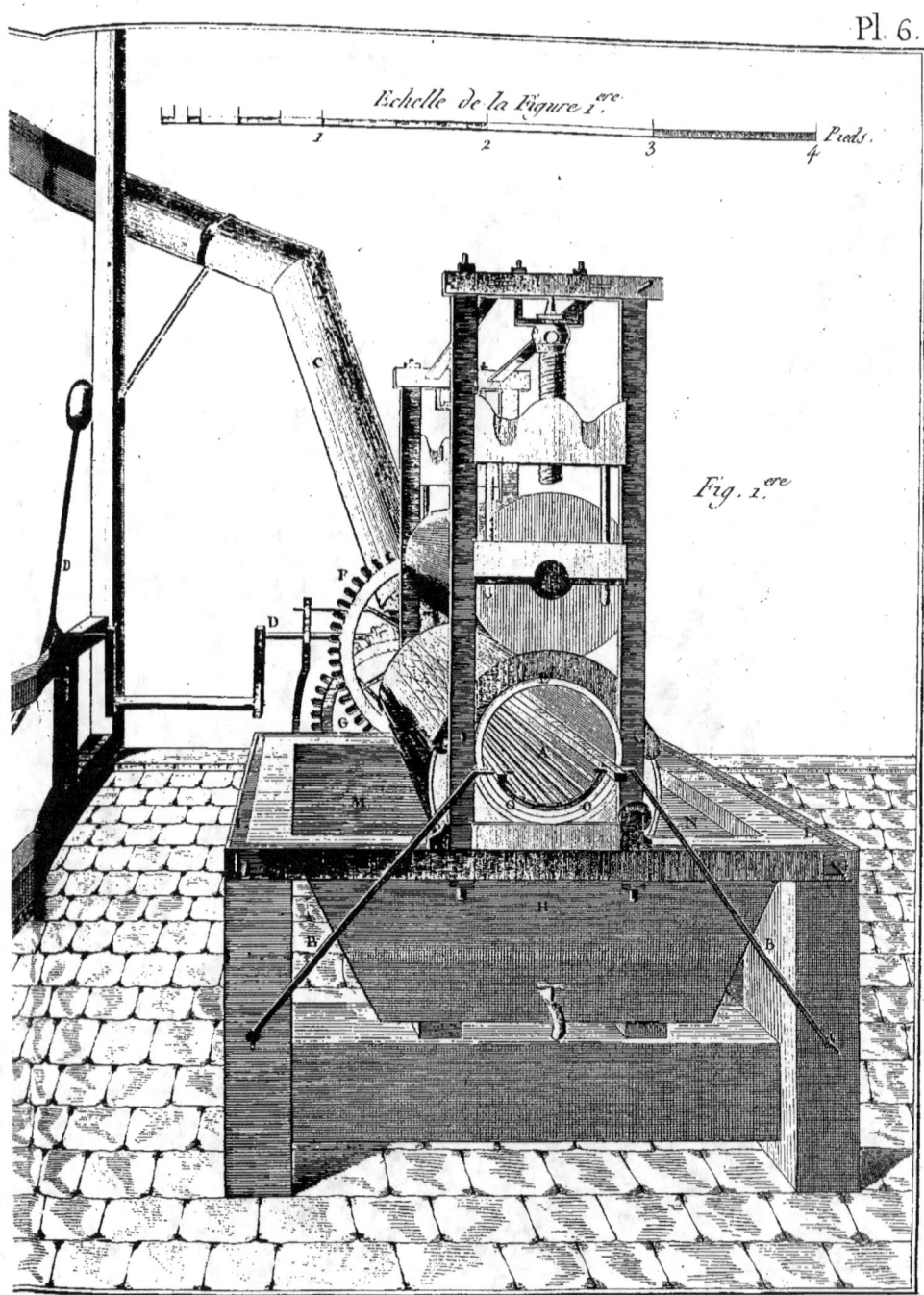

Etoffes en Laine.

Benard Direxit.

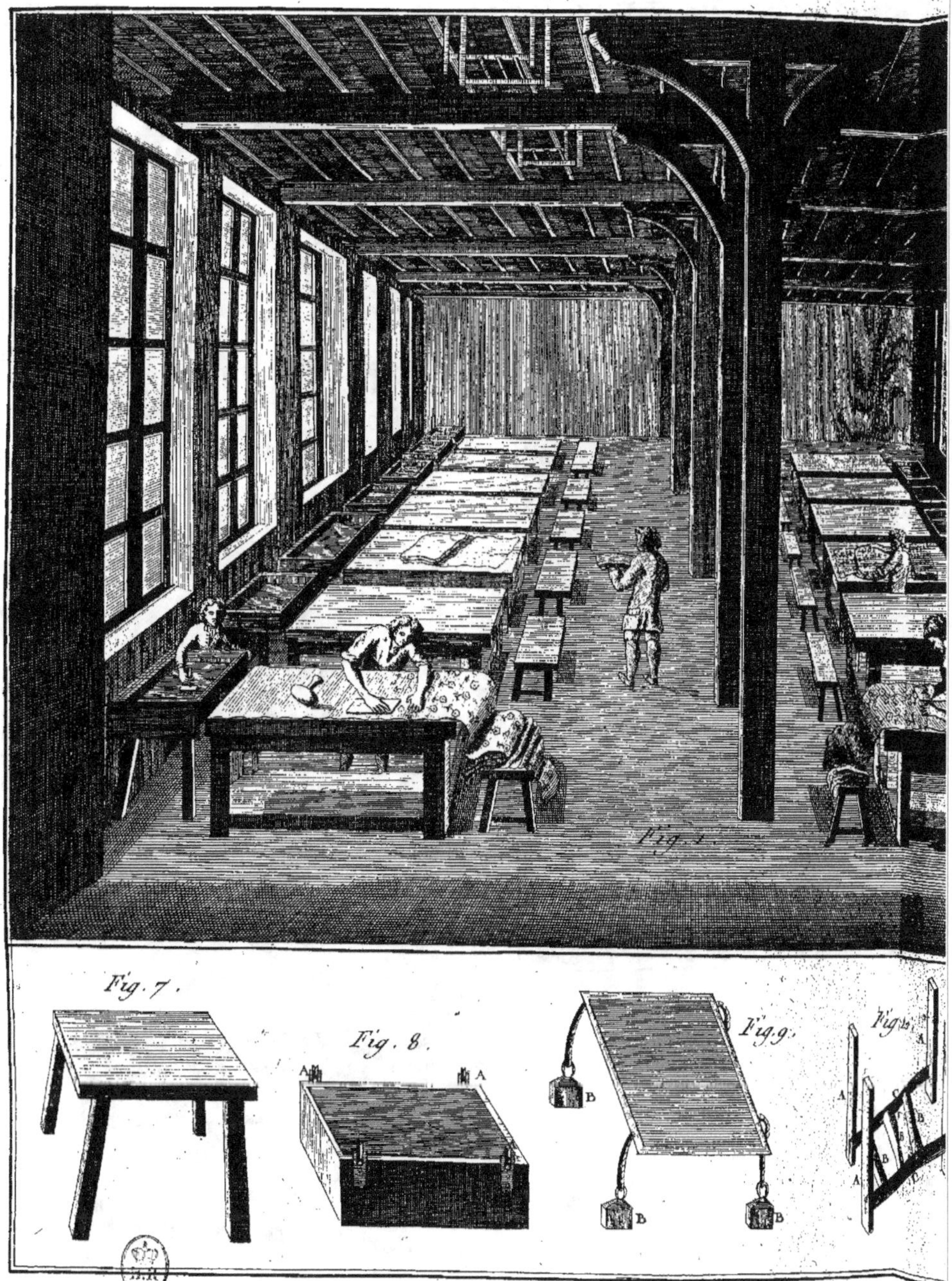

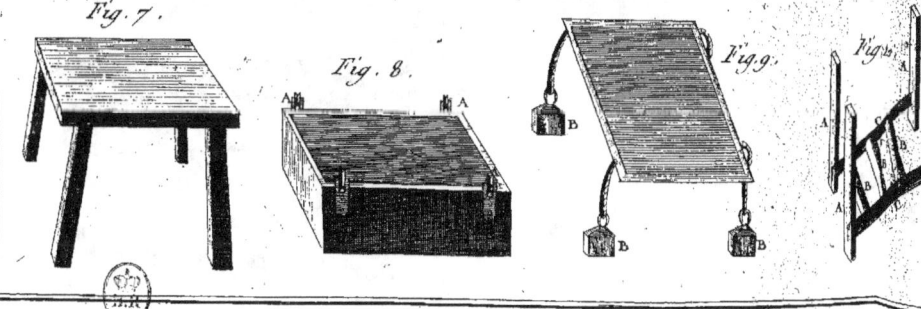

Fig. 7.

Fig. 8.

Fig. 9.

Attelier et Impression

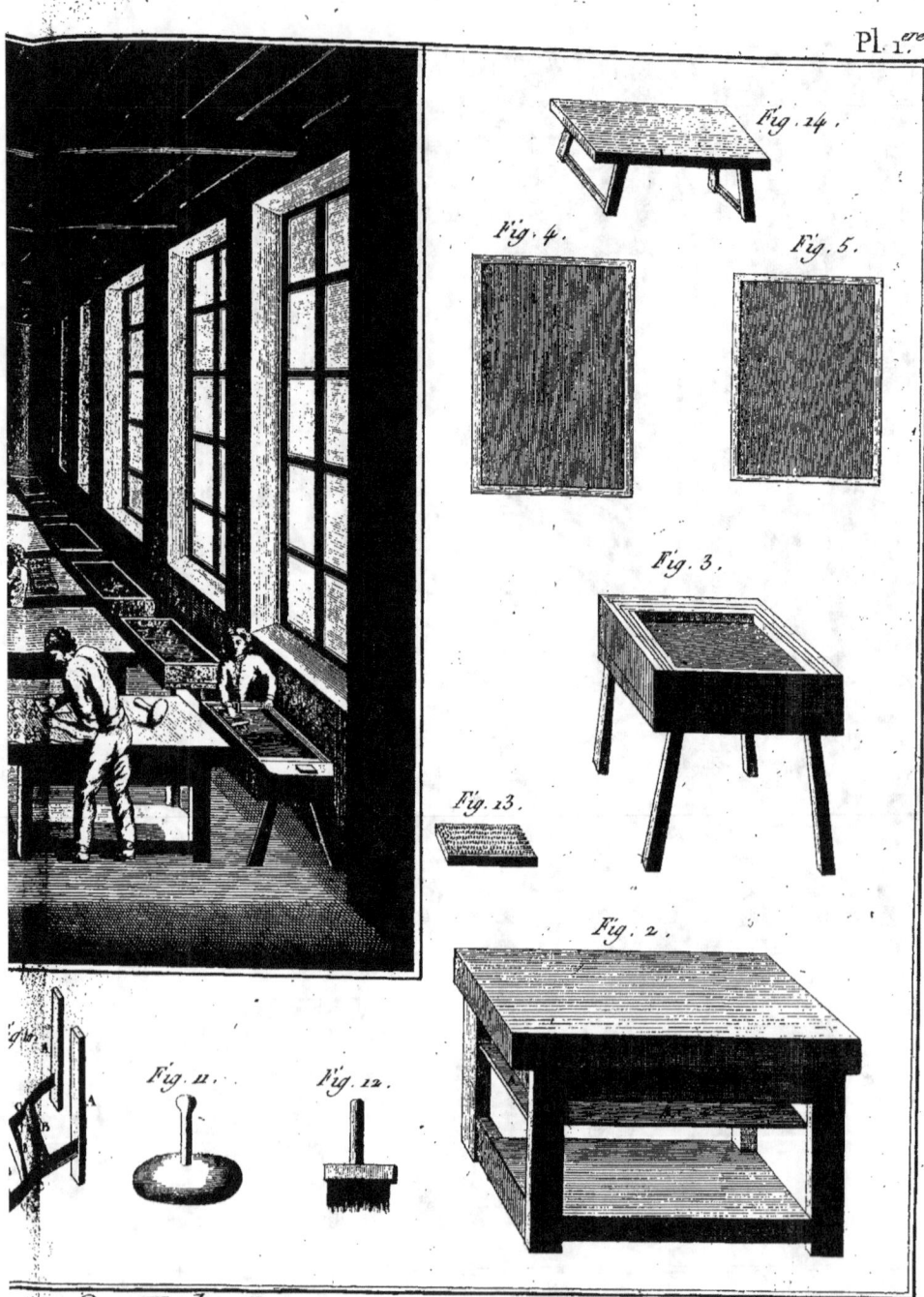

Pl. 1.<sup>ere</sup>

Fig. 14.

Fig. 4.    Fig. 5.

Fig. 3.

Fig. 13.

Fig. 11.    Fig. 12.

Fig. 2.

sion des Toiles Peintes.

Benard Direxit

77.

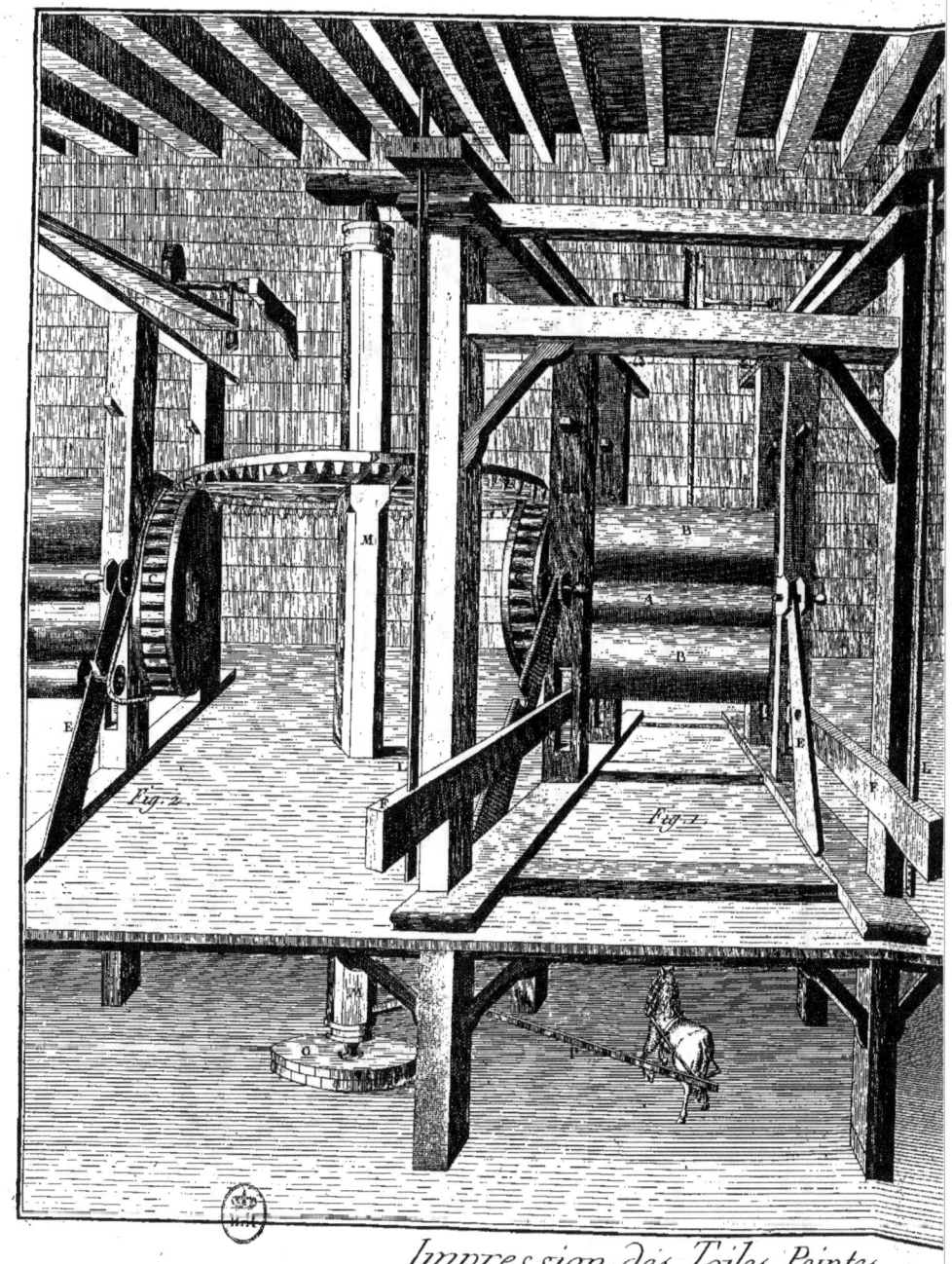

*Fig. 2.*

*Fig. 1.*

Impression des Toiles Peintes, *Différ*

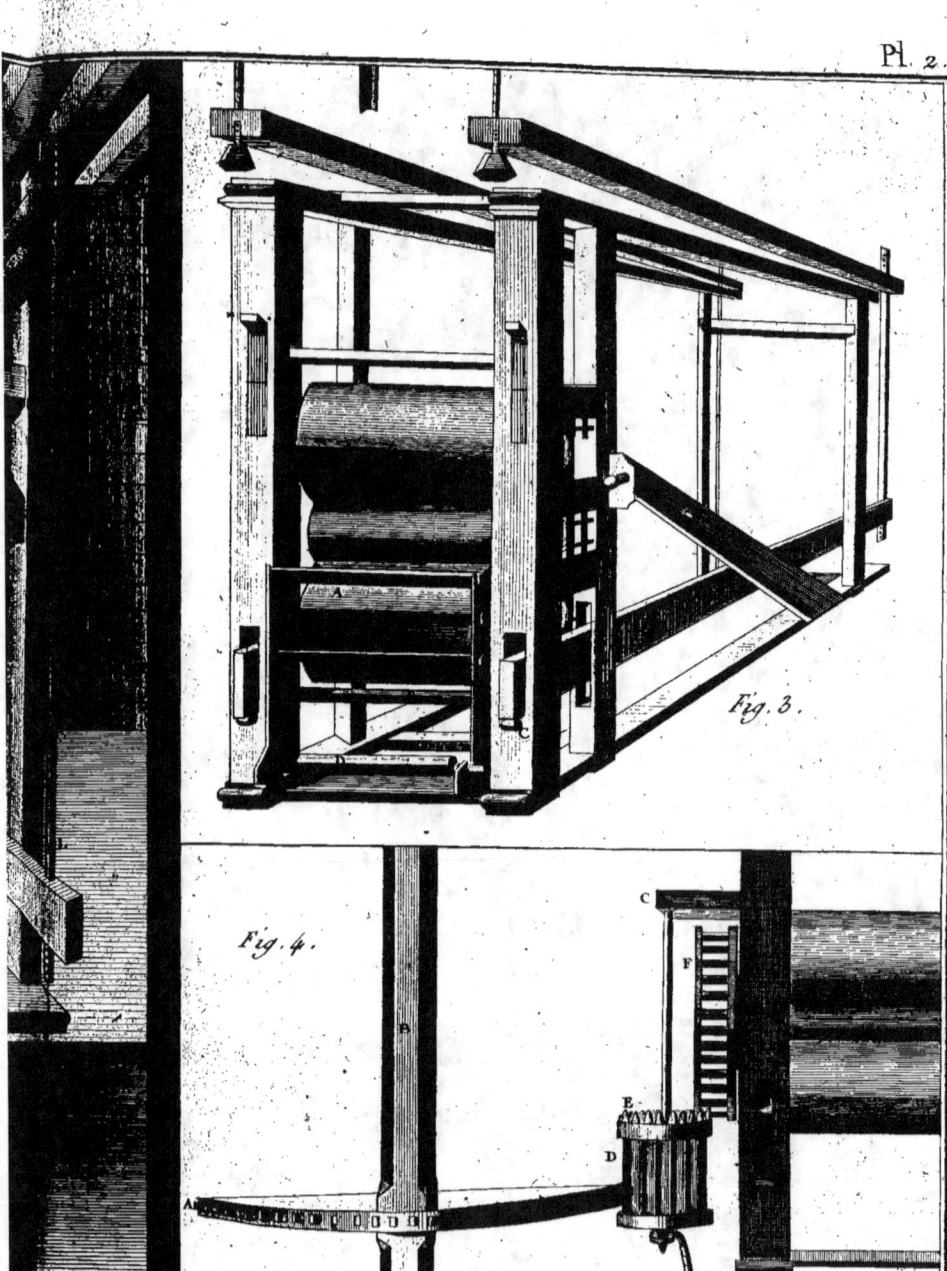

Pl. 2.

*Fig. 3.*

*Fig. 4.*

C

F

E

D

A

B

Benard Direxit.

1, *Différentes Élévations du Cylindre à Bascules.*

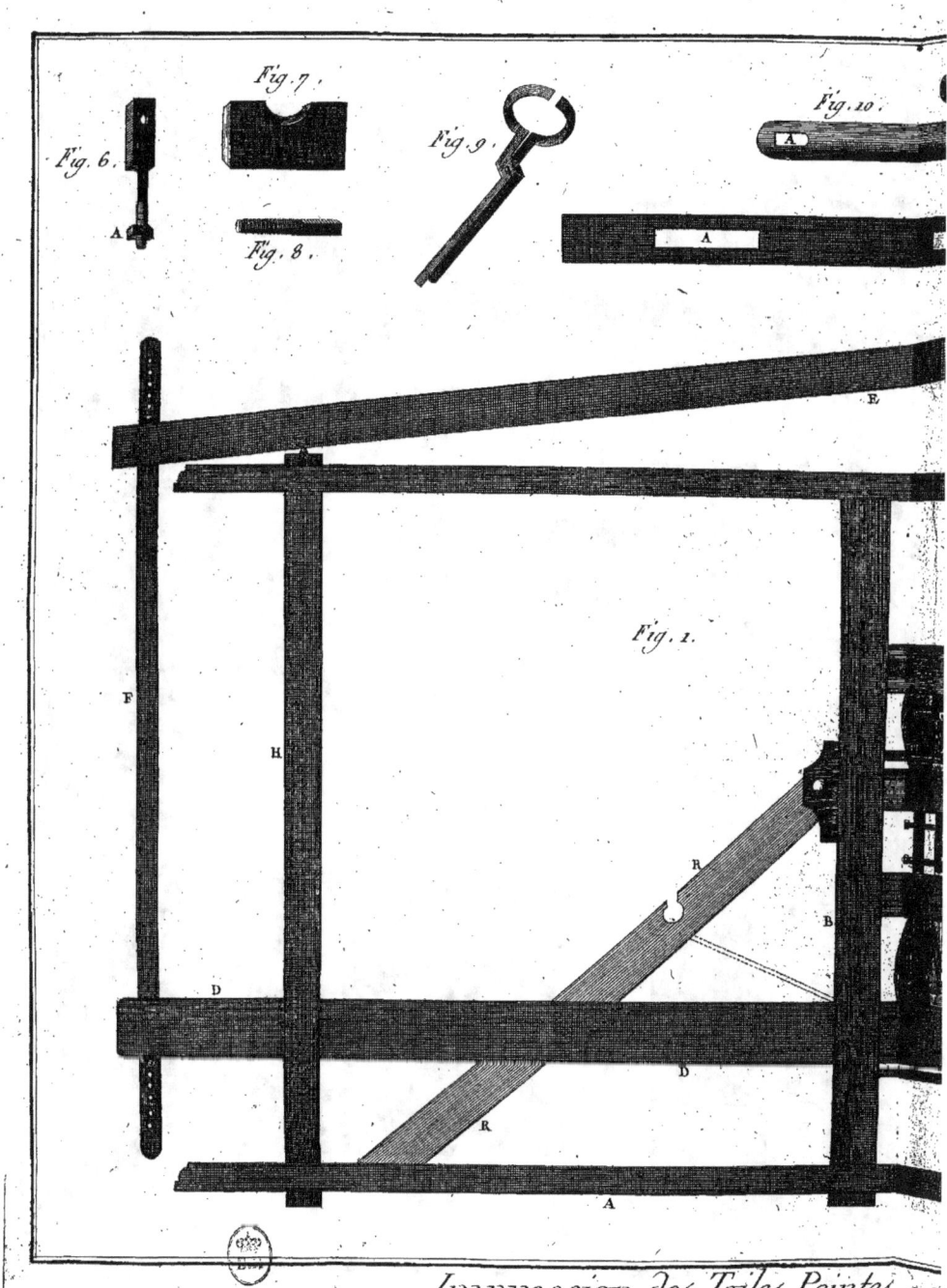

Fig. 7.

Fig. 6.

A

Fig. 8.

Fig. 9.

Fig. 10.

A

A

Fig. 1.

E

F

H

R

B

D

D

R

A

*Impression des Toiles Peintes*, Cyla

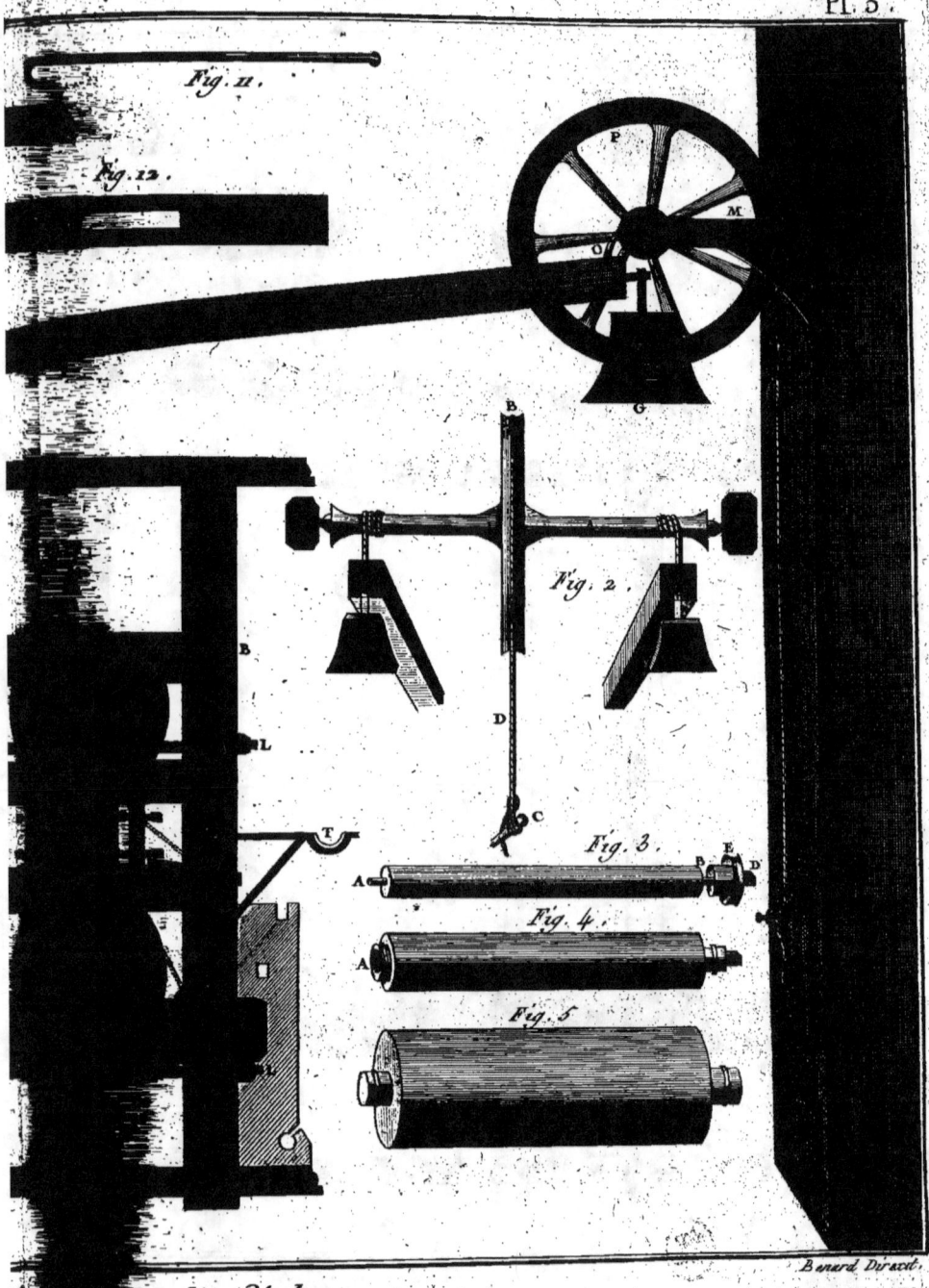

Pl. 3.

Fig. 11.

Fig. 12.

Fig. 2.

Fig. 3.

Fig. 4.

Fig. 5.

Benard Direxit.

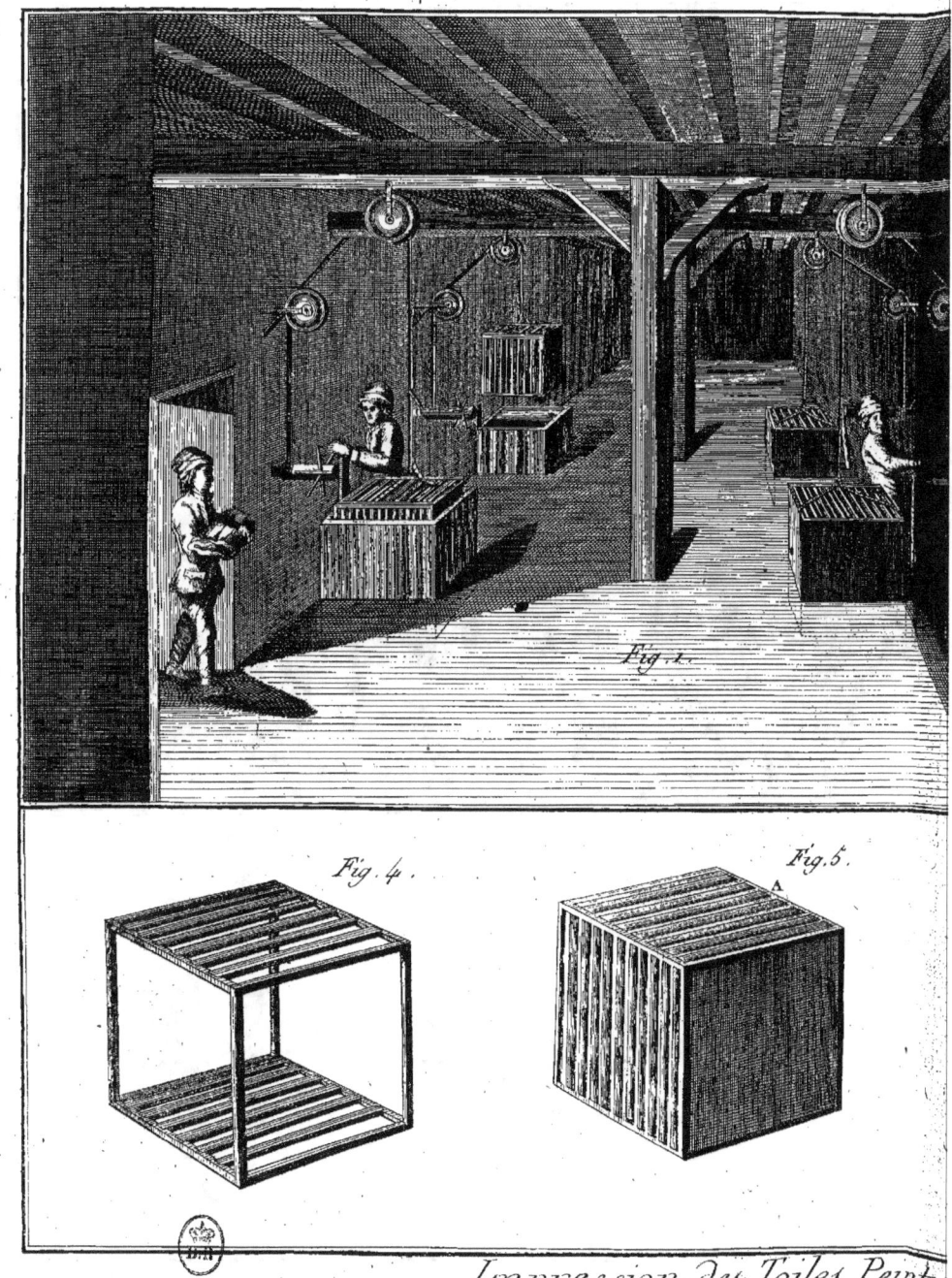

*Fig. 1.*

*Fig. 4.*

*Fig. 5.*

*Impression des Toiles Peintes*

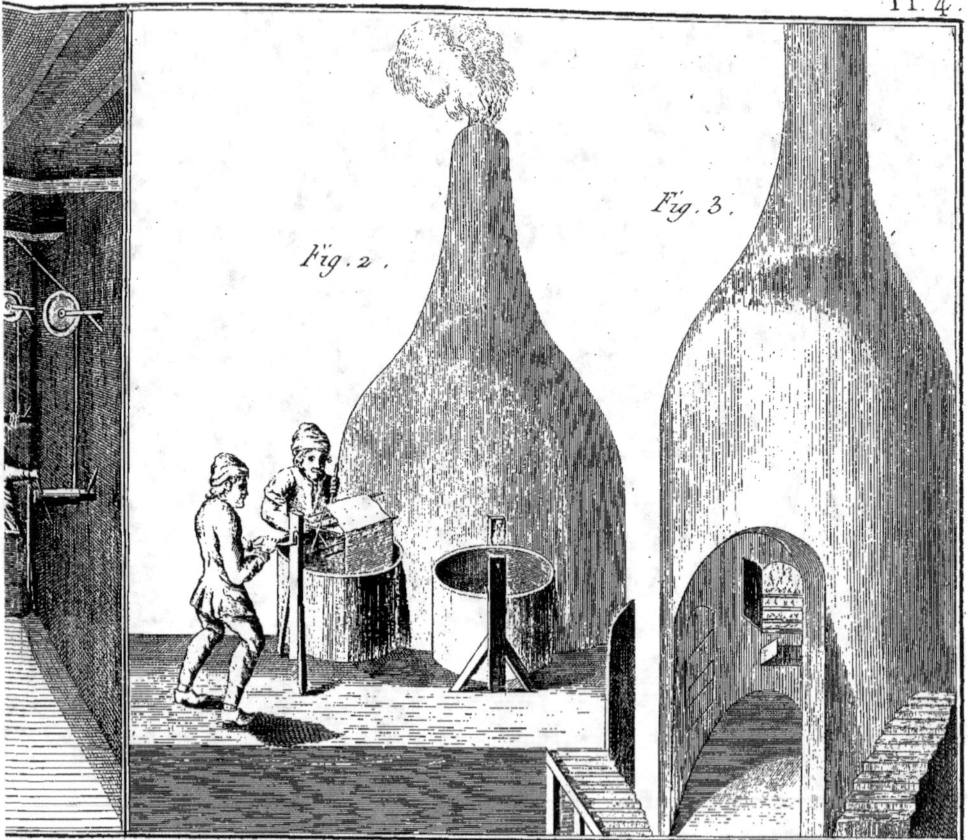

Pl. 4.

Fig. 2.

Fig. 3.

Fig. 6.

Fig. 7.

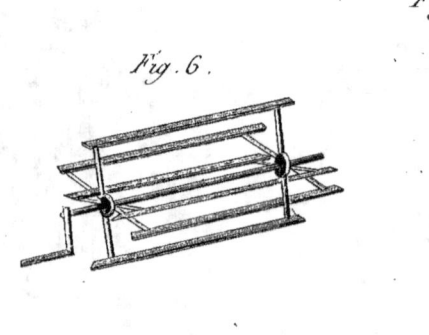

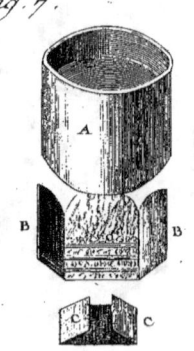

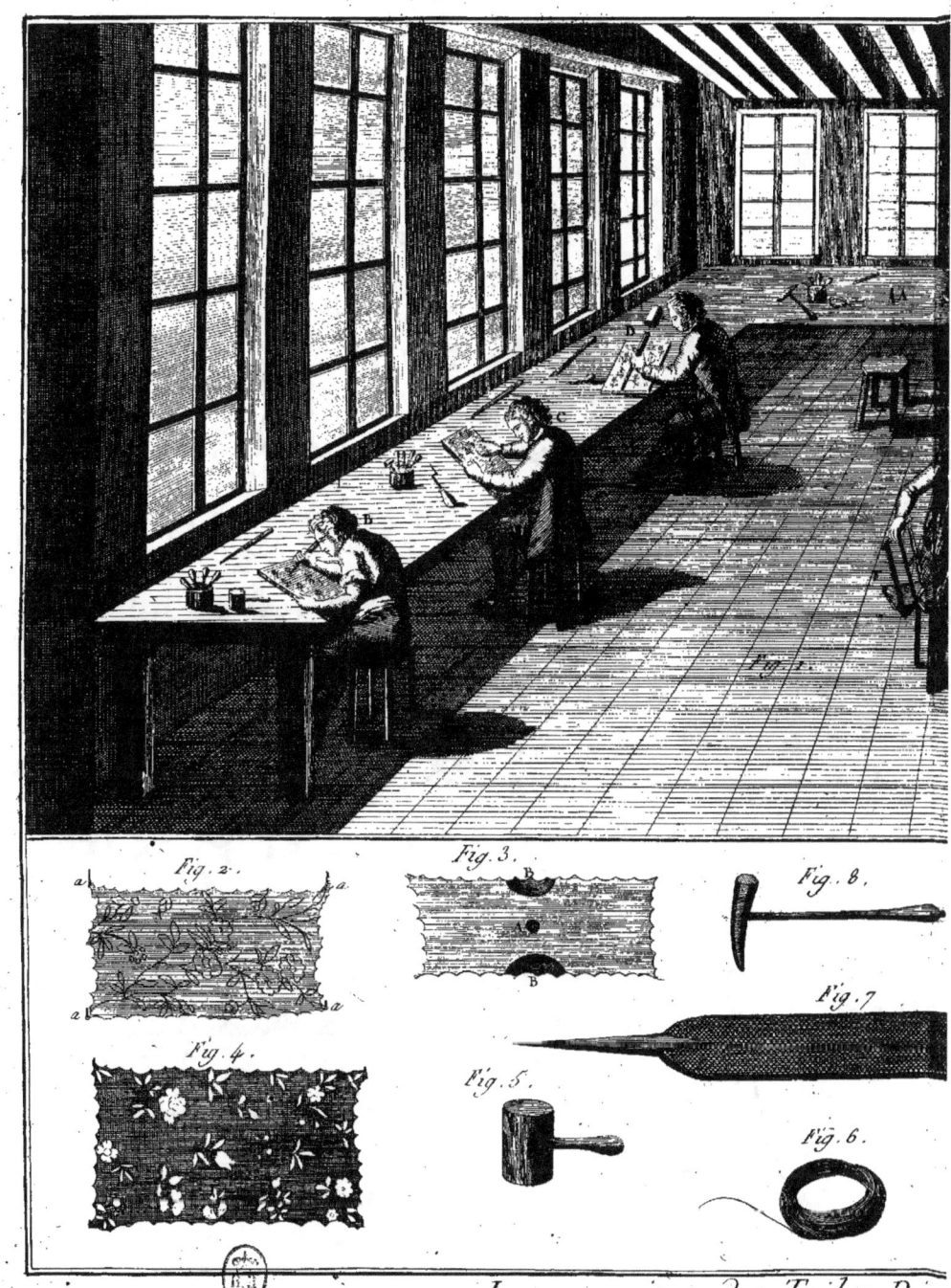

Fig. 1.

Fig. 2.

Fig. 3.

Fig. 4.

Fig. 5.

Fig. 6.

Fig. 7.

Fig. 8.

*Impression des Toiles Pein...*

Pl. 5.

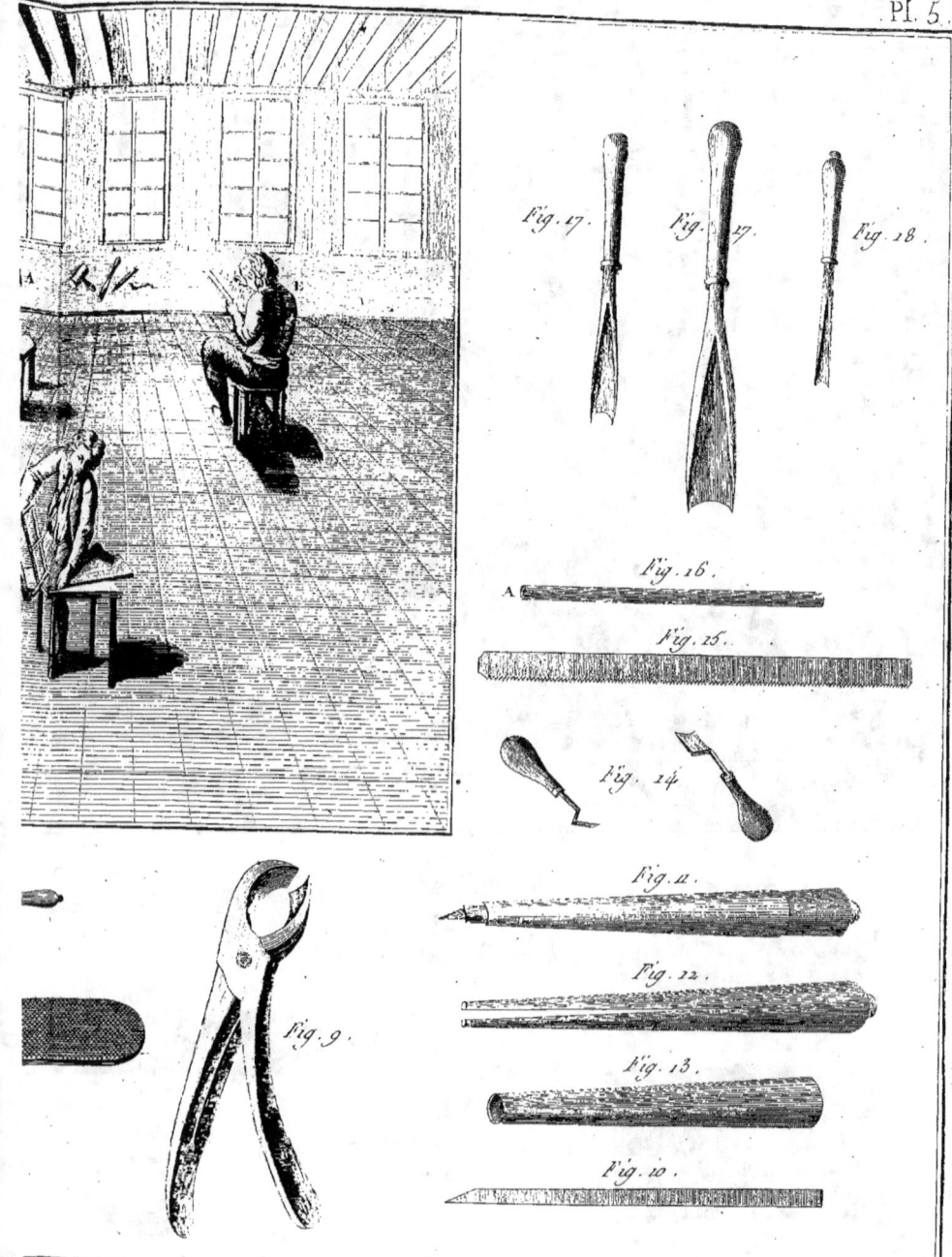

*Fig. 17.*

*Fig. 17.*

*Fig. 18.*

*Fig. 16.*

A

*Fig. 15.*

*Fig. 14.*

*Fig. 11.*

*Fig. 9.*

*Fig. 12.*

*Fig. 13.*

*Fig. 10.*

Pointes, Attelier des Graveurs, Mordes, Outils, &c.

Benard Direxit.

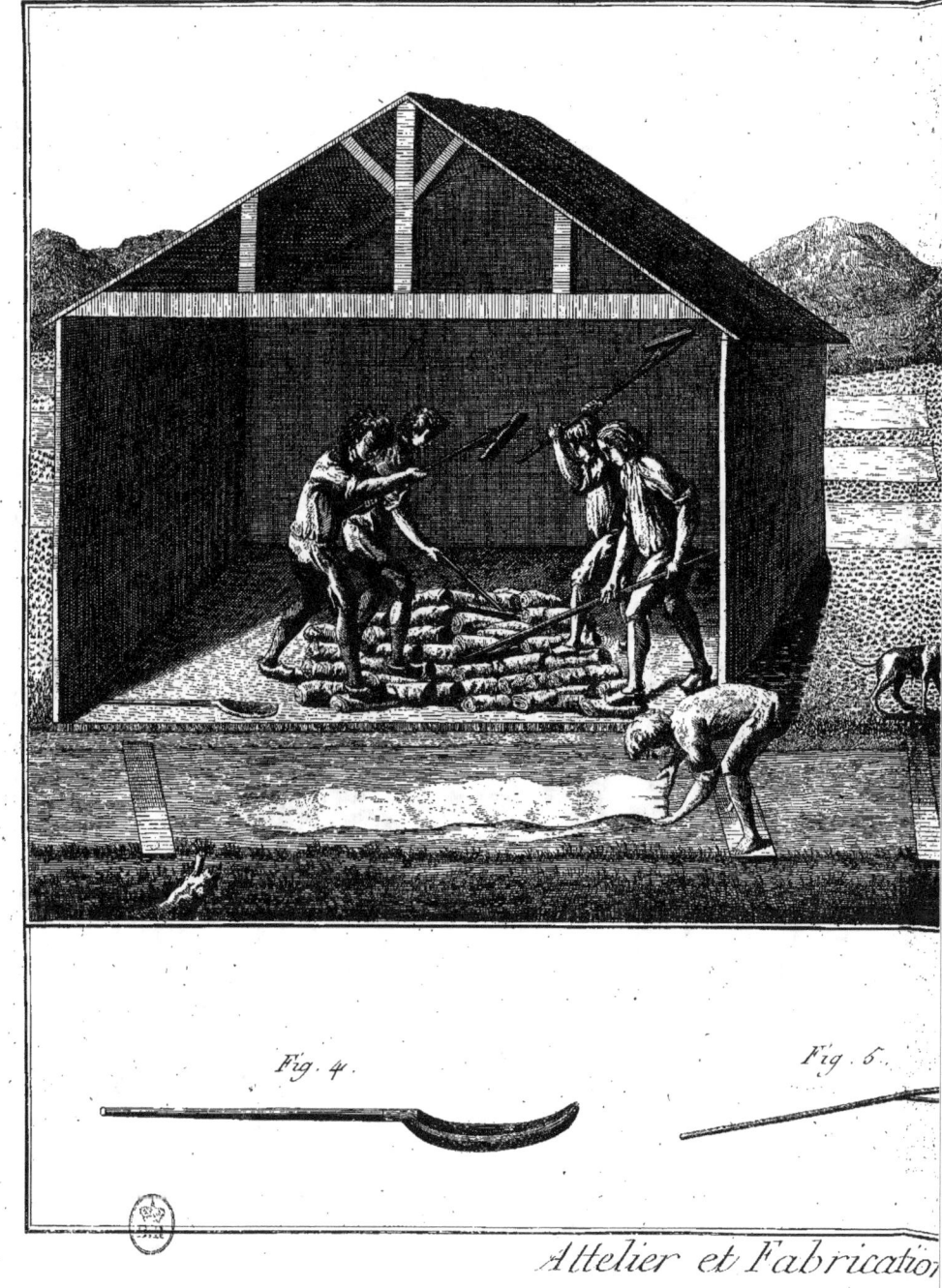

*Fig. 4.*

*Fig. 5.*

*Attelier et Fabrication*

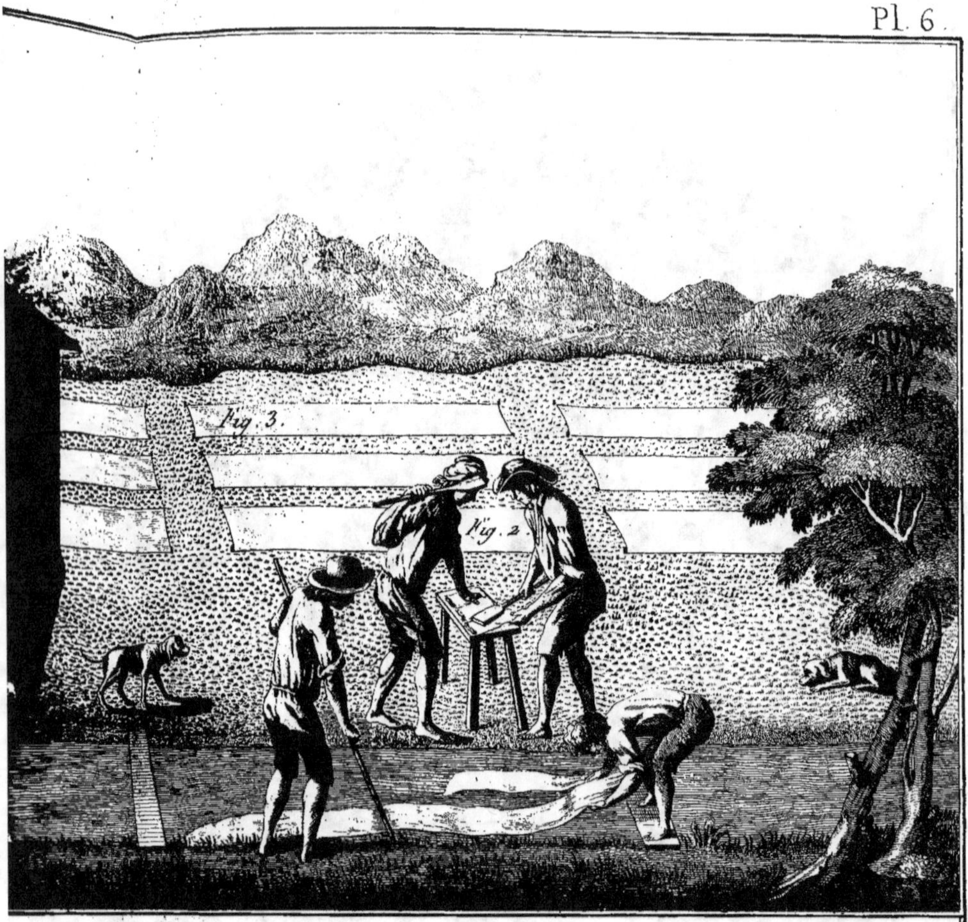

Pl. 6.

Fig. 3.

Fig. 2.

Fig. 5.

Fig. 6.

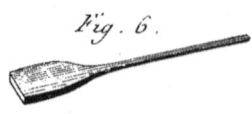

Fig. 7.

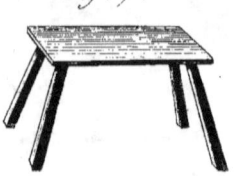

Fabrication des Toiles Peintes.

Benard Direxit.

www.ingramcontent.com/pod-product-compliance
Lightning Source LLC
Chambersburg PA
CBHW071606220526
45469CB00002B/256